BEYHAN BUDAK

Senin *suçun* Değil

" Geçmişin Yüklerinden Kurtulma Rehberi "

Senin Suçun Değil / ***Beyhan Budak***

Yayıncı ve Matbaa Sertifika No: 44066

Editör Gülşen İşeri
Yayıma hazırlayan Ezgi Hotalak Adalı
Kapak tasarım Gilas Coşkun
Sayfa tasarım Şenol Alanbay

ISBN: 978-975-10-4077-0

20 21 22 23   8 7 6 5 4 3
İstanbul, 2020

Baskı ve Cilt
İnkılâp Kitabevi Yayın Sanayi ve Ticaret AŞ
Çobançeşme Mah. Sanayi Cad. Altay Sk. No. 8
34196 Yenibosna – İstanbul
Tel : (0212) 496 11 11 (Pbx)

İnkılâp Kitabevi Yayın Sanayi ve Ticaret AŞ
Çobançeşme Mah. Sanayi Cad. Altay Sk. No. 8
34196 Yenibosna – İstanbul
Tel : (0212) 496 11 11 (Pbx)
Faks : (0212) 496 11 12
posta@inkilap.com
inkilap.com

BEYHAN BUDAK

Senin *suçun* Değil

" Geçmişin Yüklerinden Kurtulma Rehberi "

İNKILÂP 93. yıl

Beyhan Budak

Klinik Psikolog Beyhan Budak, İstanbul Üniversitesi Psikoloji bölümünden mezun olduktan sonra Psikolojik Danışmanlık ve Rehberlik ile Klinik Psikoloji alanlarında yüksek lisans yapmıştır. Uzun yıllar Sağlık Bakanlığı'nda çalıştıktan sonra istifa ederek kendi kliniğini kurmuştur. Şu anda psikoterapi çalışmalarının yanı sıra 800.000 kişiden fazla takipçisi olan YouTube kanalında ve diğer sosyal medya hesaplarında kendine yardım ve psikoloji konularında videolar yayınlamakta ve paylaşımlar yapmaktadır.
Yazarın diğer kitabı: *Kendine İyi Davran Güzel İnsan*

Beyhan Budak
@beyhanbudak
@beyhanbudak
Beyhan Budak
Beyhan Budak
Beyhan Budak

İÇİNDEKİLER

5. BÖLÜM
GEÇMİŞİN HASARLARINI ONARMAK

Teşekkürler

Sevdiği işi yapanlardan olduğum için kendimi hep çok şanslı kabul ettim. 14 yıllık meslek hayatımda birçok kez, "İyi ki bu mesleği seçmişim" dediğim an oldu. Psikolog ve terapist olmak bir meslekten öte bir hayat tarzı gibi, birçok insanın kimseye anlatamadığı şeyleri size anlatması ve bu insanların zor zamanlarında birlikte yürümenizi gerektiren bir meslek. Birlikte yürünen bu yol her iki tarafı da değiştiriyor, iki taraf da birbirinden bir şeyler öğreniyor. Şahidi olduğum her hayatla birlikte dünyaya bakış açım değişiyor, derinleşiyor. Bitmeyen bir öğrenme süreci bu. Bu sebeple yollarımızın kesiştiği her danışanıma teşekkürü bir borç bilirim.

Kitapta da sıklıkla vurguladığım üzere, hayat bir mücadele hali ve bu mücadelede başarılı olmak ekip işi. Benim hayat mücadelemde kendimi daha güçlü hissetmemin en önemli sebebi, parçası olduğum sağlam ekip. Bu ekibi oluşturan eşim, çocuklarım ve ailem sayesinde bu kitap senin karşına çıkabildi. Varlıkları ve destekleri için teşekkür ederim.

Ve son olarak kitabı yazma sürecimde yaptığım araştırmalara katkı sağlayan müstakbel meslektaşlarım Şeyma Begüm Ceylan ve Eslem Sena Şahin'e teşekkür ederim.

İlk kitabım *"Kendine İyi Davran Güzel İnsan"*ı okuyan birçok kişiden aldığım motive edici mesajların da bu kitabın oluşum sürecine katkısı çok büyük. Umarım bir öncekinde olduğu gibi, bu kitapta da ruhuna temas etmeyi başarabilirim.

İnsanın başına gelen en kötü şey yapayalnız kalması değil, yapayalnız hissetmesine neden olacak insanlarla birlikte yaşamasıdır.

Goethe

1. BÖLÜM

AİLENİN BIRAKTIĞI DERİN İZLER

İçindeki Yaralı Çocuk

Çok net hatırlıyorum, yağmurlu bir havaydı. Birçok insan Ankara'yı gri olmakla suçlar ama yağmurlu zamanlarda kapkaradır Ankara. İnsanın içini melankolik bir ruh hali kaplar, sanki dünyada hiç güzel bir şey olmuyormuş gibi gelir. İşte tam olarak böyle bir kara gündü. Neva ile psikoterapi randevumuz vardı ve fakat 3 aydır her seansa tam vaktinde gelen Neva 10 dakika gecikmişti. Böyle durumlarda hep meraklanırım, acaba kötü bir şey mi oldu diye. Sanırım terapistlik anaç bir meslek, bir süre sonra danışanlarınıza hep şefkatle ve biraz da koruma içgüdüsüyle yaklaşıyorsunuz.

Neva'yı aradığımızda, yağmurdan dolayı biraz daha gecikeceğini söyledi. Ben de onu düşünmeye başladım. Onunla geçen her seansta, sanki kanadı kırık bir kuşla çalışıyormuşum gibi temkinli olmak zorunda hissediyorum. 30'lu yaşlarının sonunda olmasına rağmen, sanki hiç büyümemiş bir kız çocuğu gibi. Bana verdiği hissiyat tam olarak buydu evet, henüz okula yeni başlamış ürkek bir kız çocuğu... İnsanlar size geldiğinde, bir söyledikleri bir de hissettirdikleri vardır. Söylenenler fikir verir elbette, ama hissettirdikleri daha derinlerden gelir ve daha gerçektir. Hislerime güvenmeyi öğreneli uzun zaman oldu. Eğer hisleri gerçekliğin tamamı değil de bir parçası olarak yorumlarsan hisler yol göstericidir. Ancak yolunu sadece hislerle bulmaya çalışırsan yanlış rotalarda kaybolman kaçınılmaz olacaktır.

Neva'nın ilk seansa geldiği zamanı hatırlıyorum da ne kadar ürkekti, konuşmakta bile zorlanıyordu çekingenliği yüzünden. İlk seansımızda, benim sorularıma kısa cevaplar vermekle yetinmişti sadece. Hiç zorlamam böyle durumlarda; herkesin konuşacak, anlatacak zamanı vardır. Bu zamanı beklemek, en doğru bilgiye ulaşmak için şaşmaz yöntemlerdendir.

Neva'nın bana gelme sebebi, umudunu kaybetmiş gibi hissetmesiydi. Hayatta hiçbir şey istediği gibi gitmiyordu. Çok çektiği ailesinden ayrı oturmayı sonunda başarmış, işinde belli bir başarıya ulaşmıştı ancak yakın ilişkilerinde kendini yapayalnız hissediyordu. Ne tamamen güvenebileceği bir dost, ne de başını omzuna yaslayabileceği bir yol arkadaşı vardı. Ara ara karşısına çıkanlar olduysa da her biri onun için ayrı bir hayal kırıklığı hikâyesiydi. Maddi açıdan belli bir seviyeye gelmiş, hayat şartları konfora erişmişti, ama hayatında uzun süredir bunları paylaşabileceği birisi olmayınca, ruhunu umutsuzluk hastalığı sarmaya başlamıştı yavaş yavaş. Sanırım neye sahip olursan ol, bunu gösterdiğin ve paylaştığın zaman seninle birlikte mutlu olacak birileri yoksa sahip olduklarının hiçbir önemi yok. İşte tam böyle hissettiği zamanlarda bir akşam evde yalnız başına otururken her şeye yabancılaştığını, kendini kocaman, karanlık bir boşlukta hissettiğini ve bu durumun sanki hiç geçmeyecekmiş gibi geldiğini utanarak söylemişti, bana ilk kez geldiğinde.

Onu beklerken bir an düşündüm, acaba böyle bir dünyada

Neva olmak nasıl bir histir diye? Kolay olmasa gerek, insanların bu kadar acımasız olduğu, iyilerden çok kötülerin sözünün geçtiği, gerçek ilişkilerin değil çıkar ilişkilerinin revaçta olduğu, insanların imkân olarak görüldüğü bir dünyada böyle hassas bir insan olmak. Hassas olmayan insanlar için yaşam daha kolay, düz bir çizgi üzerinde yaşayıp gidebiliyorlar, daha az sorgulayarak. Ama hassas insanlar için, her detay bir hüzün sebebi haline gelebiliyor. Sanki başka bir gezegenden acı çekmek için dünyaya gönderilmişler gibi düşünüyorum bazen hassas insanları. Bu dünyaya alışmak mümkün ama bu durum zaman alıyor ve geçen zamanda da bolca acı çekiliyor. Alman yazar Goethe kim bilir nelere şahit oldu da "Dünya hassas kalpler için bir cehennemdir," dedi.

İnsanlarla çalışmanın en güzel tarafı sanırım bu, bir insan dünyanın her özelliğini hem fiziksel hem de ruhsal olarak kendinde barındırıyor; bir nevi dünyanın küçük numunesi. Bu sebeple insanlarla çalışırken bir bakmışım ki hayata, dünyaya dair ne çok şey öğrenmişim. Ben bu düşüncelere dalmışken ofisimizin ziliyle bir an irkildim. Sanırım gelen Neva'ydı. Ben de merakla odamdan dışarı çıktım, kapının önünde üstünü silmekle uğraşan Neva'yı görünce çok şaşırdım. Sırılsıklamdı ve üstü başı çamur içindeydi. Bir yandan asistanımızın verdiği kâğıt havlularla üstünü siliyor bir yandan da mırıl mırıl söyleniyordu. Daha önce de şahit olmuştum onun bu mırıl mırıl söylenişlerine, bu onun öfkesinin dışa yansıyabilen en yüksek haliydi. Neva biraz kurulandıktan sonra, ona bu soğuk ve yağmurlu havayı anca paklar diyerek demlediğimiz ıhlamurdan bir bardak ikram ettim. Ardından birlikte odama geçtik. İçeri girer girmez, üstündeki ıslaklığın kaynağının sadece yağmur olmadığını, gözyaşlarının da yağmur gibi aktığını fark ettim.

Bir yandan ağlıyor, bir yandan konuşuyordu:

"Nefret ediyorum insanlardan, dünyadan, hayattan! Keşke hiç doğmasaydım, gelmeseydim bu dünyaya..."

Hıçkırıkları konuşmasını bastırdı ve katıla katıla ağlamaya başladı. Birçok insan, ağlayan birisini gördüğü zaman belki kendi içinde oluşan rahatsızlığı gidermek belki karşı tarafa yardım etmek arzusundan, karşı tarafı teselli etmeye, susturmaya çalışır. Aslında böyle durumlarda yapılmaması gereken şeylerden birisidir bu. Ağlamaya saygı duymak gerekir, ağlamak hayat sonucunda içimizde oluşan basıncın bir nevi dışa aktarımıdır. O basınç dışarı çıkmak istiyorsa izin verilmelidir.

Bekledim ağlamasının geçmesini. Yavaş yavaş soluk alışları sakinleşti ve ağlaması bitti. Elindeki ıhlamur dolu bardağa dikti gözlerini. Kısa bir süre sessizce bekledik, sonra ben girdim devreye:

"Anlatmayacak mısın neler oldu bugün? Bayağı maceralı bir gün yaşamışsın gibi görünüyor buradan."

"Hangi birini anlatayım ki? Yüz bin kez aynı şeyi yaşamama rağmen yine benzer şeyleri yapmamı mı; yaşadığım her üzüntü sonrası anneme gidip kendimi anlatma girişimlerimin beni yargılama ve neredeyse taşa tutma törenine dönüşmesini mi? Yoksa buraya gelirken, şehirde yaşama kültüründen nasiplenmemiş bir insanın arabasıyla yoldaki çamurlu suyu üstüme sıçratmasını mı? Sen söyle hangi birini anlatayım?" dedi Neva.

Zor bir hafta geçirmiş anlaşılan. Neva'nın annesi çok zor bir kadın; hem kendisi hem de çevresi için hayatı zorlaştıran tiplerden. Neva ne zaman annesine derman aramaya gitse, her seferinde derdi artarak çıkıyordu ana evinin kapısından; ama yine de vazgeçemiyordu bu girişimlerinden. Bir yandan iş yerinde beraber çalıştığı insanlarla dönem dönem sorunlar yaşıyordu ve kendisini hiç savunamıyordu. Bir de içinden çıkılmaz gönül ilişkileri var ki her biri derin yaralara sebep olan... Acaba hangisiydi bu sefer canını bu kadar acıtan?

"Senin için en çok hangisi önemli? Hepsini konuşmaya vaktimiz yetmeyebilir, bu yaşadıklarından seni en çok hangisi etkiledi?" diye sordum.

"İnsanları bir türlü anlayamıyorum, orada su olduğunu görüyorsun, benim de kaldırımda yürüdüğümü... Buna rağmen neden hız yapıyorsun, sanırım amacı bilerek yoldaki insanları ıslatmak. İnsanlar, dünya neden bu kadar kötü, anlamıyorum gerçekten. Benim ne suçum var, neden bütün bunlar benim başıma geliyor?" derken sesi titremeye başladı Neva'nın.

"Gerçekten buna mı kızgınsın bu kadar Neva? Yoksa diğer yaşadığın şeylerde çıkartamadığın öfken buradan mı kendine yol buldu?"

Neva sorum karşısında sessizleşti ve tekrar elindeki bardağa bakmaya başladı. Kısıtlı zamanımızda öfkesinin asıl kaynağını bulmamız lazımdı ve ben tekrar sordum:

"Gerçekten yoldan geçen arabaya mı kızdın bu kadar?"

"Sanırım hayır. Arda'yı hatırlarsın, daha önce defalarca küsüp, barıştığım, burnumu kıracak kadar bana zarar veren, beni aşağılayan, maddi anlamda sömüren eski sevgilim Arda. Biz bu hafta Arda'yla yaklaşık 4 aydan sonra tekrar buluştuk ve ilişkimiz yeniden başladı. Ve işin en kötüsü, Arda'nın benden başka bir kadınla daha görüştüğünü düşünüyorum. Yine de içimdeki onunla görüşme isteğini durduramıyorum. Ona kendimi ispatlamaya ve sevdirmeye çalışmaktan vazgeçemiyorum. Kendimden nefret ediyorum. Evet, öfkemin kaynağı burada, tam olarak kendime karşı... Mantığım biliyor, her hücrem biliyor bu adam bana zarar verecek, ama ben yine de vazgeçemiyorum. Beni sevsin, bana değer versin istiyorum. Neden kendimi kontrol edemiyorum, neden?"

Arda'yı gerçekten net bir şekilde hatırlıyordum. Neva'nın içinde bulunduğu umutsuzluğun en önemli sebeplerinden birisiydi kendisi. Döven, aşağılayan ve karşısındaki insana sadece kendisine hizmet ettiği sürece sevgi kırıntıları veren birisiydi. Terapi sürecimizde, sık konuştuğumuz mevzulardandı Arda. Gerçekten üzüldüm. Çünkü Arda gibi insanlar çok nadiren değişiyorlardı. Buna rağmen birçok insan, kendilerine zarar vermesine, mantıkları isyan etse de bile bile bazı hataları yapmaya devam ediyordu. İşte Neva da bu insanlardandı.

Peki, seçimlerimizi kontrol eden şey gerçekte neydi? Düşünsene, ateşe değdiğin zaman yanacağını biliyorsun, önceki deneyimlerinle, mantığınla. Ama yine de kendini ateşe atmaktan alıkoyamıyorsun. Bu durumda, yaşanılanları sadece günümüzün yani şimdiki zamanın meselesiymiş gibi düşündüğümüz zaman çözmemiz mümkün değildir. Burada devreye geçmişimiz giriyor. Geçmişinde kaybettiğini belki de başka insanlarda arıyorsun, beyhude bir çabayla...

"Neva, kendini suçlaman hiçbir şeyi değiştirmeyecek. Belli ki Arda'ya kendini sevdirme çaban, bu kadar olumsuzluğa rağmen, şu anının değil geçmişinin kararı. Sen farkında olmayabilirsin, ama geçmişinde yaşadıkların senin şu anını kontrol ediyor. Geçmişinde kaybettiklerin ya da hiç sahip olamadıklarının peşindesin bir şekilde. Bazı insanların geçmişinde yaşadıkları ya da yaşayamadıkları o kadar ağırdır ki geçmiş geçmişte kalmaz, tüm zamanların hâkimi olur. Sen yeni bir hayat yaşadığını zannetsen de eski bir filmin bir sahnesini tekrar tekrar oynamaya mahkûm edilmiş gibisindir. Kendini suçlama, suçladıkça daha da güçsüz hissedersin. Sadece gözlem yapmalısın şu anda. Sen ve ben, iki psikolog gibi o geçmişin kontrolünde olan küçük kız çocuğuna yardım edeceğiz. Sakın suçlama kendini, sen seçmedin çocukken yaşadıklarını. Ama şimdi o çocuğa yardım edebiliriz, bu gelebilir elimizden."

Keşif Yolculuğu

Merhaba sevgili dostum. Belki seninle daha önce yolumuz kesişti, belki de bu ilk karşılaşmamız. Senden ricam, ilk kitabım *Kendine İyi Davran Güzel İnsan*'da olduğu gibi bu kitabı da bir yolculuk gibi hayal etmen. Hayatı anlatmak için bir kelime seç deselerdi bana, bir an bile düşünmeden yol kelimesini seçerdim. Bir çeşit yol değil midir hayat, bazen virajlı, bazen düz ve sıkıcı, bazen efsanevi manzaralara şahit, bazen de engebeli. Aynen hayat da böyle... Ama bu yolda, aynı hataları tekrarlıyorsan, seni üzen olayları ne yaparsan yap engelleyemiyorsan, belki de yolun başını, yola çıktığın zamanı hatırlamamız gerekecek. Çünkü bugünümüzü inşa eden şey, geçmişimiz çoğunlukla. Ama yaşanılanlar unutuluyor, olayların kendisi, içimizin karanlık dehlizlerinde kaybolmuş numarası yaparken hayatımıza etkilerini sürdürüyor. Ve biz işin başlangıcını, neden böyle davrandığımızı bilmediğimiz için aynı şeyleri yaşamaya devam ediyoruz. Yanlış yaptığımızı fark etsek bile.

Kendine İyi Davran Güzel İnsan, seninle yaptığımız ilk seanstı. Ana fikir olarak, sen kendine iyi davranmazsan diğer insanların da sana iyi davranmayacağı, sen kendine yardım etmedikten sonra diğer insanların da sana yardımı olmayacağını anlattım. Daha çok şimdiki ana, ilişkilerine, başına gelen olayları yorumlayış biçimlerine odaklandım ilk kitapta. Bu sebeple onu, ilk seans gibi değerlendiriyorum. Bu kitap, ikinci seans... Daha derinlere dalacağımız, geçmişin yüklerini ilk aşamada fark edip, bugün yaşadığımız sorunları nasıl etkilediğini keşfedeceğimiz ve bu sorunları nasıl çözebileceğimize yönelik gerçekçi önerilerle karşılaşacağın bir yolculuk olacak bu sefer. Sen değişmeye hazırsan, iyi bir yol arkadaşı olacağız demektir.

Ancak bu tür kitaplardan "hayatımın kitabı olacak" beklentisi içine girmek gerçekçi değildir. Bu durum psikoterapi seansları için de geçerlidir. Birçok insan seans odasına gelip, kaç seansta beni bambaşka bir insan haline getirirsiniz diye sorabiliyor. Hatta bu bambaşka bir insan olma beklentisi o kadar yüksek ki kendi piyasasını oluşturmuş durumda. İnternette yüzeysel bir araştırma yapıldığında, kişiliği tamamen değiştirebileceklerini, beyne format atabileceklerini iddia eden birçok insanla karşılaşılabilir. Bu durumla ilgili hatırladığımda, yüzümde bir tebessüm oluşturan bir durumdan bahsetmek istiyorum.

İş yerinde yaşadığı sorunlar için benden yardım almak isteyen bir danışanım, "Geçmişte psikolojik yardım aldınız mı?" şeklindeki soruma, "Evet beynime format attırmıştım" diye karşılık verdi. Ben çok şaşırdım ancak şaşkınlığımı gizleyerek, nasıl bir yöntemle ve ne amaçla beyne format atıldığını sordum. Uzun bir süre birlikte olduğu erkek arkadaşından ayrıldığını, ayrılık acısı çektiğini ve onu beyninden sildirmek için böyle bir şeye başvurduğunu anlattı. Yöntem olarak da hipnotik telkinler gibi uygulamalar yapıldığını söyledi.

İçimin bir tarafı bu duruma büyük bir şüpheyle yaklaşırken, diğer tarafı "Acaba minik de olsa böyle bir ümit var mıdır, aynen *Eternal Sunshine Spotless Mind (Sil Baştan) filminde olduğu gibi*" diye düşünüyordu. Bu sürecin nasıl işlediğini sordum. Danışanım, ilk başta 15 görüşmenin parasının peşin alındığını, sonrasında haftada iki sefer görüşmelerin yapıldığını söyledi. Merakla, "Peki sonra ne oldu unutabildin mi?" diye sorduğumda aldığım cevap hâlâ güldürür beni: "Ne unutması hocam, biz evlendik eski sevgilimle."

İnsanın değişimi kolay değildir ve yapının tamamen değişmesi mümkün değildir. Bana gelen danışanlarıma hep bunu söylerim: Seni oluşturan binlerce parça var. Bu parçaları, hayat sorunlarını çözmek için kullandığın el aletleri gibi düşünebilirsin. Bu aletlerin tamamen değişmez; ancak uygun olmayan, çözüme değil, soruna neden birkaç el aletini çantandan çıkartabilirsek amacımıza ulaşmış sayılırız. Değişim konusunda beklentilerimizi gerçekçi tutmak, sağlam adımlarla ilerlemek için önemli bir koşuldur.

Değişim konusunda dikkat etmemiz gereken bir diğer şey de hazır olma halidir. Mesleğin başındayken, bazı danışanlarımla çalışırken sabırsızlandığımı hatırlıyorum. Neden bunu yapmıyor ya da neden bu davranıştan vazgeçmiyor, bir yapsa her şey değişecek diyen iç sesim susmazdı seans süresince. Yıllar içinde, yaklaşık 14 bin psikoterapi seansından sonra, artık şunu net olarak söyleyebiliyorum; en iyi psikologla, en iyi psikoterapi seansı karşı tarafın değişebilme potansiyeli, motivasyonu ve hazır olma hali ile sınırlıdır. Peki, nedir bu hazır olma hali?

Bunu bir bardağın taşma sürecine benzetebiliriz. İçimizde bulunduğumuz durum, bize zarar verse de bir şekilde idare ediliyorsa, zarar görsek de günü kurtarıyorsak, değişim için çaba göstermek konusunda motivasyon eksikliği yaşayabiliriz. Çünkü değişim demek yeni yatırım demektir, emek demektir. Ama alıştığın düzen kötü de olsa, nispeten kolaydır. Kişinin probleminin bardağı taşırması, yaşadığı sorunlarla ilgili farkındalık kazanması, kendi payına düşenlerle yüzleşmeye hazır olması onun hazır olduğunu gösterir.

Değişmek birçok faktöre bağlı gördüğün gibi. Bu kitap için benim beklentim, senin hazır olma haline katkı sağlamasıdır. Okuduğun zaman ortaya mucize değişimler çıkıyorsa bu kitabın değil senin mucizendir yani.

Geçmişimizde büyük acılar, travmalar varsa bunların etkisini tamamen hayatımızdan çıkarmak mümkün mü? Maalesef hayır. Bir insan bir acıyı yaşamışsa, o acıyı yaşamış olarak kalıyor. Bu durum hiç değişmiyor. Ama geçmişindeki acı bir olayın şu anını etkilemesini engellemek mümkün. Bu durumu bir örnekle açıklamak isterim sana. Diyelim ki sevdiğin bir yakınını kaybedeli 2 yıl oldu ve sen hâlâ kaybettiğin insanı düşünmekten kendi hayatına odaklanamıyorsun. Bu demektir ki yaşadığın olay senin hayatını ele geçirmiş ve psikolojik bir probleme dönüşmüş. Ya da sen kayıptan 2 yıl geçtikten sonra, hayatını devam ettiriyorsun, ancak kaybettiğin kişiden bahsettiğimiz zaman gözlerin doluyor, içini özlem kaplıyor. İlki patolojik hale gelmiş bir durumken, ikincisi insan olmanın getirdiği sağlıklı acıdır.

Çalışmaya başladığım ilk yıllarda, hayalim olan arabayı almıştım. Arabamı teslim aldığım ilk gün, işe gelmiş ve çalıştığım hastanenin otoparkına park etmiştim. O ilk günde başka bir araç benim arabama çarparak sol tarafta bir hasara neden olmuştu. Tesadüfi denk geldiğim yaşlı bir kaporta ustası ile arabanın tamiri hakkında konuşurken, "Ustam, ilk günkü gibi olur mu?" diye sormuştum. Onun verdiği cevabı hiç unutmadım: "Hocam bozulan hiçbir şey tam anlamıyla eskisi gibi olmaz, ama yine de çok güzel yaparız sen tasalanma." Bazen bilge insanlarla nerede karşılaşacağın hiç belli olmuyor. Benim de sana söylemek istediğim bu. Yaşadığın acı olayları, ailenin yaptıklarını, yapmadıklarını, görmediğin sevgiyi, saygıyı, güveni tamamen telafi etmemiz mümkün değil; ama seni, daha iyi hissedeceğin bir noktaya getirebiliriz, sen de hazırsan bu yola çıkmaya...

Bu yol için senden bazı ricalarım olacak, okuduklarının daha verimli olması için. İlk olarak söylemek istediğim, kitaplar süs değildir, okunmak için vardırlar. Bu sebeple kitabı

okurken kibar davranma, dikkat çekici bulduklarının altını çiz, kenarlarına not al. Okurken yanından kalemi eksik etme. Sana bazı bölümlerde ödevler vereceğim, bunların yapabildiğin kadarını yapmalısın. Yoksa durum, okudum çok güzeldi ama her şey aynı döngüsünde kalmaya mahkûm, olur. Kitabı okurken seni etkileyen kısımlarını, çevrende senin için önemli olan kişilerle paylaşmalısın. En iyi içselleştirme yöntemlerinden biri, başkalarına anlatmaktır. Son olarak kendine bir defter edinmeni tavsiye ederim, her zaman çantanda seninle olacak. Bu deftere önemli gördüğün, kendinle ilgili farkına vardığın şeyleri ara ara not edip, sonrasında tekrar okursan çok faydasını göreceksin.

Birlikte bir yolculuğa çıkıyoruz, hazırsan başlayalım...

Kendini İlk Defa Gördüğün Kırık Ayna

İnsanlar iki evrene birden doğarlar. Birincisi, içinde bulunduğumuz fiziki evren yani içinde yaşadığın ülke ve kültür. Bu içine doğduğun ilk evrendir ve ileriki yaşamında seni önemli ölçüde etkileyecektir. Ama bundan daha önemlisi içine doğduğun küçük evrendir, yani ailen. Bir bebek dünyaya geldiği zaman, kendisi ile ilgili bir fikri yoktur. Hatta kendisinin annesinden ayrı bir varlık olduğunun bile bilincinde değildir belli bir süre için. Yolun başında, ihtiyaçlarını gidermek üzerine kurgulanmıştır her şey, acıkırsın, tuvaletini yaparsın, uykun gelir. Adım adım gelişir her şey. Zaman ilerledikçe, kendin hakkında oluşturduğun temel algı seni yetiştiren insanların sana bakışıyla birlikte şekillenir.

Modern zamanın en büyük yanılgılarından biri, her şeyin elimizde ve kontrolümüzde gibi hissettirmesi... Halbuki, hayata bakış açımızı belirleyen en önemli şeylerden biri, pakete dahil olarak gelen, genetik mirasımız. İyimserlik, mutluluk, huzur ya da kaygı ve depresyona yatkınlık gibi önemli konularda genetik mirasımızın önemi inkâr edilemez seviyede. Bunlar dünyaya geldiğimizde ham malzeme şeklinde diyebiliriz. Bu malzemenin nasıl işleneceği, ileriki yıllarda nasıl bir kişiliğe sahip olacağımızı belirlediği gibi, ne gibi sorunlar yaşayacağımızın da temel belirleyicilerinden birisidir. Ama burada önemli olan kısım, içine doğduğumuz küçük evrende malzemenin nasıl işlendiğidir. Genetik anlamda hiçbir yükü olmayan bir insanın, içine doğduğu ailenin ve sonrasında yaşadığı olayların etkisiyle ciddi psikolojik problemler geliştirdiğine de kaygıya, depresyona yatkın bir yapısı olmasına rağmen içinde bulunduğu ailenin olumlu etkisiyle çok sağlıklı bir sistem geliştirdiğine de fazlasıyla şahit oldum.

Dünyaya gelen bebek içgüdüsel olarak ona bakım veren insanı, dünyasının rehberi olarak belirler. Bu birçok canlı türü için böyledir. Hatta Avusturyalı bilim insanı Konrad Lorenz, yavru kazların yumurtadan çıktığı zaman gördükleri ilk hareketli nesneyi annesi olarak kabul ettiğini ve onu takip ettiğini tespit etmiş. Lorenz'i gören kaz yavruları, o yürüdükçe tek sıra halinde onun peşine takılmışlardır. Bu durum insanlarda aynı olmasa da önemli bir noktada benzerlik taşıyor. Bir kaz yavrusu ilk gördüğü hareket eden canlıyı, annesi olarak sisteme tanıtıyor, onun kendi türünden olup olmadığının ayırdına varamadan. İnsan türü için de şöyle bir durum var, bir bebek dünyaya geldiği zaman, ailesinin sağlıklı olup olmadığını fark edemeden, onların kendisiyle ilgili temel algılarını kendi kişiliğinin temel taşları olarak alıyor.

Burada söylemek istediğim şey şu, çocuğa bakım veren insanlar, çoğunlukla anne baba olmak üzere bazen, büyükanneler, büyükbabalar, bakıcılar ve bakımevlerindeki insanlar, çocuğun kendi kişiliğini oluşturma sürecinde bir ayna işlevi görüyorlar. Çocuk kendini tanımlarken, onların kendisine bakış açısı üzerinden tanımlıyor, aynen bir ayna gibi. Normal bir ebeveyn aynasının gerçeği olduğu gibi ve biraz da şefkat filtresi ile olduğundan birazcık daha iyi göstermesini umarız. Çocuk bu ebeveyn aynası üzerinden kendini tanımlar. O aynada gördüğü şeyler sağlıklıysa sağlıklı, sağlıksızsa sağlıksız bir benlik yapısı geliştirir. Kutsallık atfettiğimiz ve çoğu zaman sorgulamaktan çekindiğimiz anne babaların bize sunduğu aynalar her zaman sağlıklı olmayabilir. İşte burada kırık aynalar dediğimiz durum ortaya çıkıyor. Anne babanın kendisiyle, birbirleriyle veya dünyayla sorunları varsa çocuğuna sunduğu ayna, kırık bir ayna olabiliyor. Kırık bir aynanın bize sunduğu görüntü, gerçeğin bozulmuş hali olacaktır. Olduğundan daha çirkin, daha kusurlu ve hatta değersiz... İşte aynen Lorenz'in kazları gibi bebekler de kendisine bakım veren insanın aynası sağlam mı kırık mı bilmeden onu doğru olarak kabul ediyor.

Bebeklik ve çocukluk çağında kırık aynadan gelen veriler, insan zihnin temel yapısını fazlasıyla etkiler. Çünkü ana yapının temelleri atılmaktadır ve dış etkenler bu dönemde çok fazla etkilidir. Anne babayı daha önce dediğim gibi kutsal olarak kabul ettiğimiz için şu an hissettiğin değersizlik, kusurluluk, başarısızlık, sevilmeye layık olmama gibi olumsuz hislerin kaynağının, zamanında kırık aynada gördüğümüz yansımamızla alakalı olduğunu fark edemeyebiliriz. Çünkü o zaman gördüğün her şeyi gerçek zannediyordun. Zihnimiz bizi ruhsal açıdan sağlıklı ve şefkatli insanların yetiştireceğini varsayarak ilk verileri tamamen doğru kabul ediyor. Bu belki de zihnimizin açıklarından biri, aynen bilgisayar programlarında olduğu gibi...

Senin de bir annen bir baban vardı. Farklı anne, babaları test etme, kıyaslama gibi bir şansın olmadı. İçine doğduğun aile iyiyse de çok sorunları olan bir aileyse de sen normali bu zannettin, çünkü kıyaslama şansın yoktu. Ben bu durumu şuna benzetiyorum, sizin evde herkesin üç kolu var, sağ tarafta fazladan bir kol daha. Anne, baba, varsa kardeşler, hepsi üç kollu. Sağ tarafta ekstra bir kol olduğu için, senin sağ bacağın sıklıkla ağrıyor, sağ ayakkabına fazla yük bindiği için daha çabuk eskiyor. Sen doktor doktor geziyorsun, neden sağ bacağım ağrıyor diye, türlü türlü ilaçlar kullanıyorsun; ama hepsi geçici çözüm oluyor, ağrın bir türlü geçmiyor. Aileden gelen, olumsuz durumlar buna benzetilebilir. Sen kıyaslama imkânına sahip olmadığın zaman, ailenin sana aktardığı olumsuz özellikleri sorgulamayı bile düşünmüyorsun, çünkü herkes öyle zannediyorsun.

Verda 30'lu yaşlarının başında, değersizlik, karamsarlık hisleriyle birlikte çok fazla mutsuz hissettiği zamanlarda aşırı yemek yeme ve buna bağlı olarak kilo alma şikâyetiyle bana gelmişti. İlk görüşmemizde o kadar uzak ve soğuktu ki sanki yardım istemek için değil de biz insan türünün ne kadar basit yaşam türleri olduğumuzu anlatmaya gelmiş üstün uzaylı ırkından bir elçi gibiydi. Verda'yla seanslarımız ilerledikçe, onun bu tavrının, içindeki kırılgan çocuğun daha fazla kırılmasını önlemek için geliştirdiği bir savunma mekanizması olduğunu anlayacaktım.

Verda ile ebeveynlerin kırık aynalarından bahsettiğimiz bir seansta ona, "Bu konuyla ilgili seni üzen anıların var mıdır" diye sormuştum. Verda da bana şunları anlatmıştı:

"İlkokulda önlüğümü babamın ütülemesini onun daha iyi ütü yapmasına ve modern bir baba olmasına bağlamıştım çocuk aklımla. Annemin saçımı diğer kız çocukları gibi örmemesini, değişik şekillerde toplayıp süslememesini de beceremiyor herhalde diye açıklamıştım kendime. Sabahları uyandığımda yemek masasının üzerinde ters çevrilmiş olarak duran 4 kahvaltı tabağı da hiç tuhaf gelmemişti o güne kadar. Bana göre, herkes kendi uyanması gerektiği saatte uyanır, üzerini giyinir, buzdolabından ne yiyecekse alır ve masadaki ters çevrilmiş kahvaltı tabağını düzelterek kahvaltısını yapıp evden çıkardı. Henüz 6 yaşına girmiş bir çocuk olarak mantığım bunu gayet normal buluyordu. Ta ki bir gün bizimle aynı sokakta oturan, okula gitmek üzere kapısını çaldığım arkadaşımın annesi, arkadaşım henüz kahvaltısını bitirmediği için beni de sofraya davet edene kadar. Arkadaşımın annesi çalışan bir kadındı; ama ortada hazırlanmış bir sofra, havada kızarmış ekmek kokusu, hatta üzerine reçel sürülüp arkadaşımın tabağına konmuş bir dilim ekmek vardı. Teşekkür ettim, kahvaltı ettiğimi, tok olduğumu söyleyip arkadaşımın kahvaltısını bitirmesini bekledim. Annesi yine de bir dilim ekmeğe çikolatalı fındık ezmesi sürüp bana uzattı, aldım. Ancak o günden sonra ters çevrilmiş kahvaltı tabakları gözüme eskisi kadar normal görünmedi."

Verda, bu karşılaşma anına kadar içinde bulunduğu durumu, herkesin öyle olduğu şeklinde yorumlayıp normalleştiriyordu. Karşılaşmadan sonra ise anormalliği fark edecek, ancak sorunun annesinden kaynaklandığını göremeyip çocuk aklıyla güzel şeyleri hak etmediğini düşünecek, kendisini suçlayacaktı. Ve biz bunu yıllar sonra bir seansta keşfedecektik.

Senden bu kısım sonu için isteğim, terapi defterine (daha önce edinmeni istediğim deftere bundan sonra terapi defteri diyeceğim) sakin ve yalnız kaldığın bir zaman diliminde, çocukluğuna dair ailenle ilgili, seni üzen anılardan üç tanesini yazman. Kısa ya da uzun yazmak sana kalmış, nasıl iyi hissedersen o kadar yaz.

Dolması Gereken Depolar

İnsan özünde aciz bir varlık. Hele ki bebeklik zamanında daha da aciz... Hem fiziksel ilgiye hem de manevi ilgiye muhtacız. Bu ilgiler olsa iyi olur gibi bir şey değil, olması kesinlikle gerekli olan şeyler. Çoğu zaman fiziksel ihtiyaçların psikolojik ihtiyaçlardan önce geldiğine ilişkin bir ön kabul vardır. Ancak fiziksel ihtiyaçlar hayatta kalmak için ön koşul gibi görünse de bazen tek başına yeterli değildir. Bu duruma iki örnek vermek istiyorum. İlk olarak, İtalyan gezgin ve düşünür Salimbene de

Parma'nın 1664 tarihli günlüklerindeki ilginç bir olaydan bahsedeceğim. 13. yüzyılda Roma İmparatorluğu yapmış olan II. Friedrich, hiç kimseyle hiçbir şey konuşmaksızın yetişen çocukların büyüyünce hangi dili konuşacaklarını sınamak istemiş ve dadılarla sütannelere; bebeklere süt vermelerini, ancak onlarla hiçbir şekilde konuşmamalarını emretmiş. Aslında II. Friedrich'in amacı, bu çocukların İbranice mi, Yunanca mı, Latince mi, Arapça mı yoksa anne babalarının dilini mi konuşacağını öğrenmekmiş. Ancak bu çabaların hiçbiri sonuç vermemiş; çünkü kendisiyle konuşulmayan bebeklerin hepsi ölüyormuş.

İkinci olarak bahsetmek istediğim örnekse maymunlarla yapılan bir psikolojik deney. Psikolog Hary Harlow, 1971 yılında yaptığı deneyde, yeni doğmuş ve annesinden ayrılmış maymunları bir kafese alıyordu. Bu kafeste iki çeşit anne figürü vardı. Birincisi tamamen metal tellerden yapılma, tek göğsü olan ve bu tek göğsünden süt verebilen anne figürü, diğeri ise peluşla kaplanmış, yumuşak ve sıcak anne figürü. Ancak peluş anne süt veremiyordu. Bu yıllara kadar bebeklerin tek ihtiyacının beslenmek üzerine kurulduğu ve anne-bebek ilişkisinin bu bağlantıdan geliştiği savunuluyordu. Ancak bu deneyde

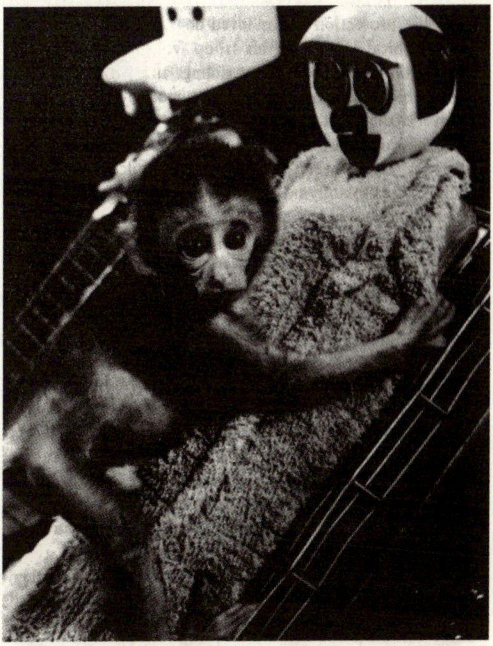

Psikolog Hary Harlow'un Deneyinden Bir Fotoğraf

beklenmedik şeyler oldu. İlk başta kafese konulan maymunlar, her iki sahte anneyle de ilgilenmeyerek, çığlık çığlığa gerçek annelerini aradılar; ancak bir süre sonra acıktıkları için süt veren figür annenin yanına giderek karınlarını doyurdular. Süt veren anne ile temas sadece acıktıklarında oluyordu ve çok kısa sürüyordu. Zaman geçirmek ve uyumak için, süt veremeyen peluş anneye gidiyordu maymunlar. Deney ilerledikçe, maymunlar acıktıkları zamanlar hariç tüm zamanlarının peluş anne figürü ile geçirmeye başladılar. Psikolog Harlow, bu deney sonrasında haklı olarak, bebekler sadece sütle yaşamaz demiştir.

Gördüğün üzere, bir şekilde karnının doyması ya da korunacak bir yuvaya sahip olman hayatta kalmak için yeterli değil. Birçok canlı, hayatını devam ettirebilmek ve ruhsal açıdan tatminkâr bir hayat sürdürebilmek için fiziksel ihtiyaçlardan çok daha fazlasına muhtaç. Geçmişinin karanlık dehlizlerinde gezinirken, hangi ihtiyaçlarının karşılanıp hangilerinin karşılanmadığını iyi analiz etmemiz gerekiyor sevgili dostum.

Bir insan dünyaya geldiği zaman, ruhsal açıdan sağlıklı bir yetişkin olabilmesi için, üç temel ihtiyacının karşılanması gerekiyor. Bu üç ihtiyaç; sevgi, saygı ve güvendir. Ve bunlar içimizdeki üç ayrı depo gibi kabul edilebilir. Bu ihtiyaçların karşılanmaması veya tam tersi aşırı şekilde sağlanması kişinin dengesini bozacaktır. Eksiklikleri durumunda da fazlalıkları durumunda da sorunlar ortaya çıkacaktır. İlk söylenildiği zaman, klişe kavramlar gibi algılansa da detaya ve örneklere girince ne kadar önemli olduğunu anlayacaksın.

Sevgi

Bugüne kadar dünyaya gelen milyarlarca insandan birisi olmamıza rağmen, her birimiz biraz olsun özel olduğumuzu ve sevilmeye layık birisi olduğumuzu hissetmek isteriz. Bu sevgi düşkünlüğü, şımarıklık ya da hassaslık değil, doğal bir ihtiyaçtır. İçimizdeki en önemli depolardan birisi sevgi deposudur. Bir insanın dünyaya geldiği zaman, sevgi deposu dolabilmesi için onu yetiştiren kişiler tarafından sevilmesi gerekir. Onu büyüten insanlar tarafından sevilen kişi, ilk defa kendini sevmeyi öğrenir. İçeride şöyle bir bağlantı oluşur, beni seviyorlar demek ki ben sevilmeye layık birisiyim. Bu sevgi hiç verilmediği zaman ya da koşullara bağlı olduğu zaman sevgi deposu yeterince dolmaz. Bu durumun tam tersi de sorunlu sonuçlara yol açabilir. Seni öyle çok seviyorum ki sen kimseye benzemezsin, sen çok özelsin, sen herkesten üstünsün tarzı bir yaklaşım da çocuğun dengesini bozacaktır. Evde verilen sevgi, diğer insanlarla eşitliği bozacak seviyede olmamalıdır. Seni seviyorum, sen benim için özelsin, ancak başka çocuklar da kendi aileleri için özel, yaklaşımı doğru iken; en zeki, en özel çocuk benim çocuğum, yaklaşımı geleceğin narsist insanını yetiştirmek için ideal bir yöntem olacaktır.

Mesleğin ilk yıllarında yolumun kesiştiği ve yaklaşık iki yıl boyunca terapisini yürüttüğüm Cihangir'den bahsetmek istiyorum sana. Cihangir 22 yaşında, yaklaşık 110 kg ağırlığında ve gününün tamamını zorunlu ihtiyaçlar dışında odasından çıkmadan cep telefonunda oyun oynayarak geçiren bir gençti. Ofisimize annesiyle gelmişti. Ben yaşı itibariyle direkt olarak Cihangir'i görüşmek için odama çağırdığımda, o tek başına gelmek istemediğini, annesini de yanında istediğini neredeyse duyulmayacak kadar sessiz bir şekilde bana söyledi. Bu istek, 20 yaş dönemlerinde çok sık karşılaşmadığım bir durum olduğu için, Cihangir'e, "Eğer iznin olursa, öncesinde sadece annenle biraz görüşsem, sonra da seni çağırsak, senin için uygun olur mu?" diye sordum. Cihangir sadece kafa sallamakla yetindi ve elindeki telefona döndü. O anı sonradan düşündüğüm zaman, bende sanki 5-6 yaşında bir çocukmuş gibi bir izlenim bıraktığını hatırlıyorum.

Anneyle beraber terapi odasına geçtik. Bazı kadınlar vardır ya, çok dertler yaşamış olduğunu gözlerinden anlarsın; yorgun, çaresiz ama yine de şefkatle bakan gözlerinden... İşte Cihangir'in annesi de öyle bir kadındı. Anlatmaya başlayınca tahminlerimde haklı olduğumu anlamam uzun sürmedi. Cihangir'in babası marangozdu, küçük bir dükkânı vardı ama işleri iyi sayılırdı. İşinde gücünde olmakla birlikte, çok sinirli bir insandı. Özellikle öfkelendiği zaman çok acımasızca davranabiliyordu. Cihangir'in annesi ile ilk evlendiği yıllarda, bir akşam eve geldiği zaman kapı geç açılınca, aşırı öfkelenmiş, eşini kendisini aldatmakla suçlamış hem dövmüş hem de o sırada ocakta kaynayan çorba tencerisini bacağına dökmüş. Anne bir bacağında ciddi yanıklar olmasına rağmen doktora bile gidememiş; kocakarı yöntemleriyle bakmış bacağına ve o haliyle eşine hizmet etmeye devam etmiş. Dedim ya, anne şefkatli bir kadın, bu kadar çok çile çekmesine ve acımasızlığa rağmen eşi için şöyle demişti: "Kocam sinirlidir ama sağ olsun bugüne kadar bizi hiç ele güne muhtaç etmedi. Hem onun da 8 yaşındayken, köydeki düşmanları evlerini basıp babasını gözünün önünde öldürmüşler, belki ondan bize böyledir."

Cihangir evin en küçüğü, bir yaş büyük bir abisi, üç yaş büyük bir ablası var. Abi babayla beraber çalışıyor, babanın gözdesi. Abla liseyi bitirdikten sonra durmadan memurluk sınavlarına hazırlanıyor, ancak kayda değer puan alamadığı için bir türlü yerleşemiyor, yıllardır evde memurluk sınavı için ders çalışıyor. Baba, abi ve ablaya karşı hoşgörülü ama Cihangir'i gördüğü zaman bile öfkelenebiliyor, sanki kendi çocuğu değilmiş gibi, Cihangir'in yediği, içtiği, yaptığı, yapmadığı her şey gözüne batıyor. Üstelik bu öfke Cihangir'in bebekliğine dayanıyormuş. Esmer tenli olan baba, Cihangir'in kumral olduğunu görünce karısına "Bu çocuk benden değil mi, bana hiç benzemiyor!" diye bağırıp çağırmış. Neyse ki bu konu bir daha hiç açılmamış.

Çok küçük yaşlardan itibaren Cihangir babasından alması gereken sevgiyi hiç alamamış; yaptığı hiçbir şey beğenilmemiş, fiziki görünümü babası tarafından durmadan eleştirilmiş. Abi ve ablaya bayramlık alınırken, Cihangir'in es geçildiği bile oluyormuş. Böyle zamanlarda annesi, gizli gizli biriktirdiği paralarla bayramlık alıp, babaya da komşular verdi deyip giydiriyormuş Cihangir'i. Zaman ilerledikçe, kendine güveni azalmış, gitgide sessiz bir çocuk olmuş. Okul başarısı sınıfı geçmesine yetecek kadarmış sadece. Bu zamana gelene kadar tek tük arkadaşları olsa da lise bittikten sonra oyunda konuştuğu insanlar haricinde pek arkadaşı olmamış. Liseden sonra aldığı kilolar, içe kapanması ve neredeyse hiç konuşmaması sebebiyle, şu dünyada Cihangir'i düşünen ve gerçekten seven tek insan olan annesi, babadan gizli olarak onu bana getirmişti.

İlk seansımızda Cihangir'le konuşurken anne de yanımızdaydı. Cihangir biyolojik olarak 22 yaşında olsa da duygusal olarak çocuksu bir yapıya sahipti ve fazla ürkekti. Onu rahatsız etmemek için, genel geçer konulardan bahsettik. Sonraki süreçlerde ilk hedef onun seanslara tek başına girmesini sağlamaktı. Neyse ki bu hedefe daha üçüncü seansta ulaştık. Bu süreç içerisinde oyunlardan, filmlerden ve teknolojik aletlerden bahsediyorduk sadece. Kişi henüz hazır olmadan, onu iltihaplı alanlara çekmek, özellikle böyle ürkek insanlarda seansı bırakmaya neden olabilir. Böyle durumlarda ilk hedef terapötik ilişki kurmaktır, yani kişinin size güvenmesini ve sizinle birlikte yol almaya motive olmasını sağlamaktır.

Cihangir'le samimi oldukça sadece genel geçer konulardan değil, onu üzen şeylerden de bahsetmeye başladık. Babasını çok sevdiğini, ama onun kendisini hiç sevmediğini söyledi. Bugüne kadar her şeyi ona kendini kanıtlamak için yaptığını, ama hiçbir çabasının işe yaramadığını ve bu yüzden de artık vazgeçtiğini anlattı. Dubleks bir evde oturuyorlardı ve kışın soğuk olduğu için üst katı kullanmıyorlardı. Cihangir'in odası oradaydı ve babası evdeyken aşağıya hiç inmiyordu. Çünkü ne zaman karşı karşıya gelseler babası, kilololarıı yüzünden ona, "Bütün kazancımı sen yiyorsun, yiye yiye ne hale geldin baksana!" gibi şeyler diyormuş.

Cihangir'in sesi o kadar az çıkıyordu ki bazen söylediği şeyleri anlamadığım için tekrar ettirmek zorunda kalıyordum. Hatta bir seferinde acaba bir sağlık probleminden dolayı mı böyle olduğunu sormuştum, o da her şeyin normal olduğunu söylemişti. Cihangir'i tanıdıkça, her davranışının aslında diğer insanlardan kendisini saklamak üzerine olduğunu görmeye başlamıştım. Sesinin az çıkması da böyle bir şeydi; azıcık bağırsa babası gelip bir şey yapacak gibi hissediyordu. Babasına olan korkusu uzun zamandır dış dünyaya genellenmişti; sanki onu herkes yargılıyor ve hiç kimse sevmiyordu. Aile içinde sevgi alamayan çocuklar bütün dünyayı sevgi vermeyen ebeveyni gibi zannedip, denemekten vazgeçerek kendi içlerine kapanabilirler. Cihangir'de de durum böyleydi. Onunla çalıştıkça hedeflerimiz gitgide netleşmeye başladı. İlk hedefimizi zaten, seanslara tek başına girmesi ile gerçekleştirmiştik. Sonraki hedef ofisimize iki vasıta ile tek başına gelmesiydi. Bu tür şeyler küçükmüş gibi gelebilir sana okurken, ama Cihangir her hedefini gerçekleştirdiğinde ben de çocuklar gibi seviniyordum, çünkü o hedeflerini gerçekleştirdikçe büyüyordu. Bu adımlar dünya için küçük olsa da Cihangir için çok büyüktü.

Cihangir'le yaptığımız seanslarda anlattıklarından yola çıkarak babasının ciddi bir kişilik bozukluğu olduğuna kanaat getirdim. Böyle durumlarda insanların değişmesi gerçekten çok zordur. Kişi değişmeyi ancak kendi ister ve bu konuda motive edilirse küçük değişimler sağlanabilir. Babanın yapısı ve yaklaşımı sebebiyle, Cihangir'in baba sevgisi görebilme konusundaki beklentilerini başka bir tarafa kanalize etmemiz gerekiyordu. Evet, Cihangir'i annesi seviyordu, ama annenin sevgisi babanın sevgi deposunu dolduramıyor maalesef. Baba sevgisinin gerçek hayattaki karşılığı, ürettiğimiz şeyler karşısında aldığımız takdirlere benzer. Sen ortaya bir şey koyarsın, birisi senin ortaya koyduğun şeyi beğenir ve takdir eder. Cihangir'in de hayatına bu durumu sokmak için onu işe girmesi konusunda motive ettim. Bir yandan da sosyal kaygıları üzerinde çalışırken iş tecrübesi çok işimize yarayacaktı.

Uzun bir arayıştan sonra Cihangir kendisine bir mağazada iş buldu. İlk başta bu işte çok zorlanıp, birkaç kez ayrılmaya teşebbüs etse de en sonunda dayanmayı seçti. İşe alıştıktan sonra gerçek değişimi görmeye başladık. Ben psikoterapi sürecini tohum ekmeye benzetiyorum bazen; ektiğimiz tohumlar attığımız anda yeşermeyebiliyor, ama eninde sonunda koşullar yerine gelince tohumların birden coştuğuna şahit olabiliyoruz. Cihangir'le önceki seanslarda attığımız tohumlar o işe girince yeşermeye başlamıştı. İş yerinde sevilen bir eleman olmuştu ve amirleri her fırsatta onu takdir ediyorlardı.

Seanslar ilerliyordu ve biz Cihangir'in kendi olumlu yönlerini fark etmesi, sağlıklı arkadaşlıklar geliştirmesi için girişimlerde bulunması gibi büyük hedefleri küçük parçalara bölerek üzerinde çalışıyorduk. Cihangir yaptığı girişimlerde başarılı oldukça özgüveni yükseliyor ve bu sonraki adımlarda başarılı olma şansını artırıyordu. Bu süreçte iş yerinde çok koşturmak zorunda olmasının bir katkısı da kilo vermesi konusunda oldu. Yediklerine de dikkat edince ciddi anlamda kilo verdi. Dışarıda işler yolunda gitmesine rağmen evdeki durumda hiçbir değişiklik yoktu. Cihangir'in aldığı maaşın neredeyse tamamını babası alsa da bir türlü Cihangir'den memnun olmuyordu. Biz terapi seanslarında durumu düzeltmeye çalışırken babası evde işleri ustalıkla bozuyordu.

Seanslarımızda Cihangir çocukluk hayalinin asker olmak olduğundan birkaç kez bahsetmişti. Bir gün onunla olan seansımızdan önce, bir haber sitesinde uzman çavuş alımları olacağını okumuştum. Cihangir seans esnasında bu haberi duyunca o kadar çok heyecanlandı ki anlatamam. Babasının boyunduruğu altından kurtulup kendi başına bir hayat kurma fikri inanılmaz gelmişti ona. Sonraki süreçte her şey yolunda gitti ve Cihangir çocukluk hayaline kavuştu. Şu anda başka bir şehirde görevde ve ev arkadaşları ile yaşıyor. Eskiye oranla birçok şey değişti ama hâlâ babasından beklentileri tam anlamıyla bitmiş değil. Bir gün kendisini kabulleneceğini ve belki ağzından birkaç güzel sözcük çıkacağını ümit ediyor. O asker olduktan sonra annesi ile yanıma ziyarete gelmişlerdi. O yorgun ve çaresiz bakan kadının gözündeki ışıltıyı gördüğüm zaman ne kadar mutlu olduğumu anlatamam sana. İyi ki psikolog olmuşum dediğim anlardan birisiydi.

Sevgi deposu dolmayan kişiler, kendilerini kusurlu hissedebilir, sevilmeye layık olmadıklarını düşünebilirler. Çocukken dolmayan depolar, yetişkinlik döneminde bu ihtiyaçlar karşılanıyor olsa bile eksiklik hissiyatı ortadan kaybolmaz. Geçmişte oluşan yarım kalmışlık, ileride de otomatik bir arayışa dönüşebilir. Sevgi deposunun dolmamasına, ailenin aşağılayıcı tavırları neden olabilceği gibi; devamlı hatalı bulunma, aşırı kıyaslanma ya da herhangi bir fiziksel kusur veya kültürel, dini ve ırksal özelliklerden dolayı içinde bulunulan gruplar tarafından dışlanma gibi yaşantılar da neden olabilir.

Saygı

Sizin diye bildiğiniz evlatlar gerçekte sizin değildirler,
Onlar kendini özleyen Hayat'ın oğulları ve kızlarıdırlar.
Sizler aracılığıyla dünyaya gelmişlerdir, ama sizden değildirler.
Sizlerin yanındadırlar, ama sizlerin malı değildirler.
Onlara sevginizi verebilirsiniz, ama düşüncelerinizi asla.
Çünkü onların kendi düşünceleri vardır.
Onların vücutlarını çalabilirsiniz, ama canlarını asla.
Çünkü onların canları geleceğin sarayında oturur
ve sizler düşlerinizde bile orayı ziyaret edemezsiniz.
Kendinizi onlara benzetmeye çalışabilirsiniz,
ama onları kendinize benzetmeye kalkışmayın hiç.
Çünkü Hayat ne geriye gider ne de geçmişle ilgilenir.
Sizler, evlatların birer canlı ok gibi fırlatıldıkları yaylarsınız.
Yayı geren, sonsuza açılan yolda kendine hedef edinmiştir
ve oklarını en uzağa eriştirebilmek için kendi gücüyle
sizleri gerer.
Yayı gerenin elinde seve seve bükülün.
Çünkü oku atan o güç,
uzaklaşan okları sevdiği kadar elindeki sağlam yayı da sever.

Halil Cibran

Dünyaya geldiğimizde annemize bağımlı olsak da ilerleyen zamanlarda gelişimimiz hep birey olmak üzere ilerler. Emeklemeye başlarken bile bir gözümüz anne babamızda diğer gözümüz gidebileceğimiz yerlerdedir. Her zaman kendimiz olmaya çalışırız, birey olmaya. İnsan, yapamadığı ama başarabileceği kadar zor olan görevleri üstlenerek gelişir. Yürümeyi bilmezsin, yürümeye zorlarsın ve başarırsın. Kreşe ya da anaokuluna gidersin, farklı insanlarla bir arada olmayı, topluluğa katılmayı öğrenirsin. Her aşama bir zorluk içerir ve sonrasında ben başarabiliyorum, benim buna gücüm yetiyor inancı oluşur.

Saygı deposu da tam olarak burada yer alıyor. İçine doğduğumuz aile tarafından, onlardan farklı bir birey olduğumuza, dolayısıyla farklı isteklerimizin ve gelişim süreçlerimizin olabileceğine yönelik kabullenme, karşımıza çıkan sorunlar karşısında çözüm becerilerine sahip olduğumuz konusunda inanç ve cesaret verme, en son olarak da bir birey olarak varoluşumuza saygı duyulması, saygi depomuzu dolduran asli unsurlardan. Ama özellikle bizim gibi toplulukçu toplumlarda, birey olma konusu yanlış algılanabiliyor ve çocuğun bu konudaki girişimleri asilik ve uyumsuzluk olarak yorumlanıp, şiddetli tepkilerle bastırılabiliyor. Bazen de tam tersi şekilde, çocuğumuza yönelik koruyucu taraflarımız, onun varoluşuna yönelik inançsızlık içereceği için yine saygı deposunun dolmasını engelliyor. Her çocuğun bir potansiyeli vardır, ama bu potansiyel aktif bir şekilde gelmez. Bir nevi tohum gibidir. Bu tohumun yetişmesi için, o potansiyelin çözebileceği sorunla karşılaşıp aktive olması gerekir. Ama anne babalar, çocuklarını sorunlardan uzak tuttuğu zaman, o potansiyel tohumları hiç aktive olmayabiliyor. Elbette önemli sorunlarda aile devreye girmeli, ancak her günübirlik olayda ailenin devreye girmesi çocuğun kendine olan güveninin gelişmesini engelleyecektir.

Saygı deposunun önemini daha iyi anlamak için karşılaştığım bir vakayı anlatmak istiyorum sana. Haldun, üniversiteyi bitireli 4 yıl olmuş ancak bugüne kadar hiç çalışmamıştı. Üniversiteyi de 3. girişinde kazandığı için bana geldiğinde 29 yaşındaydı. Babası, "Artık çalışmayacak mısın, neden gün boyu evde oturuyorsun?" diye söylenmeye başlayınca, annesinin de teşvikiyle psikolojik destek almaya karar vermiş. Haldun'u ilk gördüğümde, iş adamı zannetmiştim açıkçası. Çok pahalı olduğu belli olan bir saati, günlük giyim için fazlasıyla iddialı olan kadife ceketi ve mendili, markası okunabilen çorabı ve hiç toz olmayan parlak ayakkabısıyla görünce böyle bir kanaat oluşmuştu içimde.

Her ilk seansta danışanlarımın, hayatına dair demografik bilgileri dinledikten sonra, klasik olarak, "Size nasıl yardımcı olabilirim?" diye sorarım. Haldun'a da bu soruyu sorduğum zaman, "Bir türlü kendime göre bir iş bulamıyorum. Akşama kadar evde oturup bilgisayar oynamaktan çok sıkıldım. Bundan dolayı da babam beni bunaltıyor; neden çalışmıyorsun, evde oturuyorsun diye. Neyse ki annem beni babamın bu sıkıcı tavırlarından koruyor. Ama aslında ben de bu durumdan hoşnut değilim. Bu konuda destek istiyorum sizden," cevabını aldım.

Bugüne kadar neler yaptığını öğrendiğimde açıkçası şu anki duruma çok şaşırmadım. Çocukluğundan itibaren annesinin koruyucu kanatları altında yetişen Haldun, çok küçük yaşlardan itibaren karşılaştığı her sorunda annesinin yardımını görüyor. Okulda aynı sırada oturduğu arkadaşı ile yaşadığı bir problem sonucunda basit bir küslük yaşadıklarında bile annesi okula geliyor, onları barıştırmak için hem söz konusu arkadaş hem öğretmenle görüşüyor. Buna benzer o kadar çok olay var ki Haldun'un geçmişinde. Babası arada sırada annesinin bu durumuna engel olmaya çalışsa da sesi çok güçlü çıkabilen birisi değil; anne otoriter bir kadın ve sonuçta evde hep annenin dediği oluyor. Hatta yakın zamanda, çok hafif grip olduğunda annesi, kendisini sırtında tuvalete kadar taşıyor Haldun bu durumdan rahatsız olup, ben kendim gidebilirim dediğinde bile, aman oğlum zaten halsizsin sen yorulma, diyor. Üniversite sınavına girdiği zaman istediği bölümü kazanacak puan alamıyor, çünkü çok fazla önem vermediğini söylüyor. Aldığı puanlarla Ankara tutmuyor, annesi de başka şehre gitmesini istemiyor; açıkçası bu durum Haldun'un da işine geliyor. İlk seneden sonra bir daha ders çalışmıyor zaten, dershaneye gitse de sadece gidip geliyor. Babası ders konusunda uyarınca bile annesi, ben oğluma ömür boyu bakarım, o mutlu olsun yeter ki, diyor. Şans Haldun'dan yana oluyor, babasına ailesinden belli bir miras düşüyor. Baba, ata yadigârı satmayalım dese de anne hemen müdahil olup miras kalan tarlayı sattırıyor ve Haldun'u özel üniversiteye yazdırıyorlar.

Üniversite zamanları çok keyifli geçiyor Haldun için, dışarıdan bakıldığı zaman birçok insanın imrendiği bir hayat yaşıyor. En iyisini yiyor, en kalitelisini giyiyor, babasının arabası hep Haldun'da. "Üniversite dönemim, hayatımın en güzel dönemiydi," diyor Haldun. Bu dönemde bir kız arkadaşı oluyor ve onunla ilişkisi bir yıl civarı sürüyor. Ancak kız arkadaşı, Haldun'un ilişkiye dair hiç sorumluluk almadığından yakınıyor ve bencil olduğunu söyleyerek Haldun'u terkediyor. Bu durum onu çok sarsınca annesi yine devreye giriyor ve kızı arıyor. Fakat bu durum ters tepiyor ve ilişki tamamen bitiyor.

Büyük sorunlar üniversite bittikten sonra ortaya çıkıyor. Haldun hep çok büyük şirketlerdeki yönetici kadrolarına başvuru yapıyor. Neden böyle yaptığını sorduğumda, "Benim gibi birisi neden daha alt kademede çalışsın ki?" diyor. Başvurduğu bütün işler böyle olduğu için hiçbir işe kabul edilmiyor. Ailesinin çabasıyla kendisine gelen bazı iş tekliflerini de "Ben başkalarının altında çalışmam," diyerek kabul etmiyor. Böyle böyle 4 yıl çabucak geçiyor. Şu anda bütün gün evde, çalışmadığını bilmesinler diye de hiçbir üniversite arkadaşıyla görüşmüyor, sosyal medya hesabı yok, 4 yıl içinde ekstra 40 kilo almış ve hayata karşı ümitsiz hissediyor.

Annesinin prensi Haldun, annesi tarafından her sorunu çözülerek büyütülüyor. Hayatın doğal akışı içerisinde bir problemle karşılaştığı zamanlarda bile anne hemen olaya müdahil oluyor ve sorunu Haldun adına çözüyor. Evet, annesi oğlunu seviyor, ancak böyle davranarak onun varlığına saygı duymamış oluyor. Haldun hem hayatı, zorlu olayları, sorun çözmeyi öğrenemiyor; küçük bir çocuk gibi kalıyor hem de annesinin gözündeki imajı ile gerçek hayattaki değeri birbiriyle uyuşmadığı için hayatın yedek kulübesinde beklemek zorunda kalıyor. Sonuç olarak, arka planda sinsice gelişen depresyonla karşılaşıyoruz.

Saygı deposunun dolmaması, Haldun'da olduğu gibi annenin ya da babanın çocuğun adına her problemi çözmesiyle ve gerçekçi olmayan bir dünya yaratmasıyla ortaya çıkabileceği gibi ailenin çocuğun her davranışını kısıtlaması, kendi olma çabasını bastırması, başarılarını takdir etmemesi, durmadan eleştirmesiyle de ortaya çıkabilir.

Çevremizde gördüğümüz yetişkin ve hatta güçlü insanlara baktığımız zaman, bu insanların bir zamanlar bebek olduğunu düşünmek garip gelebilir. Ancak bugün gördüğün her insan bir zamanlar bebekti ve bakıma muhtaçtı. Bir şekilde beslenmeyen, korunmayan ve bakım verilmeyen çok az bebek hayatta kalmayı başarabilir. Güven deposunun dolması için bebeklik ve çocukluk çağlarında bu ilgi ve bakımı, düzenli ve koşulsuz olarak almamız gerekir. Diyelim ki bazen seviliyorsun bazen sevilmiyorsun, bu durumda arada aldığın sevgi hem sevgi deponu doldurmaz hem de güven deposuna zarar verir. Çünkü güvenin en temelinde gelecekte de aynı iyi şeyi görebilmeye olan inanç yatar. Ama güven deposu dolmayınca kişi ilişkilerinde bile öyle bir tehdit olmamasına rağmen terk edileceğini, hayatta başına gelen hiçbir zorlukla baş edemeyeceğini düşünebilir.

Güven deposuna örnek olması için anlatacağım vaka, Ayşin'in hikâyesi. Ayşin 33 yaşında bir akademisyen ve kendi alanında çok başarılı diyebileceğimiz çalışmalar ortaya koymuş birisi. Bana gelme sebebi, son ilişkisinden ayrıldıktan sonra kendisini çok mutsuz ve tedirgin hissetmesi. Sanki her an kötü bir şey olacakmış gibi hissediyor. Burada tek başına yaşayan Ayşin'in ailesi başka bir şehirde. Özellikle evde yalnız olduğu zamanlarda, tedirginliği çok daha yoğun yaşıyor. Bu tedirginliğe sebep olacak bir olay olmamış son zamanlarda.

Genelde böyle durumlarda bana gelen kişi, her şey yolunda ama neden böyle oluyor, der veya asıl problemle alakası olmayan önemsiz bir sorunla gelir. Biz psikologlar bu duruma "odadaki fil" diyoruz. Problem bazen kişinin hayatının tam ortasındadır, ama kişi onu görmez. Ayşin'de de durum benzerdi, kötü hissediyordu ama ona göre tek problem, ayrıldığı eski sevgilisini ara sıra özlemesiydi, başka problemi yoktu. Böyle durumlarda en göze çarpan şeyle yola çıkarım, genelde de bu ilişkiler olur. Bir insanın ilişkisinde yaşadığı sorunları, tavrını incelerken onun kişiliğine ve problemlerine dair birçok şeyi öğrenebilirsiniz. Diğer insanlarla nasıl ilişki kurduğumuz, ne yaptığımız ve bize ne yapılmasına izin verdiğimiz aslında bizi belirleyen şeylerdendir. Ben de Ayşin'in ilişkisine dair detayları öğrenmek istedim.

Ayşin'in son ilişkisi yaklaşık 6 ay sürmüştü, şiddet gördüğü için ayrılmak zorunda kalmıştı. Zorunda kalmıştı çünkü en son seferde sevgilisi burnunu kırmış ve olay başka insanlar tarafından da duyulmuştu. En son, ailesi de duruma müdahil olunca, ayrılmaya ikna olmuştu. Ayrılık üzerinden biraz zaman geçtikten sonra ayrılmakla en doğru kararı verdiğini düşünmeye başlamıştı; ama yine de ara ara gelen özlem duygularına engel olamıyordu. Eski sevgili Ayşin'den yaşça küçüktü ve eğitim düzeyi olarak da bayağı gerideydi. Araba alım satım işleri ile uğraşan eski sevgilinin karanlık bir tarafı da vardı. Ayşin, 6 ay boyunca çok fazla kez şiddete maruz kalmış, son seferki ise en şiddetlisi olmuştu. Bunları anlatınca, Ayşin'e bahsettiği kişinin fotoğrafı olup olmadığını sordum. Hâlâ bazı fotoğrafları silemediğini söyleyerek birkaçını gösterdi. Açık konuşmak gerekirse, insan seçmem ama beladan da uzak durmayı seçerim. Bu adamı gerçek hayatta görseydim, muhtemelen yavaşça ortamı terk ederdim. Mafya görünümlü ve fotoğraflardan bile öfkesi belli olan biriydi.

Ayşin'e bu ilişkinin nasıl başladığını ve bu adamın en çok hangi özelliğinden etkilendiğini sordum. Kendi arabası arıza yapınca, birkaç günlüğüne araba kiralamak istemiş ve araba kiralama firmasında karşılaşmışlar ilk defa. Firmanın da sahibiymiş bu kişi. Ardından sosyal medyadan irtibata geçmiş ve görüşmeye başlamışlar. Ayşin bu adamın en çok maço ve öfkeli görünümünden etkilenmiş. Sonra Ayşin'e eski ilişkilerini sorduğumda, bundan önce hayatına 3 kişi girdiğini, onları da çevresindeki hiç kimsenin kendisine yakıştırmadığını ve bu kadar olmasa da hepsinde şiddet gördüğünü anlattı. Böylesine narin ve naif bir kadın neden her seferinde kendisine zarar verecek insanları hayatına alırdı ki?

Sorular mantıkla açıklanamıyorsa genelde cevap geçmişte yatıyordur. Burada da tam olarak böyle oldu. Ayşin'in geçmişini incelediğimiz zaman, babasıyla ilgili ciddi sorunlar olduğunu keşfettik. Ayşin ve ailesi küçük bir şehirde yaşıyorlardı o zaman. Babası bir kurumda memur, annesi ev hanımıydı. Babasını kötü bir alışkanlığı vardı, eve haciz getirecek kadar kumar bağımlısıydı. Kumar bağımlısı olmasına rağmen bu sorunundan bağımsız güler yüzlü, hoş sohbet bir adamdı ancak ailesine dair pek sorumluluk almazdı. Belki de yüzlerce kez kumarı bırakacağına söz vermiş ve her sözü hüsranla sonuçlanmıştı. Babasının tarafı da olaya müdahale olmuş ama çözüm olmamıştı. Sanırım dedesi olmasa, yiyecek yemekleri bile olmayacaktı. Annesi boşanmak istemiş, ancak hem kendi ailesi arkasında durmamış hem de 90'lı yılların başında küçük bir şehirde, genç ve güzel bir kadının dul olarak hayatına devam etmesinin zorluklarını göze alamamış.

Biz bu konulardan konuşurken Ayşin, o zamanlara dair güçlü bir anıyı hatırladı. "Bugüne kadar nedense hiç düşünmemişim bu olayı, halbuki o zaman çok etkilenmiştim, garip," dedi. Hafta içi bir gün okuldan eve gelmişti, öğleden sonraydı, evde babası da vardı. "Normalde işte olması gerekirken o gün neden evdeydi hatırlamıyorum," dedi ve devam etti:

"Ben içeride ödevimi yaparken kapı çaldı. Kapı çaldığında hepimiz gerildik, çünkü beklemediğimiz zamanlarda çalan kapı çoğunlukla haciz memurlarının geldiğinin işareti oluyordu. Babam söz verse de her zaman yeni yeni borçlar çıkıyordu karşımıza. Yine şaşırtmadı bizi ve kapıyı annem açınca haciz için geldiklerini gördüm. Ben kapının önüne çıkmamıştım, korkuyordum, geriden salonun kapısının ağzından gizlice olanları izliyordum. Çok sık geldikleri için artık gelenleri tanıyordum. Kapıda annem ve babam vardı, annem haciz için gelenlere alacak bir şey olmadığını söylerken, bir yandan da babama ters ters bakıyordu. Ama çok dikkat ederdi, babama başka insanların yanında asla ters bir şey demezdi. Sonrasında, haciz memurunun anneme bakarak, isterseniz başka türlü halledebiliriz, dediğini duydum. O zamanlar ortaokulun başındaydım ancak yine de bu söylenilenin çok kötü bir şeyi ima ettiğini anlamıştım. Gözüm, kulağım babama döndü, içimden haykırıyordum resmen, lütfen bir şey desin, lütfen annemi, bizi, ailemizi korusun diye. Babamdan cılız bir gülüş çıktı sadece, ne demek istiyorsunuz, dedi sessizce. Ve ben o an yıkıldığımı hissettim, sanki babam ölmüş gibi, hatta ölse daha iyi olacakmış gibi geldi o an. Neyse ki annem güçlü kadındı, bağırarak bu duruma tepki gösterdi, o an eline ne geçiyorsa fırlattı adama. Ortalık birden karışınca adamlar da gittiler. Bu en canlısı ama bunun gibi babamın güçsüzlüğünü gösteren birçok anım var."

Sonrasında beraber, Ayşin'in neden dışarıdan çok güçlü görünen, öfkeli, aşırı sahiplenici tipleri beğendiğinin farkına vardık. Zamanında eksik kalan, dolmayan güven deposunu doldurmaya çalışıyordu hâlâ Ayşin. Çocukluk zamanında babasının koruyuculuğunun eksikliğinden dolayı hep tehdit altında hissetmişti ve şu an bu durum ortadan kalksa da hâlâ bir koruyucuya ihtiyacı varmış gibi hissediyordu.

Güven deposunu birçok şey zedeleyebilir. Çocuk bugünden yarına durumunun değişmeyeceğini, zarar görmeyeceğini bilmek ister. Ama cinsel, fiziksel ve psikolojik istismar gibi durumlar, evde güvenilmez bir ebeveyn figürünün olması, dengesiz ebeveyn tutumları, ebeveynlerden birisinin ağır ruh sağlığı problemleri olması, anne babanın ayrılmış olması ve uzakta olan ebeveynin sözlerini tutmaması, çocukla ilgilenmemesi güven deposunun dolmasını engeller.

İçimizde dolması gereken depolar en başta aile tarafından, sonrasında ise içinde olduğumuz topluluklar tarafından doldurulur ya da dolması engellenir. Okuldaki ortamımız, öğretmenimiz, yakın çevremizdeki insanlar depolarımızı etkiler.

Şimdi depolarımıza zarar veren anne baba türlerinden bahsetmek istiyorum sana.

Zehirli Ebeveyn Davranışları

İlk olarak şunu söylemek isterim, biraz sonra anlatacağım anne baba türlerini okurken sen de kendi anne babanda benzer özellikler olduğunu fark edeceksin. Bu özellikler az ya da çok birçok anne babada bulunabilir. Böyle olması senin ailenin zehirli davranışları olduğu anlamına gelmeyebilir. Annenin ya da babanın zehirli davranışlara sahip olup olmadığını anlamanın yolu, bu davranışların senin biraz önce bahsettiğim depolarına ciddi anlamda zarar vermesi ve bugün yaşadığın problemlerin kaynağının önemli bir kısmını oluşturmasıdır. Bu bölümü okurken bu kıstası unutmamak gerek.

Ben Yapamadım Sen Yap

Bu tür davranışlara sahip olan anne babalar, şu an bulunduğu maddi imkânlardan, evliliklerinden ve yaptığı işten memnun olmayabilir. Yaptığı işten dolayı kendisini ezilmiş hissedebilir. Ve içinde bir yerlerde, "Aslında daha iyisini hak ediyordum," gibi düşünceler mevcut olabilir. Ama bir şeyleri değiştirmek için zaman geçmiştir artık. Böyle hisseden ebeveyn, kendi gerçekleştiremediği hayallerinin varisi olarak bütün evlatlarını ya da daha özel gördüğü tek bir evladını seçebilir. Böyle düşünen ebeveynin kafasında, hayata dair hayal kırıklığını tamir edecek tek bir seçenek vardır genelde, tek bir meslek. Bu konuda kişi esnek değildir ve çocuğuna seçenek tanımaz, onun için en iyi seçeneğin kendi seçtiği kariyer yolu olduğunu düşünür. Örneğin, anne hemşiredir ve doktor olmadığına/olamadığına yönelik bir aşağılık kompleksi hisseder. Ya da baba, adliyede mübaşirdir, her zaman hayatın bütün kapılarını açma yolunun sadece hâkim ya da savcı olmaktan geçtiğine inanır. Bazı durumlarda da okumak isteyen kadın ailesi tarafından istemediği birisiyle zorla evlendirilmiştir ve kadın özellikle kız çocuğunun okuması için aşırı baskı yapabilir.

Her anne baba çocuğunun iyi yerlere gelmesini ve rahat bir hayat sürmesini ister. Ancak "Ben Yapamadım Sen Yap" ebeveynleri, bu durumu bir varoluş meselesi gibi değerlendirir ve çocuğuna seçenek tanımaz, onun ne istediğini sormaz. Kendi istediğini, bir şekilde çocuğunun isteğiymiş gibi düşünmeye başlar bir süre sonra. Eğer çocuk, ebeveyninin istediğinden farklı bir yola girmek isterse, ebeveyne göre bu en büyük suçlardan biridir ve çocuk psikolojik ve hatta bazen fiziksel şiddete bile maruz kalabilir. Ben senin için neler yapayım; senin bu tavrına bak, sadece nankörlük yapıyorsun gibi ifadeler sıklıkla kullanılabilir.

Bu tarz ebeveynlere sahip olan çocuklar ya tamamen boyun eğici bir şekilde ailesinin istediği gibi davranmakta ve kendi fikirlerini kullanılmamak üzere zihninin köhne bir odasına kaldırmaktadır; ya pasif bir direniş göstererek kendini tamamen geri çekip başarısız bir kariyere sahip olur; ya da varoluşlarını anne babanın söylediklerinin tam tersini yapmakta bulurlar. Bu sonuncu yapıdaki insanlar, inadına yaşar gibidirler. Normalde istememesine rağmen, babasının hukuk ısrarına karşın, konservatuar okumaya çalışan bir danışanım olmuştu. Zehirli anne baba davranışlarında genelde bu örneklerde karşımıza çıkan üç savunma mekanizmasını göreceğiz: Kabullenme, geri çekilme ve karşı saldırı.

Mükemmeliyetçiler

Mükemmeliyetçi anne babalar için, her zaman tamamlanması gereken eksiklikler vardır. Her zaman biraz daha çalışılacak ders, düzenlenecek oda ve yapılması gereken işler vardır. Böyle ebeveynler her şeyi kontrol etmeye çalışırlar ve istedikleri olmadığında, çocukları için hayatı zindan edebilirler. Böyle anne babaların geçmişinde, ciddi maddi sıkıntılar ya da hayat zorlukları olabilir; mükemmeliyetçi ebeveyn şu anki hayat koşullarına ulaşmak için çok zorlanmış olabilir. Bundan dolayı hayatta hataya yer olmadığını, eğer çocuklarının da hata yaparsa kendisi gibi zorluklar yaşayabileceğini düşünüyor olabilir. Mükemmeliyetçi ebeveynin, kendi ailesi de benzer bir yöntem kullanmış olabilir ve bunun sonucunda anne babanın, çocuk yetiştirmek için bildiği yöntem bu olur. Bazı ebeveynler için çocuk kendi başarı alanlarından birisidir ve dolayısıyla çocuğa bir proje gibi yaklaşılır. Anne ya da baba çocuk hatalar yaptıkça, bunun hayatın doğal sonuçlarından birisi olduğunu düşünmez, kendi ebeveynlik yanlışıymış gibi tepki gösterir ve hatalara tahammül göstermez.

Mükemmeliyetçi ebeveynlerin başarısızlığa tahammülü yoktur. Anne babaların bu tavrı çocuklarda, sadece mükemmel olurlarsa sevgiyi hak edebilecekleri gibi bir temel inanç oluşmasına sebep olabilir. Hissettiği yetersizlik duygularıyla bana gelen Selim'in babası çok zor koşullarda okuyarak öğretmen olmuş ve kendi çocuğunun da bu zorluklarla karşılaşmaması için çocuğunun hep çok başarılı olmasını istemiş. Ancak Selim ne kadar başarılı olursa olsun bu baba için yetmemiş; sınıf birinciliğinden düştüğü anda babasının gözünden de düşermiş. Evde bir cenaze havası olurmuş böyle zamanlarda. Bu durum en belirgin olarak Selim'in üniversiteye giriş sınav sonucu açıklandığı zaman ortaya çıkmış. Selim Türkiye genelinde 4. olmasına rağmen, babası neden birinci olmadın, benim dediğim gibi çalışmadın diye 6 ay hiç konuşmamış oğluyla.

Selim bana geldiğinde, hangi başarıyı ortaya koyarsa koysun yine de kendini hep başarısız hissediyordu. Çalıştığı yerlerde hep en çok sevilen çalışan oluyordu. Çünkü neredeyse her gün mesaiye kalıyor, yapmaması gereken işleri bile hallediyordu. Ama böyle bir tempoda çalışmak zorunda kalınca, kendisini tükenmiş hissetmesi kaçınılmaz oluyordu. Selim'le çalışırken, hissettiği yetersizliğin ortaya koyduğu çabayla ilgili olmadığını, babasının kendisine yaklaşımının kendi kendini değerlendirme kıstası olduğunu fark ettik. Ve bu tamamen yanlış bir referans noktasıydı çünkü babasının gözünde, tamam şimdi oldu denilecek bir nokta yoktu, her zaman bir eksik vardı.

Mükemmeliyetçi ebeveynlerin çocukları da üç şekilde tepki geliştirirler. Selim'de olduğu gibi kabullenme ve tamamen ebeveynin istediği birisi gibi olma. Kendini geri çekerek bu cendereden kurtulmaya çalışma ve işlevsiz davranışlara gömülme. Böyle durumlarda sık karşılaştığım işlevsiz davranışlara, çok uzun saatler bilgisayar oyunu oynamayı örnek gösterebilirim. Karşıt tepki olarak da asi tepkiler geliştirme ve mükemmeliyetçi olan tarafla çok sık tartışma yaşama, onların istediğinin tam tersini yapma davranışını örnek gösterebilirim.

Çocuk yetiştirirken en önemli şey sağlıklı ilişki kurmaktır. Önce ilişki gelir sonra başarı gelişir. Ama önce başarı beklenirse başarı gelebilir, ilişki ise gelişmez.

Umrumda Değilsin

Bazı insanlar anne baba olmak için uygun değiller ya da hazır olmadıkları bir zaman diliminde bu rolü üstlenmiş gibiler. "Umrumda Değilsin" ebeveynleri, çocuklarının ihtiyaçlarını fark etme konusunda yetenekli değildirler. Bu yetenek eksikliği bazen kişinin kapasitesi ile ilgili olabileceği gibi bazen de kişinin bilinçli olarak dikkat etmemesi ile ilgili olabilir. Bu tip ebeveynlerin bir kısmının yaşadığı psikolojik problemler neticesinde çocuğun ihtiyaçlarını fark etmemesi durumu ile sıklıkla karşılaşıyorum. Anne ya da baba, yaşadığı ağır depresyon neticesinde, çocuğun ilgisi ve bakımı bir yana, kendi kişisel bakımlarını bile gerçekleştiremeyecek durumda olabiliyor. Alkol ya da madde bağımlısı ebeveynler de kullandıkları maddenin etkisindeyken çocuklarını fark etmeyebiliyorlar. Madde etkisi altında değilken de madde düşünmekten çocuğu düşünmeye sıra gelmeyebiliyor. Bazen de yaşanılan kişilik bozuklukları gibi problemlerde, ebeveyn çocuğa karşı düşmanca bir tutum sergileyebiliyor. Bazı durumlarda ise ebeveyn içinde bulunduğu durum için çocuğu suçlayabiliyor ve bunun için çocuğu yok sayarak cezalandırabiliyor. Bu duruma dair en sık karşılaştığım örnek, çocuk yüzünden evliliğe devam eden çiftlerde oluyor. Ya da boşanma kararı verilmişken ortaya çıkan kaza gebelikle doğan çocuklara, ayrılmak isteyen taraf bir öfke besleyebiliyor; senin yüzünden bu adama/kadına katlanmak zorundayım gibi.

Verda'dan daha önce de bahsetmiştim. Ters çevrilmiş tabakları hatırlayacaksın. Verda'nın annesi, hem çocuklarına karşı ilgi ve bakım verme kapasitesine sahip değildi hem de bazen özellikle Verda'ya karşı düşmanca davranabiliyordu.

Verda'nın annesiyle ilgili şöyle bir anısı vardı: "Ben çocukken annemin sinir krizi geçirmesi, sürekli bağırması, bir şeyler fırlatması bizim normalimizdi. Ama özellikle babamın işi dolayısıyla şehir dışına gittiği dönemde ve sonrasında bu krizlerin şiddeti de artmaya başladı. Ergenlik dönemim de ise çoktan kontrolden çıkmıştı. Annem ilk kez (benim hatırladığım) kendini öldüreceğini söyleyip intihar etmek üzere cama çıktığında 8-9 yaşlarındaydım.

Öncesinde her zamanki ritüelini gerçekleştirmiş bağırıp çağırmış, ortalığı kırmış dökmüş, abime meyve bıçağı bana da sandalye fırlatmıştı. Sonrasında babamın da gelmesiyle şovuna güzel bir final olması bağlamında cama çıkmış ve kendini atacağını söylemeye başlamıştı. Korkmamıştım, ağlamamıştım, paniklememiştim ya da o yaşlarda bir çocuğun o durumda vermesi gereken hiçbir tepkiyi vermemiştim. Belki de o yaşta bile onun asla kendine zarar vermeyecek kadar bencil biri olduğunu biliyordum ve atlayacağına inanmamıştım. Sonrasında da kendini öldürmekle tehdit ettiği ya da kendini yerden yere atıp kriz geçirdiği, deli gibi bağırıp ağladığı tüm durumlarda o kayıtsız çocuk oldum. İnsanlarsa beni duygusuzlukla ve kötü biri olmakla suçladı."

Çocukların ebeveynleri ile yaşadıkları problemler çok yıkıcı olabiliyor, çünkü çocuklar kendilerini problemin kaynağı zannediyor. Yetişkinlik zamanlarında diğer insanlarla yaşadığımız problemlerde, az çok hem kendi hatalarımızı hem de karşı tarafın hatalarını ayırt edebiliriz. Ama çocuk aklı, bütün suçu kendine alıyor. Verda annesi ile yaşadığı problemlerde annesine öfkelense de daha duygusal zamanlarında, ben iyi bir evlat olamadım, inancı ortaya çıkıyordu. Bu inanç da onu kendini değersiz ve sevilmeye layık bir insan olmadığı sonucuna vardırıyordu. Verda annesinden bahsettikçe, annesinin aşırı şüpheci tavırları, çok yakın akrabalarla bile, benim kötülüğümü istiyorlar, diye görüşmemesi, bu şüphenin bazen kendi çocuklarına bile yönelmesi gibi belirtilerden dolayı paranoid özellikler taşıdığını düşündüm. Bunu, "Annenin ciddi bir psikolojik problemi olabilir," diye Verda ile paylaştığımda, onun mimiklerindeki olumlu değişimi görmeni isterdim. Ve sonrasında şunu söyledi: "Yani bu tavırları benden dolayı değil miydi?"

Çocukların en büyük hakkı çocuk olmaktır. Yani bir sorumluluk almadan, oyun oynayarak spontan bir dönem yaşamaları gerekir. Ama "Umrumda Değilsin" ebeveynleri çocuklarının bu haklarını elinden alır. Bu çocuklar erken yaşlarda büyürler; kendi kıyafetlerini kendileri yıkar, yemeklerini kendileri hazırlar. Sadece bununla da kalmaz, uzak kalan ebeveynin bakımını da üstlenebilir bazı çocuklar. Annesinin daha önce 3 kez intihar girişimine şahit olan Gülru, ilkokul zamanlarında gece birkaç sefer kalkıp annesini yaşıyor mu diye kontrol ettiğinden bahsetmişti. Bundan dolayı birçok kez okula uykusuz gittiğini ve derslerinde çok zorlandığını hatırlıyordu.

Bu çocuklar yetişkin olduklarında, kendisine zarar veren ilişkilerde aşırı fedakâr davranabilir, sorunlu insanları düzeltme görevini kendine misyon edinebilir. Bazıları ise hissettiği sevgi ve şefkat eksikliğini, erken yaşta cinsel deneyimler yaşayarak arayabilir. Bu duruma bazen madde kullanımı gibi problemler de eşlik edebilir. Bazen de bu çocuklar, tamamen yalnız kalmayı seçebilir; her ilişkinin başında bir heyecan olsa da sonrasında yakın olma ihtimali bu insanları korkutabilir.

Sen Her Şeyin En İyisine Layıksın

Ortaokul dönemlerimde, bir yaz tatilinde babamı, bana iş bulması için sıkıştırdığımı hatırlıyorum. Babamın çalıştığı taksi durağı Ankara Ulus'taydı. Bir gün arabaya müşteri olarak binen bayrak imalatçılarına rica etmiş ve benim bu ısrarımdan bahsetmiş. Sonrasında adamlar beni yanlarına işe aldılar. Kısa bir süre çalıştığım iki kardeşe ait işyerinde bir gün patronlarla sohbet etme imkânımız olmuştu. Bana babalarının çok zengin olduğunu, ancak benim yaşlarımdayken bile yaz tatillerinde, onları yaptırdığı inşaatlarda çalıştırdığını anlatmışlardı. Hatta baba, çocuklarını kendi arabasıyla bile götürmezmiş inşaata, kendisi de oraya gittiği halde. Ben o anki aklımla bu duruma çok şaşırmıştım; bu kadar imkânları olduğu halde neden bu eziyet diye. Ama şu an bakınca nasıl da anlamlı geliyor her şey. Şu hayatta sana sunulan şeyler için bedel ödediğin zaman senin üzerinde etkili oluyor ve onun değerini biliyorsun.

Çocuk aklımla bana şaşırtıcı gelen şeylerden birisi de şuydu: Malum ülkemizde her 10-15 yılda bir ekonomik kriz oluyor. Bu döngü Osmanlı'dan bu yana böyle olabilir. Benim de çocukluk zamanlarıma 5 Nisan 1994 ekonomik krizi denk gelmişti. Hep maddi sıkıntıdan bahsediliyorken, ben kendimce şöyle bir çözüm bulmuştum, madem para eksik, neden daha fazla para basmıyoruz? Hatta bunu ben bile düşünüyorsam, devletin başındakiler nasıl düşünemiyor, diye merak etmiştim. Sonrasında öğrendim ki basılan her paranın Merkez Bankası'nda altın olarak bir karşılığı olmalıymış. Eğer karşılığı olmadan para basarsanız, enflasyon olur ve işler daha kötü hale gelirmiş. İşte tam olarak insani gelişimde de durum buna benziyor. Çocuk yetiştirilirken, elbette ona sunduğumuz imkânlar, geri bildirimler iyi olacak ama başaramadığı halde sen inanılmaz başarılısın, sen çok özelsin diye yetiştirilen çocuklarda özgüven enflasyonu ortaya çıkıyor.

Çocuğuna, aynen daha önce Haldun'un hikâyesinde bahsettiğim gibi, aşırı tolerans gösteren, onun adına her sorumluluğu üstlenen ebeveynler çocuklarının hayata karşı daha kırılgan olmasına sebep oluyorlar. "Sen Her Şeyin En İyisine Layıksın" ebeveynleri, kendi geçmişlerinde ciddi maddi zorluklar yaşamış olabilirler ve bu zorlukları çocuklarının da yaşamaması için çocuk bir isterse beş veriyor olabilirler. Bazen de geç yaşta ya da meşakkatli tedavilerle sahip olunan çocuklara karşı böyle imtiyazlar sağlanabiliyor. Bazı durumlarda ise kadın olduğu için insan yerine konulmadığını hisseden kadınlar, hep bir erkekle tamamlanacağını hissetme yanılsamasına kapılabiliyor. Evlenince eşiyle bu tamamlanma hissini yaşayamayan kadınlar, sahip oldukları erkek çocuğa prens muamelesi yapabiliyorlar.

Böyle ebeveynlerle yetişen çocuklar yetişkinlik döneminde birçok sorunla karşılaşabiliyor. İlk olarak gerçek hayat problemlerinde, daha önce kendilerini geliştirememiş oldukları için başarısız oluyorlar ve bir süre sonra zorluk içeren her türlü şeyden kaçınmaya çalışıyorlar. Bazı örneklerde ise kişi çok basit bir şey yapmak için bile her zaman birisine ihtiyaç duyuyor, kendi başına hiçbir şeyi tek olarak başaramayacağına yönelik bir temel inanç buna neden oluyor. Bu durumun bir farklı versiyonunda ise kişi diğer insanların yardımına ihtiyaç duyuyor ancak bunun en doğal hakkı olduğunu düşündüğü için, birlikte olduğu kişi her şeyiyle ilgilenmezse çok öfkeli olabiliyor. Benimle ilgilenmelisin beklentisi bazen öfke krizlerine bile neden olabiliyor. Böyle yetişen çocuklar diğer insanların hislerini ve beklentilerini anlama konusunda daha isteksiz olabiliyorlar, çünkü bu vakte kadar kimse ondan böyle bir şey beklememiş. Bu da özellikle yakın ilişkilerde bencillik olarak ortaya çıkabiliyor.

Sana İhtiyacım Var

Daha önce de söylediğim gibi bazı insanlar hazır olmadan anne baba oluyorlar. Kendileri daha büyümemişken çocuk sahibi oluyorlar. Çocuğun çocuk yetiştirmesi nasıl olur tahmin etmek zor değildir diye düşünüyorum. Çocuklar kendi becerilerinin birazcık üstünde problemlerle uğraşmak ve bunları çözmek zorundadırlar, daha fazlasına maruz kaldıkları zaman, ne yapacaklarını şaşırabilir, yetersiz hissedebilir ve maruz kaldıkları sorunların duygusal yükü altında ezilebilirler. Kendi sorunlarını çözmekte yetersiz olan, hayatını idame ettirmek için her zaman başka birisine ihtiyaç duyan kişiler olarak tanımlayabiliriz "Sana İhtiyacım Var" ebeveynlerini. Bu kişiler geçmişte, ailesi tarafından şiddete ve istismara uğramış bireyler olabilir. Kronik olarak bir psikolojik probleme sahip olan kişilerde de bazen buna benzer durumlar ortaya çıkabilir. Bağımlı kişilik yapısında, yetersiz hisseden ancak ortaya koyduğu şeylerin karşı tarafın ruhunda ne gibi hasara yol açacağını tahmin edemeyen insanlar, böyle ebeveynler olabiliyor.

Rumeysa, bana hissettiği ve baş edemediği aşırı suçluluk duygusu ile gelmişti. Arkadaşları ile bir yerde kahve içse, okuduğu üniversitede biraz fazlaca zaman geçirse kendisini suçlu hissediyordu. Eve dersinin bitiş saatinden biraz geç gelse annesiyle ciddi problemler yaşıyordu. Böyle zamanlarda annesi, sen benimle ilgilenmiyorsun, sen beni eskisi kadar sevmiyorsun deyip uzun süre ağlayabiliyordu. Daha Rumeysa 10 yaşındayken bile annesi, babası ile yaşadığı problemleri hep onunla konuşuyordu. Bu problemler babasının işkolik olmasından, bilgisayarında porno film izlemesine kadar uzanabiliyordu. Annesinin, babasının porno film izlediğini tespit edip bunu kendisiyle paylaştığında yaşadığı kötü günleri hâlâ unutamıyordu. O süreçte yaklaşık bir ay boyunca babasının dokunduğu hiçbir şeye dokunmamış, babasından tiksinmişti. Ama birkaç gece hiç uyumadan babası için dua etmişti, bu iğrenç şeylerden uzak durması için. Sonra annesi babasıyla daha iyi hale gelince bu sefer de Rumeysa'yı neden babandan uzak duruyorsun, diye suçlamaya başlamıştı.

Annesi, bir komşusunun tavsiyesine uyarak, babasının gözü dışarıda olmasın diye, ilginç fantezi kıyafetler almak için Rumeysa ile birlikte seks shop'a gittiğinde, Rumeysa henüz 14 yaşındaydı. Bu durum da Rumeysa'nın babasıyla ilişkisini önemli ölçüde olumsuz etkilemişti. Baba ile ilişkisinde uzak ve çok tedirgin oluyordu, özellikle yalnız kaldığı zamanlarda.

Rumeysa'nın annesi hayatla nasıl baş edebileceğini öğrenmeden evlenmiş ve bu çocuk-bağımlı hali hiç gelişmemişti. Böyle ebeveynleri memnun etmek için onların her istediğine boyun eğersen, onların o haliyle kalmalarına ve kendilerini hiç geliştirmemelerine neden olabilirsin. Rumeysa ile çalışmamızda, annesinin kendi alanına dair sorunları konusunda, sınır çizmesi üzerinde çalıştık. Annesi ilk başta elinden gelen her türlü duygusal manipülasyonu denese de Rumeysa koyduğu sınırda ısrarcı olunca durumu kabullenmek zorunda kaldı.

Böyle durumlarda herkes kendi üzerine düşeni yapmalı. Ben bir evlat olarak ailemin hangi sorunlarından sorumluyum? Bu sorunun cevabını iyi düşünmek ve belirlemek gerek. Anne babalar kendi ilişkilerindeki sorunları kendileri halletmek zorundadırlar. Çok özel şeylere şahit olan, önemli olaylarda hakemlik üstlenmesi istenen çocuklar için bu taşınması zor bir sorumluluktur.

"Sana İhtiyacım Var" ebeveyni tarafından büyütülen çocukların bir kısmı, bir ömür boyu kendi olmaktan uzak kalır ve bu ebeveyninin koltuk değneği görevini üstlenir. Bazı durumlarda ise kişi ilk fırsatını bulduğu anda bu ebeveynden uzaklaşmak ister ve aceleci evlilikler, il dışı işler gibi evden uzaklaşmasına yardım edecek her türlü fırsata balıklama atlar. Bu ebeveynler fazla talepkâr olduğu için, çocuğunun eşini, çocuğunun çocuğunu bile kıskanabilir ve hatta onları gördün beni unuttun diyebilir.

En Büyük Rakibim Çocuğum

Fark ettiysen, zehirli ebeveynlerin birçoğu duygusal anlamda gelişimini tamamlamamış ve çocuksu kişilikler. Çocuklarını rakip olarak gören ebeveynler de tam olarak bu kategoride. "En Büyük Rakibim Çocuğum" ebeveynleri, bazı durumlarda kendi çocuğunu eşinden, kendi ailesinden kıskanabilir ve rakip olarak görebilirken bazı durumlarda ise başarı anlamında rakip olarak görür. Kendi başaramadığı şeylerde çocuğunun da başarılı olmasını istemez. Bu tür ebeveynler kendi ailesi tarafından aşırı duygusal baskıya, eleştiriye maruz kalmış kişiler olabilir. Büyümelerine, kendilerini göstermelerine fırsat verilmemiş, daimi bir aşağılık kompleksi içerisinde acı çekmiş kişiler olabilir. Devamlı kendini kanıtlama, sevildiğini hissetme çabası eksik olmaz.

Özgüvensizlik şikâyetiyle bana başvuran Eylül, iş yerinde, kendi projelerinde bile söz alamadığını, kendisine yapılan haksızlıklarda sesini çıkaramadığını ve bu durumdan dolayı kendisini çok mutsuz hissettiğini söylemişti ilk seansta. Aile hikâyesini dinlediğimde, tam olarak "En Büyük Rakibim Çocuğum" annesine sahip olduğunu anlamıştım. Annesi mutlu edilmesi çok zor olan bir kadındı. Her şeyden alınabilir, herkesi kıskanabilirdi. Ona göre, hayatının anlamı, eşinin yani Eylül'ün babasının hayatının merkezinde olmasıydı. Bu durumu sekteye uğratacak her türlü ihtimali devre dışı bırakmaya yemin etmiş gibiydi. Rakip olarak gördüğü tek kişi, kızı Eylül değildi, eşinin kardeşleri ve bazen kendi kardeşleri bile. Ne zaman Eylül merkezde olsa ve babasının ilgisi ona kaysa, annesi kesin bir problem çıkartıyordu ve öfkesini kızına yöneltiyordu. Annesinin ilgisini alamaması bir yana, kendi evinde her daim tedirgin yaşaması onun için çok zorluydu. Yaptığı her şeyde, "Acaba annem kızar mı?" diye çok tedirgin oluyordu. Babası şehir dışı görevleri olan bir iş yaptığı için annenin bu tavırlarına karşı kızını tam anlamıyla koruyamıyordu.

Bir diğer örnekte ise Masal var. Masal çok yetenekli bir müzisyendi. Kendi enstrümanında, ciddi başarılara imza atmış biriydi. Ancak buna rağmen, adına başarı korkusu diyebileceğimiz bir problem yaşıyordu. Ne zaman ki sanatını daha ileri taşıma fırsatı çıksa, bu fırsatları dolaylı yoldan kaçırıyordu. Aslında yeteneği bu duruma müsait de olsa önüne çıkan fırsatlarda hep geri duruyordu. Sonrasında görüşmelerimiz ilerledikçe bu durumun onda, başarılı oldukça kendisini suçlu hissetmesiyle alakalı olduğunu keşfettik. Bunun kökeninde ise şöyle bir durum vardı; babası da müzikle ilgilenen biriydi. Zamanında öğretmenleri, bu çocuk yetenekli, bu çocuğu konservatuara gönderin, diye ailesine öneri getirmiş, ancak otoriter baba figürü, bu öneriyi şiddetle reddetmiş ve zorla oğlunu işlettiği bakkalda çalıştırmış. Babanın hep içinde ukde kalmış, aslında iyi bir müzisyen olabilirdim ama olamadım, diye. Hayatında başka şeyler de pekiyi gitmeyince, huysuz ve içe kapanık birisi olup çıkmış. Sonrasında Masal, belki de genetik olarak müziğe yönelmeye başlamış erken yaşlarda. Yöneldiği şeylerde de güzel sonuçlar alınca evde takdir edilmesi gerekirken hep babasından şiddetli tepkiler görmüş. Hatta babası, Masal'ın para biriktirip gizlice aldığı gitarı görünce kırmış. Bu durumla ilgili en unutulmaz anısı ise şöyle; annesinin de desteği ile girdiği konservatuar yetenek sınavlarında Türkiye'nin en köklü üniversitelerinden birisini kazanmış Masal. Böyle bir büyük sevince, elbette babası da kayıtsız kalamaz diye, annesinin karşı çıkmasına rağmen babasına söylemiş. Babası ilk başta hiç tepki vermemiş, evlerinin yatak odasına gitmiş, kısa bir süre sonra geri Masal'ın yanına gelmiş ve ona sert bir tokat atmış. Hiçbir şey söylememiş, git de dememiş gitme de ama eskiden de az gülen adam ondan sonra daha da az gülmeye başlamış. Masal bu anısını benimle paylaşırken, gözyaşları da sözlerine eşlik ediyordu.

Eylül'de ve Masal'da olduğu gibi, çocuklarını rakip olarak gören ebeveynler, çocuklarında suçluluk duygusu ve özgüvensizlik gibi problemlere neden olabilir. Ayrıca bazı insanlarda, devamlı kendini kanıtlama döngüsü oluşturabilir. Hayatında otorite figürü olarak gördüğü kişilere karşı, yorucu bir şekilde ne kadar da yetenekli ya da sevilebilir olduğunu anlatma yönünde çaba gösterebilir.

Şiddetli Otoriterler

Şiddetli otoriter ebeveynler için hayatta tek bir yöntem, yol ve görüş vardır. Bundan başkasına yer yoktur. Birisi bu duruma itiraz ediyorsa ve itiraz eden kişi şiddetli otoriterin güç alanındaysa şiddet kullanarak bu itirazı bastırmaya çalışır. Bazen aile içerisindeki küçük sorunlarda bile aşırı disiplin yöntemleri kullanabilir, aile üyelerini cezalandırabilir. Bu cezalandırma, fiziksel ve sözel şiddet olabileceği gibi; evden veya odadan çıkma yasağı, temel ihtiyaçları karşılamama gibi yöntemler de olabilir. Şiddetli otoriter ebeveynlerin genelde öfke kontrol problemleri vardır. Bazıları dışarıda çok uyumlu ve uysal görünüp evde terör estirebilirken bazıları da hem evde hem de dışarıda patlamaya hazır bomba gibidirler.

Şiddetli otoriter ebeveynlerin kendi aile hikâyelerinde de şiddet öyküsü olabilir. Bazıları anne babadan uzak büyümüş, çok erken yaşta hayata atılmak zorunda olmuş olabilir. Sevmeyi ve şefkat göstermeyi öğrenecek fırsatları olmamış olabilir. Ayrıca genetik anlamda öfkeye yatkınlık da söz konusu olabilir. Bu tip ebeveynlerin bir kısmı, kendi siyasi, dini inancını aile üyelerine dayatabilir ve çok erken yaşta inandığı değerlerin en katı yorumunu evde uygulamaya çalışabilir.

Bazı danışanlarımı ilk gördüğümde bile daha hikâyesini öğrenmeden içimde bir şefkat duygusu uyanır. Melike de bu hissi uyandıran danışanlarımdandı. Liseden mezun olalı 4 yıl olmuştu, ancak evdeki problemlerden dolayı üniversite okumaya fırsat bulamamıştı. Babasının düzenli şiddet uygulamasından dolayı en sonunda sığınma evine sığınarak kurtulma yolunu seçmişti.

Melike'nin babası aşırı dindar diyebileceğimiz biriydi ve bir tarikata bağlıydı. Bu tarikat katı kuralları olan ve üyelerinin hayatının en önemli detaylarına bile karışan yapıda bir organizasyondu. 3 ablası ve annesi de bu tarikata mensuptular. Ama babanın şiddetinden dolayı hiçbiri ses çıkaramıyordu, baba git dediği zaman akan sular duruyordu. İlk problem çok küçük yaşlarda, babasının Melike'nin kapanmasını istemesiyle ortaya çıkıyor.

Okulda o yaştaki hiç kimse başörtüsü takmadığı için, arkadaşları onun bu halini garipsiyor ve dalga geçen insanlar oluyor. Melike de henüz 9 yaşında olduğu için eve gidip artık başörtüsü takmak istemediğini söylüyor. Bunun üzerine babası, evde bu iş için hazır tuttuğu ince bir sopayla bacaklarına vurarak dövüyor Melike'yi. Melike bir türlü benimseyemiyor başörtüsünü. Bu sefer de sıkıca bağlandığı için kendisinde baş ağrısı yaptığını söyleyerek çıkarmak istiyor ama her seferinde işin sonu dayakla bitiyor. İki ablası tamamen babayla aynı fikirdeler ve Melike her dayak yediğinde, hak ettin der gibi bakıyorlar. Ama bir abla ve anne, babanın şiddetinden korksalar da en azından yalnız kaldıklarında şefkat gösteriyorlar Melike'ye.

İşin kopma noktası uzun bir zamandır babasının yapmasını istediği, Melike'nin "yaptım" diyerek yalan söylediği rabıta denilen durumda ortaya çıkıyor. Rabıta denilen şey, bazı tarikatlarda uygulanan, evin sakin bir köşesinde tarikat şeyhinin fotoğrafına belirli bir süre boyunca durmadan bakmayı içeren bir eylem. Şeyhin tam kaşının ortasına bakınca, oradan akan nurun bakan kişinin ruhuna akacağına yönelik bir inanç var. Bir yandan da birisinin fotoğrafına çok uzun süre bakınca, doğal olarak gözünüzü kapattığınızda bile onu görürsünüz. İşte bu durumu da şöyle yorumladıklarını anlatmıştı Melike: "Gözümü kapattığım zaman şeyhimin beni izlediğini biliyorum ve günah işlemekten çekiniyorum, şeyhim her zaman benimle birlikte."

Melike lise bittikten sonra, evde zaman geçirirken, bir gün bu rabıta konusunda babasıyla tartışıyor ve bu yapılan şeyi çok saçma bulduğunu söylüyor. Bunu söylediği zaman babasını yüzündeki her damarın patlayacak gibi olduğunu fark ettiğini anlatıyor. O kadar sinirleniyor ki ne yapacağını bilemiyor baba ve bir sandalyeye bağlıyor Melike'yi. Sonrasında ne yapacağını sormak için tarikatın merkezine gidiyor. Oradaki büyükleri babaya, Melike'yi üç gün aç bırakmasını ve sadece su vermesini söylüyorlar. Üç gün boyunca bir sandalyede geçirdiği günlerin travmasını atlatması çok zaman harcadık Melike'yle. Sonrasında bu işkence bittiği zaman, fırsatını bulduğu ilk anda evden kaçıyor ve sığınma evine yerleşiyor. Melike dik başlı bir karakter olarak babasına bu kadar direnmesine rağmen, seans odasında benim gözüme soğuktan üşümüş minik bir serçe gibi geliyordu. Onun kendine güvenmesini sağlamak için hâlâ çalışıyoruz. Şu anda bir yerde çalışıyor ve kendi parasını kazanabiliyor. Annesi ve bahsettiğim bir ablasıyla babasından gizli olarak görüşüyor. Ancak babası, "Benim onun gibi orospu kızım yok," diyormuş. Bunu söylerken gözlerinden yaşlar süzülüyordu.

Şiddetli otoriter ebeveynlerin çocukları, bir şekilde bu şiddetten korunmak için uyum sağlamayı tercih edebiliyorlar. Kendi olmak noktasında hiçbir girişimde bulunmuyor, tamamen çekinik bir pozisyonda kalabiliyorlar. Bir diğer durumda ise çocuk kendini korumak için zalimi kopyalama yoluna gidebiliyor. Otoriter ebeveyn neyi söylüyorsa çocuk onun da fazlasını söylüyor, ebeveyninin takdirini kazanmak için. Zalim ebeveyn, zalim çocuk yetiştiriyor.

Zehirli ebeveynlerin bir kısmı birebir anlattığım tek bir başlıktaki gibi de olabilir, birkaçının karışımı şeklinde de ortaya çıkabilir. Zehirli ebeveynler konusunu anlamak çok önemli. Birçok çocuk zehirli ebeveynlerinin kendisine yaklaşma şeklini, kendisini tanımlama biçimini kendisiyle alakalı zannediyor. Bundan dolayı kişiliğini yanlış inşa ediyor, birçok zaman suçluymuş gibi hissediyor. Halbuki zehirli ebeveynler öyle oldukları için öyledirler, senin iyi ya da kötü bir evlat olmanla bu durumun hiçbir ilgisi yoktur.

Bu bölüm anne babanı suçlamana neden olmasın. Bölüm başında da söylediğim gibi, bir anne babanın zehirli anne baba olması için, dolması gereken depolar ciddi anlamda zarar vermiş olması ve bugün yaşadığın problemlerin önemli bir kısmının onlarla ilgisi olması gerekir. Tüm koşullar tutuyorsa bile, onlarla yüzleşip öfke göstermek hiçbir işe yaramayacaktır. Sonraki bölümlerde, bu durumlarla nasıl baş edebileceğimizden bahsedeceğim.

Hissettiğin Kaygı İşlevsel mi?

İnsan birçok şey için kaygı hissedebilir. Bu kaygıların bir kısmı bizi harekete geçirip içinde bulunduğumuz durumu düzeltmek adına motivasyon sağlarken bir kısmı işlevsizdir. Bunlar, aslında düzeltemeyeceğimiz şeyler için hissettiğimiz kaygılardır. Kaygı duyarken sadece hissettiğin şeye odaklanırsan kaygın daha da artar. Ancak seni kaygılandıran şeyleri somutlaştırmanı öneririm.

Özellikle yoğun kaygı hissettiğin zamanlarda, terapi defterine, seni kaygılandıran somut şeyleri yazabilirsin:

- İşleri yetiştiremeyeceğim,
- Sınavdan kötü not alacağım,
- Uçağa yetişemeyeceğim gibi...

Seni kaygılandıran somut nedenleri yazdıktan sonra, kendine şu iki soruyu sormalısın: "Elimden gelen her şeyi yaptım mı?" ve "Bu konuda şu an yaptıklarımın haricinde bir şey yapmam mümkün mü?"

Uçağa yetişememe kaygısını değerlendirelim; içinde bulunduğun araba olabildiğince hızlı gidiyor, ama trafik var. Trafiğin durumuna göre belki yetişeceksin belki de yetişemeyeceksin. O an için seni trafikten kurtaracak bir helikopter çağırma imkânın yoksa aslında sen yapman gereken her şeyi zaten yapmış oluyorsun. Bu noktada hissettiğin kaygı, kısır bir döngüye neden oluyor. Çünkü kaygı seni harekete geçirmeye çalışıyor, ama yapabileceğin bir şey yok. Bu sebeple daha çok kaygı hissediyorsun. İşte böyle kaygılar işlevsiz kaygı oluyor.

İşlevsiz kaygı hissettiğini anladığında zihnini başka şeylere odaklamaya çalışmalısın; belki dinlediğin müziğe, günlük yaşamın keyif verici taraflarına veya rutin işlere. İlk başta bu konuda çok az başarı sağlayacaksın, bu senin motivasyonunu düşürmesin. Zihninin yıllardır kullandığı alışkanlığı değiştirmeye çalışıyorsun, kolay olmayacak. Bunu bir kas geliştirme gibi düşünebilirsin, adım adım gelişecek bir yetenek.

İçindeki Eleştirel Sesin Sahibi

Hep içimizde konuşan bir ses vardır ya, biz psikologlar bu sese eleştirel iç ses diyoruz. Bu eleştirel ses, sen dünyaları da fethetsen hep senin eksik yönünü bulmaya odaklanır. Sen yapamıyorsun, çirkinsin, başarısızsın, sevilmeye layık değilsin, bugüne kadar hiçbir şeyi başaramadın, kim seni işe alır ki, senin anlattıklarını kim dinlemek ister, ne yaparsan yap o adam/kadın seni beğenmeyecek, bu dünyada fazlalıksın gibi... Bu sesler sana tanıdık geldi mi? Muhtemelen en az bir tanesinin çeşitli versiyonları içinde takılmış kaset gibi dönüp duruyor.

İnsanların birçoğu içindeki eleştirel sesin, doğruyu söylediğini kabul eder. Ve onun söylediği şeylerle yaptığı olumlu her şeyin değerini düşürebilir. Halbuki, kendi kendimizi sabote etmemize neden olan bu seslerin büyük bir kısmının kaynağı çocukken anne babamızın aynasından gördüğümüz kendimizizdir. Anne babamız artık değişmiş olabilir, hayata veda etmiş olabilir. Bu durum bu seslerin kaynağının onlar olması gerçeğini değiştirmiyor. Bir şeye o kadar uzun süre maruz kalınca, o zehirli ebeveyn figürü kendini senin zihnine kopyalıyor. Ne kadar uzaklaşırsan uzaklaş, o ses zihninde yankılanmaya devam ediyor.

Yıllar önce zehirli ebeveyninin söyledikleri ile kendi eleştirel iç sesini kıyaslama imkânın olsaydı benzerliği fark etmen daha kolay olurdu. Ama muhtemelen üzerinden uzun zaman geçti ve sen içindeki sesin gerçekleri dillendirdiğini zannediyorsun. Selim'in hikâyesini anımsıyorsundur; Türkiye 4.'sü olmuştu üniversite sınavında. Selim'in üniversite hayatı, sonrasında iş hayatı imrenilecek başarılarla doluydu, ama Selim'in iç sesine göre, bütün bunlar eksikti ve fiyaskodan ibaretti. Peki, iç ses gerçeklikle uyuşmuyorsa nereye aitti? İşte zehirli ebeveynlerin böyle bir etkisi oluyor, sen hayatında çok iyi yerlere de gelsen o sese bunu beğendirmen ve takdir alman çok zor oluyor.

Burada dikkat etmen gereken en önemli nokta şu, iç sesinin kimliğini iyi analiz etmen lazım. Bazen iç sesin sağlayabileceği önemli katkılar olabilir. Ama ne zamanki senin modunu düşürüyor ve bu konuşmadan sen zararlı çıkıyorsun, işte o zaman sana ait olmayan ses konuşuyordur. Her zaman hatırlatman gerekiyor kendine, şu anki ses bana ait değil, benim gerçekliğimle alakalı değil. Bu etiketlemeyi yaptığın zaman, iç sesin modunu düşüren etkisi azalacaktır.

Anne Babayı Değiştirme Çabası

Şu dünyadaki en zor işlerden biri bir insanı değiştirmek... Bugüne kadar birçok yaklaşım, insanı değiştirdiğini iddia etti, ancak gerçek anlamda değişen insanlar çok azdır. Bir insan değişecekse, en temelde bunu istemelidir, ama değişim bu halde bile yüksek ihtimal değildir. Böyle olumlu koşullarda bile değişim zorken, buna ikna olmamış, şu anki haliyle en iyisini, en doğrusunu bildiğini ve yanlışın sizde olduğunu düşünen bir insanı değiştirme çabası ne işe yarar acaba?

Karşılaştığım birçok danışanım, anne babasını değiştirmek için çok ciddi emek harcıyordu. Her seferinde üşenmeden kendi davranışlarını bazen kibarca bazen öfkeyle acıkmaya çalışan ve kendini ispatlayıp güzel şeyler söylemeye kilitli o ağızdan bir takdir cümlesi almak için çırpınan bir sürü insan tanıdım. Her akşam kavga eden, bağıran çağıran ve hatta bir seferinde annesine şiddet uygulayan bir kadınla tanıştım. Ancak bütün bu zehirli ebeveyni değiştirme çabaları boşunadır. İnsanlar kolay değişmiyorlar, değiştiklerinde de çok az değişiyorlar. Değişme ihtimali yaş arttıkça gitgide azalıyor. Kırkından sonra bir insanı değiştirmek gerçekten çok zor, yaşlı insanları değiştirmekse neredeyse mümkün olmayan bir şey...

Kabullenmek gerek bu insanların değişmeyeceğini. Değiştirme çabası hem var olan ilişkilerimizi bozacak hem de sonuç almamızın neredeyse imkânsız olduğu bir amaç için hayatımızın önemli bir kısmını çalacaktır. Şu geldiğin noktada, anne ve babana bağımlı değilsin, onlar olmadan da hayatına devam edebilirsin. Keşke seni anlasalar, yanlış yaptığını kabullenseler ancak sonuca ulaşsan bile her şey sende bitiyor. Sen artık o yuvadan uçtun, onlara bağımlı değilsin. Zihnindeki kendini onlara anlatma ve kanıtlama arzusu, geçmiş zamanlardan gelen ve bugüne faydası olmayan bir arzu.

Eğer zehirli bir anne babaya sahipsen yapman gereken ilk şey, ebeveynlerinin çocukluğundaki gibi seni biçimlendirmelerine, her şeyine karışmalarına izin vermemek. Sağlıklı sınırlar oluşturmalısın onlarla, yakın ama sana duygusal açıdan zarar veremeyecek kadar uzak. Bazen fiziksel anlamda uzaklaşmak mümkün olmayabilir, böyle durumlar için onların kendi derdinin sözcüsü olduğunu ve söylediklerinin seni tanımlamadığını bilmen gerekiyor. Onlara bağımlı olmayan, kendi kişisel alanını inşa etmelisin.

Anlayan Nefret Edemez

Bir insana nefret hissetmenin temel dinamiği, o kişinin bana verdiği zararla ilgilidir. O bana zarar verdikçe, bana verdiği zararın sadece beni daha kötü hale getirmeyi amaçladığını düşündüğüm zaman, bu olayı sonuna kadar kişiselleştirmiş oluyorum. Hayattaki olayları kişiselleştirmek, insanın yükünü ağırlaştıran şeylerden birisidir. Peki, gerçekten birisi bize kötü davranıyorsa ya da zarar veriyorsa, sadece bunu bize yönelik mi yapıyordur? Burada bir derviş gibi düşünmem maalesef mümkün değil; evet kötülük yapan insanlar kötü insanlar olabilir, nefret duyulmayı da hak edebilir, ancak dengeli bir yorum yapmamız gerekiyor burada. Her insan kendi derdinin telafisini sağlama derdinde. Bu telafi kişinin kendisiyle alakalı olabileceği gibi, başka insanlara zarar vererek de sağlanıyor olabilir. Yani maruz kaldığımız şeyler kişinin kötülüğü ile birlikte, aslında kendini daha iyi hissetmek için kullandığı patolojik yöntemler de olabilir.

Her zehirli anne babayı anlatırken, bu davranışlarının altında yatan muhtemel sebepleri de açıklamaya çalıştım. Eğer ki maruz kaldığımız bu muameleyi, anne babamızın geçmişiyle birlikte değerlendirirsek, aldığımız yaralar daha yüzeyde kalır, kişilik yarasına dönüşmez. Ya da kişilik yarasına dönüşenleri bir nebze olsun iyileştirme şansımız olur. Kişilik yaralarının oluşma sebebi, benim varlığımın, davranışlarımın bu tavra neden olduğunu düşünmemdir. Böyle düşününce kendimi yanlış olarak değerlendirmeye başlarım. Halbuki sen yanlış değilsin, sana böyle davranan insan kendini iyileştirmeye çalışıyor sadece.

Anne ve babamızı kutsallaştırıyoruz; onlar her şeyi bilir, çocuklarının kötülüğünü istemez, en doğrusunu yapmaya çalışırlar. Bu kusursuz ve kutsal ön kabuller, ortada bir sorun varsa suç onlarda değil bendedir, sonucuna ulaştırabilir seni. Sen şu an nasıl bir bireysen, dünya içinde yaralı ve belki yalnız hisseden, onlar da senden farklı değil. Kutsal değiller, her zaman doğru da değiller, kendilerince yaşamaya çalışıyorlar bu dünyayı... Onlar ne şeytan ne de melek. Onları hem sevip hem de olumsuz özelliklerinden ve sana verdikleri zarardan dolayı yargılayabilirsin.

Sana acımasızca davranan birisini düşünüp; bana nasıl böyle şeyler yapabilir diye tekrar üzülüyorsun belki de. Ancak acımasız insanlar, kendilerinden başka kimseyi düşünmez, diğer insanları önemsemez, önemsenecek bir şeymiş gibi görmez.

Beyhan Budak

2. BÖLÜM

AİLE DIŞI ETKENLER

Kusurlu Hissettirilme ve Dışlanma

Hepimizin kendimize ait özellikleri var. Kimse doğduğu aileyi, kültürü, şehri ve fiziksel özelliklerini seçmiyor. Sahip olduğumuz özellikler bazen içinde bulunduğumuz dünya için garip karşılanabilir ve diğer insanların bizimle alay etmelerine sebep olabilir. Fiziksel görünümün, kilolu ya da çok zayıf oluşun, konuşma şeklin, nereli olduğun, inanç yapın, sahip olduğun engel gibi şeyler diğer çocuklar için zorbalık amacıyla kullanılabilir. Çocukları çoğu zaman masum hayal ediyoruz, ancak kendi geçmişime dönüp baktığımda bile onlarca zorbalık anısını hatırlamam birkaç saniyeden fazla sürmüyor. Esmer tenli oluşum, kaşlarımın kalın oluşu, babamın taksi şoförü oluşu, yürürken adımlarımı dışa dönük atıyor olmam, hepsi zamanında bir alay unsuru olmuştu. Adımlarımı dışa dönük attığım için penguen, esmer tenli olduğum için Arap derlerdi. Şimdi hatırlayınca komik gelse de bütün bunlar, o zamanların çocuk Beyhan'ını çok ama çok üzmüştü.

Aile dışında karşılaştığımız olayların bizi etkileme gücü, aile ruhsal sağlımızla ters orantılı. Yani aile içinde mutlu bir hayatımız varsa, psikolojik bağışıklığımız daha yüksek oluyor ve aile dışında yaşadığımız olumsuz olaylar bizi üzse de daha az etkiliyor. Ama aile içi ruh sağlımız iyi değilse yani depolarımız tam anlamıyla dolu değilse, yaşanılan olaylar bazen küçük de olsa ruhumuzda derin izler bırakabiliyor. Bu durumun ailenin ilgili olmasıyla da ilgisi var açıkçası. Çocuğunun durumuyla ilgilenen, ondaki ruhsal değişimleri fark eden aileler, ev dışındaki olası problemlere daha erken müdahale ediyorlar, durum kangrene dönüşmeden. Çocuk böylece korunmuş oluyor.

Kitabın başında tanıştığın Neva'yı hatırlıyorsun. Neva, erkek çocuk hayranı olan annesi tarafından evde hep fazlalık olarak görülen bir çocukmuş. Sigmund Freud'a göre, kız çocukları gelişimsel süreçte penisi olmadığını fark ettikten sonra "penis hasedi" denilen bir duygu geliştirir ve erkek olamamanın acısını bir ömür boyu yaşar. Her kadın için böyle olduğunu düşünmesem de özellikle bizim kültürümüzde bazı kadınların kendileri erkek olamadığı için yeterli değeri göremediğini ve bu değeri göremediği için erkek evlatları vasıtasıyla bu değere ulaşabileceğini hissettiklerini düşünüyorum bilinçdışı olarak. Böyle kadınlar için kız çocukları, sadece güçsüzlüklerinin bir hatırlatıcısı olabiliyor. Ne acı değil mi? Kadınlara en büyük kötülükleri ya kadınlar ya da böyle kadınlar tarafından yetiştirilmiş erkekler yapıyor. Hatta annesi okula yazdırana kadar Neva'ya bir isim bile koymamış, kız öte, kız beri denmiş hep. Ama bu isimsizliğin hikâyesini sonra anlatacağım sana. Şimdi anlatmak istediğim şey başka, babasının görevi nedeniyle o dönemler küçük bir şehirde yaşarken ilkokula başlamış Neva. Hem kültürüne aşina olmadığı bir ortamda anne desteği olmadan okula başlamanın zorluklarını yaşamış hem de bütün sınıf okumayı öğrenirken onun geride kalmasıyla yaşadığı baskı daha da artmış.

Böyle bir durumda bir sınıf öğretmeninin, öğrencisinin yaşadığı zorluğa karşı destekleyici ve şefkatli olmasını bekleriz değil mi? Maalesef bu hikâyede durum öyle değil. Öğretmen, Neva sınıftan geri kalmaya başladıkça, sınıfın belki de en sessiz öğrencisi olarak onu tahtaya çıkarıp, sınıfın geri kalanına örnek gösterirmiş, "Sakın Neva gibi geri zekâlı olmayın," diye. "Öğretmenim bana böyle dediği zaman çok kötü hissederdim, ama korkumdan ağlayamazdım bile," demişti Neva. Onunla çalışırken üzerine uğraştığımız konulardan biri de insanlardan devamlı özür dilemesiydi. Sanki ne yaparsa yapsın insanlara rahatsızlık veriyormuş gibi hissediyordu. Hatta bir gün seansta, bu kadar sık özür dilemesine gönderme yaparak, "Neva istersen senin için bir tabela yaptıralım üstünde, 'Verdiğim Rahatsızlık İçin Özür Dilerim' yazsın," demiştim. O da bana gerçekten tam olarak böyle hissediyorum demişti.

Bu arada bir şey dikkatimi çekmişti; Neva'nın şu anki kariyerini düşündüğümde (çok iyi bir üniversiteden mezun, işinde çok başarılı) herhangi bir zekâ problemi yaşamaması bir tarafa, normalden yüksek bir zekâ seviyesine sahip olması bile muhtemeldi. İlkokul döneminde yaşadığı başka akademik problemleri sorduğumda, o zamanlar çok fazla yazım hatası yaptığını, bazı harfleri yanlış yazdığını, okunuşu benzer olan kelimeleri karıştırdığını söyledi. Ben de bunun üzerine, "Acaba sen disleksik olabilir misin?" diye sordum. Kendisine hiç böyle bir teşhis konmadığını ama konuyu araştıracağını söyledi.

Bir sonraki seansa geldiği zaman, yüzünde güller açıyordu Neva'nın. Ne güzel çok enerjiksin bugün dediğimde bana cevabı, "Beyhan ben geri zekâlı değilmişim gerçekten disleksikmişim," olmuştu. Düşünsene, bu kadın iyi bir üniversitede okuyor, başarılı bir kariyeri var ama hâlâ birinci sınıfta öğretmenin onda oluşturduğu bu temel inancın etkisinden çıkamıyor. Bu durumun onun zekâsıyla, tercihleriyle ya da tembelliğiyle alakalı olmadığını öğrenince, üstündeki geçmişin yükü kalkmış oluyor. Bu arada disleksik bazı ünlü isimleri de araştırdığını, Stephen Hawking ve Albert Einstein gibi isimlerin de disleksik olduğunu öğrendiğini ve bunun gururunu okşadığını söylemişti bana. "Bu kadar gurura da hakkın var bence," demiştim. Bu farkındalık ona çok iyi gelmişti.

Bu arada belki dikkatini çekmiştir; ben danışanlarıma isimleriyle ve sen diye hitap ediyorum, onlardan da bana ismimle ve sen demesini istiyorum, tabi bu bir zorunluluk değil, eğer isterlerse. Ben kişisel ilişkilerimde de sizli-bizli ilişkilerden çok mutlu olmuyorum. Elbette bunu gerektirecek durumlar olabiliyor, ancak sadece resmi ortamlar. Terapi sürecinde böyle bir dili tercih etmemin iki sebebi var: Birincisi, siz kalıbı ister istemez bir mesafe koyuyor iki kişinin arasına ve paylaşımlar bazen siz filtresine takılıyormuş gibi hissediyorum. İkincisi, terapi sürecinde, yüksek bir otorite olarak algılanmak istemiyorum. Ben de senin gibi insanım, ikimiz de eşitiz, sadece yaşadığın problemler konusunda hem teorik hem de pratik anlamda daha tecrübeliyim. Ben sana sadece hayatının bu sürecinde eşlik ediyorum. Bir diğer dikkat ettiğim şey de bir masada değil her zaman karşılıklı oturmak ve aramızda iletişimimize engel olacak fiziksel bir engel olmaması.

Neva'nın okulda yaşadığı bu travma, onun sırtına hep yük olmuştu. Çocukları emanet ettiğimiz öğretmenlerin, çocukların ruhunda derin yaralar açması kesinlikle az karşılaşılan bir durum değil. Aslında çok güzel çiçek açacak tohumların, ehil olmayan ellerde küflenmesi sanırım en büyük eğitim sorunlarımızdan birisi.

Karnın nerede doyuyorsa memleketin orası derler, eğer yaşadığın yerde iyi ve güvenli bir hayat sağlama imkânın yoksa tasını tarağını aileni toplar ve daha iyi yaşayabileceğini ümit ettiğin yerlere göç edersin. Ülkemizde göç sık karşılaştığımız olaylardan. Göç eden aileler, sadece bir şehirden başka şehre taşınmıyorlar, başka bir kültüre de taşınıyorlar aynı zamanda. Bu kültür değişikliği çocukları çok fazla etkileyebiliyor. Gidilen yerdeki okulda homojen bir yapı varsa ve göçle gelen çocuk onlardan daha farklı şiveyle konuşuyorsa, giyim tarzı, dini inanışı farklıysa sınıftaki diğer çocuklar tarafından dışlanabilir. Dışlanan çocuk, kendisini kusurlu olarak görebilir ve bu durum onun ruhunda yaralara yol açabilir.

Bir diğer etken de sınıfın genel maddi durumundan çok daha düşük maddi duruma sahip olmaktır. Çocuk böyle durumlarda kendisini aşağı görebilir. Temelde herhangi bir farklı özellik diğer insanlar tarafından dışlanmana sebep olabilir. İşin kötü yanı bu dönemde yaşanan bu olaylar travmatik bir yüke dönüşüyorsa, sadece o zamanla kalmaz, yetişkinlik dönemine de yansır. Öyle olmasa da benzer şeyleri yaşıyormuş gibi hissederiz.

Travmalar

Daha önce birkaç sefer söyledim, insanın en temel ihtiyaçlarından birisi güvendir. Güven dediğimiz şey, bugünden yarına hayat koşullarında önemli olumsuz değişiklikler olmamasını beklemektir, yani bedenime, ruhuma bir zarar gelmesin ve bu böyle devam etsin. Ama maalesef bu beklenti bazı durumlarda gerçekleşmeyebiliyor. Ailemizin zamana yayılmış olumsuz davranışları ve yapması gereken şeyleri yapmaması neticesinde güven depomuz zarar görebiliyor. Ancak ailemiz güven depomuzu doldursa da dışarıda başımıza gelen trajik olaylar, bazen tek seferlik bile olsa güven depomuza çok ciddi zararlar verebilir.

Travma dediğimiz şey, beklemediğimiz bir anda başımıza gelen, ruhsal ve bedensel bütünlüğümüze zarar veren bir olay ya da olaylar zinciridir. Her olumsuz yaşantının ruhumuzda bir travma etkisi vardır, ancak yaşanılan olayın aniden ve beklenmedik bir şekilde ortaya çıkması, bu olayın korku, dehşet ve çaresizlik yaratması, kendimizin ya da sevdiğimiz yakınımızın bu olay neticesinde yaralanma ve ölme riski varsa etkisi çok daha büyük olmasına sebep olacaktır. Karşılaştığım vakalarda, bir yakınını uzun süren bir hastalık neticesinde kaybeden insanların yaşadıkları ile bu yakınını bir trafik kazasında aniden kaybeden insanların yaşadıkları travma birbirinden çok farklı oluyor. Ani kayıplar her zaman çok daha fazla sarsıyor.

Bir travma yaşadığı zaman insanı en çok sarsan etken, çaresizlik hissi yaşamasıdır. Başına kötü olaylar geliyordur, ancak senin bu konuda yapacak bir şeyin yoktur. Travmaların bu kadar etkileyici olmasının bir diğer sebebi de insanın hayatını adaptasyona fırsat vermeden aniden değiştirmesidir. İnsan her şeye alışabilen bir varlık, sanırım bu bizim en güçlü özelliklerimizden birisi. Birçok olay travmaya sebep olabilir; iflas etmek, işten kovulmak, tecavüze uğramak, aile içi şiddet, fiziksel şiddete maruz kalmak, sevdiğin birisini kaybetmek, ani hastalık ya da sakat kalmak en sık karşılaştığım travmalardan.

Ancak bir olayın travma olması için bu kadar büyük olmasına gerek yok. Bu sebeple travmaları büyük ve küçük travmalar olarak ikiye ayırabilirim. Büyük travmalar yukarıda bahsettiğim gibi hayatın seyrini değiştiren, bedensel bütünlüğe, hayat şartlarına ciddi zarar veren olaylardır. Küçük travmalarsa, aile ve toplum içinde yaşanılan küçük ama kişiyi olumsuz etkileyen olaylardır. Mesela bir öğrencinin, arkadaşları tarafından fiziksel özellikleri ile dalga geçilmesi tekil olay olarak baktığımız zaman küçük gibi görülebilir, ancak tekrarlayıcı olduğu zaman bir travmaya dönüşebilir. Bunu beyaz bir kâğıda düşen bir minik leke gibi düşünebilirsin. Tek olduğu zaman belki kâğıt üzerinde büyük bir yer kaplamayacaktır, ancak bu minik kara lekelerin kâğıt üzerindeki sayısı arttıkça, sayfanın rengi siyaha dönecektir. Küçük travmalar ruhumuzu böyle etkiler.

Bir annenin, babanın ya da öğretmenin çocuğa, sen beceremiyorsun, demesi tekil seferde büyük bir hasara neden olmayabilir, ama sıklıkla söylendiği zaman travmatik bir etki ortaya çıkarabilir. Beraber olunan kişinin, devamlı olarak fiziksel anlamda aşağılayıcı ifadeleri, iş ve okul hayatında yaşanılan küçük başarısızlıklar da insanın üzerinde travmatik etkiler bırakabilir.

Gelelim büyük travmalara... Büyük travmaların bir kısmı, topluma açık alanda kişinin başına geldiği için, farkına varılması, müdahale edilmesi ve sonrasında baş edilmesi daha kolay olabiliyor. Kişinin bir yakınını kaybetmesini, bir kaza geçirmesini, sakat kalmasını, iflas etmesini ya da yaşadığı doğal afeti genelde çevresindeki birçok insan bilir ve elinden geldiğince yardım etmeye çalışır. Kişinin kendisi de bu olayları çevresiyle paylaşma konusunda genelde çok büyük sorunlar yaşamaz. Ama bir de çok sık olmasına karşın yokmuş gibi davranılan, yaşayan kişinin çoğu zaman en yakınlarına bile söylemeye cesaret edemediği cinsel taciz ve tecavüz gibi olaylar var.

Dışarıdan bakınca harika görünen yaşamların arkasında, içi kan ağlayan, yaşadığı taciz veya tecavüzü kimseyle paylaşamamış o kadar çok insanla karşılaştım ki. İnsanın en temel hakkı beden bütünlüğü hakkıdır. Beden bütünlüğü, bedenine kendi istemeden müdahale edilmemesi, onur kırıcı, zalimce ya da insanlık dışı şekilde davranılmaması demektir. Beden bütünlüğünün en temel haklardan birisinin olması, bu durumun insanın gelişimi için hayati değerde olması ile alakalıdır. Cinsel tacize ya da tecavüze uğrayan kişinin, bedeni ile ilişkisi bozulur, dünya ile kurduğu ilişkiler alt üst olur. O kadar karmaşık ve olumsuz etkilere neden olur ki bu etkiler kişi bu konunun üzerine eğilmezse, 6 yaşında yaşanan bir olay 70'li yaşlarda bile hâlâ etkisini sürdürmeye devam eder.

Çınar, 41 yaşında satış alanında çalışan, erkek bir danışanımdı. Onunla ilgili ilk izlenimim, çok şık ve yakışıklı olduğu yönündeydi. İçinde bolca reklam, çok az yazı olan kalın moda dergilerindeki erkeklere benzetmiştim. Çünkü üstündeki her şey özenle düşünülerek seçilmiş gibiydi. Çınar'ın bana gelme sebebi, yaşı 40'ı geçmesine rağmen bugüne kadar bir aydan uzun süren bir ilişkisi olmamasıydı. Bugüne kadar 1182 kadınla cinsel ilişki yaşadığını, bunların çok azıyla cinsel ilişki yaşadıktan sonra bir daha görüştüğünü gururla söyledi bana. Ben bu kadar yüksek bir sayı ve net rakam duyunca şaşırdım. "İlişkiye girdiğin kadınların sayısını neden tutuyorsun?" diye sordum. Çınar sayıların ona iyi geldiğini ve bu sayı ne kadar artarsa kendisini o kadar mutlu hissettiğini söyledi. İlişkilerinin nasıl başlayıp nasıl bittiğini sorduğumda, ilk başta karşı tarafı etkilemek için elinden geleni yaptığını ve her seferinde etkilemeye çalıştığı kişinin gerçekten kendisini etkilediğini anlattı. Bu sefer doğru kişiyi bulduğunu ve onunla evleneceğini hayal ediyordu. Bu kadar yüksek motivasyon etkileyici fiziksel görünümle birleşince karşı tarafın etkilenmesi uzun sürmüyordu. Ancak kadınlar için, kimsenin keşfetmediği hem yakışıklı hem de inanılmaz romantik erkek hayali yaşanılan ilk cinsellikten sonra tamamen ortadan kayboluyordu. Çınar cinsel ilişki esnasında, kadına hiç değer vermiyor, hep kendisini aşırı erkek hissedeceği şekilde sevişmeyi tercih ediyordu. Son 5 yıldır ciddi anlamda sertleşme problemi yaşadığını, çünkü ilişki öncesinde hayatının en önemli sınavına giriyormuş gibi hissettiğini söyledi. Bu problemi için ilaçlar kullandığını bazen bu ilaçların yan etkilerinden de rahatsız olduğunu anlattı. Ayrıca belirli bir süre cinsel ilişki yaşayacak kimseyi bulamadığı zamanlarda paralı ilişkiler yaşadığını söyledi.

Çınar'a, bugüne kadar hayatına giren kadınların en çok hangisinden etkilendiğini sordum, fiziksel olarak çok beğendiği kadınlardan bahsetti. Ama ben, o güzel vücutlardan bahsederken lafını kestim ve "Kastettiğim şey o değil; kişilik özelliği, hayata bakış açısı gibi konularda etkileyeni sormuştum," dedim. Bu sorum onu şaşırttı ben de onun şaşırmasına şaşırdım. Uzun bir süre düşündükten sonra, hiç cevap veremeyecek zannettim, "Ben kadınlara hiç bu gözle bakmadım ve onların kişiliklerini merak etmedim açıkçası," dedi. Bir kadın sadece bedensel olarak vardı Çınar için, beğendiği kadını etkilemeye çalışıyor, hep aynı etkileme taktiklerini kullanıyor amacına ulaşınca, kadınla geceyi birlikte geçirseler bile o kadın onun için artık yok oluyordu.

Çınar'la seanslarımız ilerledikçe erkek gibi hissetmenin ve davranmanın onun için çok önemli olduğunu fark ettim. Erkek arkadaşlarıyla ilişkilerinde, iş hayatında bambaşka biriydi, sert konuşan maço tavırları olan bir erkek. İlk seanslarımızda da maço davranışları fazlaydı. Birbirimizi tanıdıkça daha kırılgan ve kibar olan tarafını açmaya başladı bana. Annesiyle babası o çok küçük yaşlardayken boşanmış, babası çok nadiren arar sorarmış. Babasından bahsederken "Kızgın değilim ona, ama bir babam varmış gibi de hissetmiyorum," demişti. Annesi, çok mesaisi olan bir işte çalıştığı için eve hep yorgun gelirmiş. Çok fazla erkek girip çıkmış annesinin hayatına ve bunların bir kısmını eve getirdiği de olurmuş. "Böyle gecelerde duymamam ve görmemem gereken o kadar çok şeye şahit oldum ki," dedi bir seferinde ağlayarak. İki kardeşlerdi; şiddete meyilli, kendisine çok zarar veren bir abisi olduğunu söylemişti. Ne gibi zararlar verdiğini sorduğumda, hızlıca konuyu değiştirdi.

Çınar'la seanslarımız devam ederken, o sıralarda hayatında olan kişiyle ilişkisini farklı bir gözle değerlendirmesini sağlamaya çalışıyorduk. Cinsellik odaklı olmaktan çıkma, karşı tarafla zaman geçirme ve onun hayatına dair detayları öğrenme gibi temel konular. Bu konularda bile Çınar ciddi anlamda zorlanıyordu, çünkü çok sıkılıyordu. Yine de verdiğim ödevleri elinden geldiğince uygulamaya çalışıyordu. Bu arada güncel hayatına çalışırken, ben arada geçmişine olta atma girişimleri yapıyordum ama her girişimim onun ustaca hamleleri ile geri çevriliyordu. Ve özellikle konu abisine geldiği zaman tavrı değişiyordu. Abisiyle evden ayrıldığı zamandan bu yana hiç görüşmediğini söylemişti. Abi ile ilişkide bir iltihap vardı ve bu benim dikkatimi fazlasıyla çekmeye başlamıştı.

Rutin seanslarımız devam ederken, ilişkisi 3 aylık olmuştu. Ara ara sıkılmalar ve ayrılma istekleri olsa da şimdilik bunları engelleyebiliyordu. Böyle bir zaman diliminde, bir seansımızın başında bana, "Bugün seninle çok farklı bir konu konuşmak istiyorum, bu konuyu bugüne kadar kimseye anlatmadım" dedi. İçimden bir ses nihayet derken, diğer bir tarafım da duyacaklarımdan korkuyordu. Ve anlatmaya başladı:

"Annem çoğu zaman evde olmazdı; sabah erken çıkar, gece geç vakitlerde gelirdi, geldiğinde de genelde yorgun olurdu. Babam zaten yoktu, ama annem de yok sayılırdı. Buzdolabında yiyecek bir şeyler olurdu hep, kendi yemeğimi kendim yerdim, genelde atıştırmalık şeyler. Nadiren annemin keyifli olduğu zamanlar olurdu, o zamanlar annem yemek yapardı, çok da güzel yapardı. Böyle zamanlarda bir aileymiş gibi hissederdim, sanırım bir evde sıcak yemek pişmesi o ev ortamını aile ortamına çeviren şeylerden birisi. Abim benden 5 yaş büyük, her zaman sorunları olan birisiydi. Daha ortaokuldayken bile bir kere annemi dövdüğünü hatırlıyorum. Beni de sık sık döverdi. Ben 10 yaşındayken, bir hafta sonuydu ve biz abimle evde yalnızdık, abim bana hiç olmadığı kadar iyi davranıyordu, şaşırmış hatta mutlu olmuştum. Ve o gün abim bana tecavüz etti. İlk başta olumlu açıdan yaklaştı, senin de hoşuna gidecek diyerekten, ancak ben tepki gösterince, ilk önce annemi sonra seni öldürürüm dedi ve beni dövmeye başladı."

Çınar tam bunları anlatırken öğürmeye başladı ve lavaboya gitti. Benim odadan duyuluyordu kusma sesleri. Ve ben kendi odamda, Çınar'ın dönmesini beklerken, gözlerim dolu bir şekilde düşünüyordum, ne kadar karanlık bir dünyadayız, diye. Ayak seslerini duyunca, gözlerimi sildim, çünkü böyle bir durumda gözlerimin dolmasını görmesinin ona iyi gelmeyeceğini biliyordum. Ben sormadım bir şey, anlatacaklarının kendi hızında çıkması gerekiyordu ağzından, hiçbir müdahale olmaksızın. Yavaş yavaş anlattı, abisinin kendisini tehdit ettiğinden dolayı bu durumdan kimseye bahsedemediğini, aynı şeyi 4 kez daha yaşadığını ama bu olaylardan sonra hiçbir şeyin kendisi için eskisi gibi olmadığını söyledi.

Ergenlik dönemlerinde en büyük korkusunun eşcinsel olmak olduğundan, bazen bu histen kurtulmak için gün içinde 4-5 kez mastürbasyon yapması gerektiğinden bahsetti. Eğer böyle yapmazsa, eşcinsel olacağını düşünüyormuş. İçinde bir yerlerde hep, erkekliğini kaybetme korkusu onu rahatsız etmiş. Geçmişiyle günümüzü bağdaştırdığımızda, onun bu kısa süreli ve cinsellik odaklı ilişkilerinin, kendi kendisine erkekliğini ispatlamak olduğunu fark ettik. Fark etmek tek başına çözüm olmuyor ancak ilerlemek konusunda çok fazla destek sağlıyor. Geçmişi geleceğini şekillendirmişti ve bugüne kadar bu yaşadığı problemlerin o karanlık zamanlarla ilgili olduğunu bir an bile düşünmemişti. Çınar'la seansları bitirdiğimiz noktada, ilk başta bahsettiğim ilişkisinden ayrılmıştı ancak bir yıla yaklaşan bir ilişkisi vardı. Sorunları olan bir ilişkisi de olsa, saplantılı bir şekilde yeni kadınlarla birlikte olma ve sayma davranışından vazgeçmişti.

Geçmişte yaşadığın travmalar, zihninde sembolik olarak tümöre benzer bir yapı oluşmasına neden olur. Bu tümör serttir ve birçok şeyle bağlantı kurar. Travmayı yaşadığın anda fark etmeyebilirsin, ama ruhunun taşıyamayacağı yükteki olaya maruz kaldığın zaman, olayın nerede yaşandığı, o anda fiziksel anlamda ortamda nelerin olduğu, bunu sana yaşatan kişinin seninle olan ilişkisi, bu kişinin cinsiyeti ve bu olay sonrasında kimden yardım gördüğün ya da göremediğin, hepsi zihninde oluşan tümörün yapısına katılır. Ve o travma hiçbir zaman olduğu yerde kalmaz, hayatının geri kalanına da adım adım sirayet eder. Yaşadığın travma bedeninle ilgiliyse, verdiğin yanlış bir kararla ilgiliyse, yakının tarafından uygulandıysa, sonrasında olayın üzerinden yıllar geçse de etkisi geçmez ve benzerlerine genellenir. Genellenmekten kastettiğim, yaşadığın taciz ya da tecavüz sonrasında yaşayacağın sağlıklı cinsel ilişki konusunda sorunlara yol açabilir ve hatta birisinin seninle dostane tokalaşması, sarılması bile seni aşırı rahatsız edebilir. Kişisel ilişkilerinde ciddi güvensizlik ve şüpheye yol açabilir; sanki herkes senin kötülüğünü istiyormuş, herkesin seninle ilgili karanlık planları varmış gibi hissedebilirsin. Kendini defolu ve kirli gibi hissedebilirsin. Ve en ağırı da suçluluk duygusudur. Sanki sen hata yapmışsındır, sen iyi bir insan olsan bunlar başına gelmezmiş gibi hissedersin. Aklın ermeyecek yaşta olsan bile, yine de kendini suçlarsın. Annesinin acil bir durum için komşusuna bıraktığı danışanım, komşusunun oğlunun tacizine uğradığı zaman 5 yaşındaydı ve yine de kendini suçluyordu, "Ben de kız olmasaydım," diye. Ve bu suçluluk duygusu bulaşıcı bir virüs gibi hayatının geri kalanına sıçrar. Bu bahsettiğim danışanım, bana geldiği dönemde, bindiği otobüste kendi yaşıtlarından birine yer vermediği zaman bile kendisini suçlu hissediyordu.

Travma ne kadar şiddetli ve süresi uzunsa, senin bu olaya maruz kaldığın yaştaki halini zihninin bir köşesine kopyalar. Yani sen 9 yaşında travmaya maruz kaldığın zaman, zihnin ikiye bölünür gibi olur: Bir kısmı normal bir şekilde hayat yoluna devam ederken, bir kısmı da tam o olayı yaşadığın zamandaki haliyle korkmuş, çaresiz ve suçlu hissederek ruhunun derinliklerinde saklı kalır. Hayatın her belirsizliğinde, o küçük çocuk devreye girer sen fark etmeden, kendine zarar veren davranışlar yaparsın, kendin için yanlış insanlar seçersin, mantıklı tarafının istememesine rağmen. Bir bakmışsın ki içindeki o incinmiş çocuktan dolayı böyle yapıyorsun. Eğer geçmişinde bir travma varsa muhtemelen içeride bir yerlerde sesini sana duyurmaya çalışan, travmaya maruz kaldığın zamandaki halinde olan bir çocuk da vardır.

Travmalar çok güçlü öğreticilerdir,
ama yanlış şeyi öğretirler. Travmaları çözümlerken,
bu güçlü ve yanlış öğrenmeyi
çözmeye çalışırız.

7 Günlük Yazma Terapisi

Travmaların bizi güçlü şekilde etkilemeye devam etmesinin sebebi, yaşanılan acı olayın katlanabileceğimizden çok daha fazla olmasıdır. Zihnimiz bu fazlalığı bastırır ve yeterince işleyemez. Çok geçmişte kalmış olması ya da detayları hatırlamıyor oluşun, bu olayların seni etkilemediği anlamına gelmez. Travmaların etkisini azaltmak için, zihnimizin onları sağlıklı şekilde işlemesi çok önemlidir. Ve bunun için sana bir önerim olacak:

7 gün boyunca, arka arkaya, sakin ve tek başına kaldığın bir zaman diliminde, geçmişinden sana acı veren bir olayı seçip, 20 dakika boyunca, o olay hakkında aklına gelen her şeyi yazmalısın. Bir plan yapmadan, içinden aktığı şekliyle yazman çok önemli. Biçimsel kurallar ya da yazılan şeyin estetik olması hiç önemli değil, sadece içerik önemli. İstersen bilgisayarda bir belgeye istersen bir kağıda yazabilirsin. Küfür edebilir, yazarak çığlık bile atabilirsin; o an ne

hissediyorsan artık. Eski olayları ve bazen zihninden uçup gitmiş olayları hatırlamak ilk başta rahatsız edici olabilir ve yazarken çok yoğun duygular yaşayabilirsin, ama vazgeçme. Yazmaya başladıktan sonra seçtiğin olay hakkında rüyalar görebilirsin, gün içinde olmadık anlarda yoğun duygulanmalar yaşayabilirsin. Bu tür şeyler, "kötüye mi gidiyorum" düşüncesine sebep olmasın, bunlar doğal belirtiler. Böyle belirtiler zamanında işlemediğin ve bilinç dışına gönderdiğin şeyi, bilinç seviyesine çekip işlemeye başladığını gösteriyor.

Yazdığın şeyleri süreç bitene kadar silmemeni, süreç sonunda hepsini baştan okumanı öneririm. 7 günlük süreç bittikten sonra yazdıklarını ne yapacağın sana kalmış, ister çöpe at, ister sakla. Ayrıca bu yöntemi sadece travmatik olaylarda değil, son zamanlarda yaşadığın ve seni üzen olayları değerlendirmek için de kullanabilirsin. Amerikalı Psikolog James W. Pennebaker, yaptığı araştırmalarda bu yöntemi uygulayan insanların eskiye oranla daha iyi hissettiklerini tespit etmiştir.

Evin Ortasındaki Kimsenin Görmediği Cenaze

Suzi daha okula başlamamışken babası vefat etmişti, o zamanlara dair hatırladığı tek şey, evin içinde tanımadığı insanların oluşturduğu kalabalıktı. Bir süre bu kalabalık devam etmiş, sonra her şey eski haline dönmüştü. Babasına dair hatırladığı tek detay ise bıyıklı oluşuydu. Bana geldiği ilk seansta sormuştum, "Babana dair başka şeyler hatırlamıyor musun, evde konuşulmuyor mu hatıralarınız ya da ondan kalan fotoğraflar yok mu?" diye. Ancak annesinin kesinlikle bu konudan konuşmayı istemediğini, babasının fotoğraflarının olduğu bir albüm olduğunu ancak bunu kendisinin hiç görmediğini, bir seferinde ablasının annesinin sakladığı yerde tesadüfi olarak fotoğrafları gördüğünü ama annesinin durumu öğrenince, albümleri evin dışında başka bir yere sakladığını söylemişti. Ablası fotoğrafları görünce, nefes nefese Suzi'nin yanına gelmiş ve ona, "Biliyor musun babam çok yakışıklı bir adammış," demiş. Evde babanın konuşulması tabu olan bir konuymuş, Suzi ve ondan 2 yaş büyük ablası, sorgulamadan bu tabuya uymak zorunda hissetmişler kendilerini. Bir kez bile babanın mezarı ziyaret edilmemiş, babanın hiçbir akrabasıyla görüşülmüyormuş. Ara ara amcalar, görüşme girişimlerinde bulunmuşlarsa da annenin sert tavrından dolayı bir süre sonra irtibatı kesmişler.

Suzi bana yirmili yaşlarının ortasında, yaşadığı temizlik takıntısı sebebiyle gelmişti. Psikiyatr bir dostum ilaç tedavisini organize etmiş, psikoterapi için bana yönlendirmişti onu. Banyoya girdiği zaman bir saatten aşağı sürede çıkamıyordu, gün içinde onlarca defa en az 5 dakika ellerini yıkamak zorunda hissediyordu. Uzun zamandır, kirli olduğunu ve mikrop kapabileceğini düşündüğü için kuaföre gitmiyordu. Şu anda ailesinden uzakta Ankara'da yalnız yaşıyor ve bir kurumda memur olarak çalışıyordu. Suzi sanki yürümüyor da süzülüyormuş gibi gelirdi bana, o kadar sessizdi. Ben konuşmaya başlamazsam o konuşmazdı. Takıntıları için bilişsel davranışçı terapi uygularken bir yanda da geçmişindeki karanlık alanlar üzerine çalışmak istiyordum. Çünkü ne kadar genetik yatkınlığımız olursa olsun, bazı psikolojik problemlerin ortaya çıkışı içimizdeki psikolojik bağışıklık kaynaklarının tükenmesiyle oluyordu. Suzi'nin psikolojik kaynaklarının tükenmesi ise geçmişinde ailesinde herkesin bildiği sırdı.

Bazı ailelerde geçmişte yaşanılan bir olay, ailenin üzerine karanlık bir gölge gibi düşer. Bu, aile üyelerinden birisinin kaybı, birisinin intiharı, bir travma, gayri meşru ilişki, bu ilişkiden doğan bilinmeyen bir kardeş olabilir. Aile içerisinde bu durumdan en çok etkilenen kişi, bu duruma karşı aşırı reaksiyon geliştirir, bu bazen çok yoğun öfke olabilir ve bunun neticesinde baş etme yöntemi olarak yok saymayı seçer. Ancak herkesin bildiği sırlarda, yok sayma yöntemi ailenin diğer üyeleri üzerinde ciddi olumsuz etkilere neden olur. Çocuklarda suçluluk, duygularını saklama, kendini ifade etme korkusu ve yasın yaşanmaması gibi durumlar ilerisi için psikolojik problemlerin alt yapısını oluşturur. Suzi'nin hikâyesinde babanın ölmesi, annenin geç yaşta dul kalması anne için çok büyük bir travma olmuş. Ve içine düştüğü durumdan mesul gördüğü babaya olan öfkesi ve ona özlemi arasında kalınca bu duyguları ve eşini yok saymayı tercih etmiş. Bir yandan ona dair hiçbir şey konuşulmazken, bir yandan çocuklarının giremediği yatak odasında babaya ait bazı eşyalar yatağın bazasında saklanıyormuş. Anne kendisi evde olmadığı zaman yatak odasının kapısını hep kilitli tutuyormuş.

Evin içinde konuşulmayan şeyler olduğu zaman, çocuklar bunu çok daha yoğun hisseder, sanki bütün aile suçluymuş da bir şeylerden kaçıyormuş gibi. Normal konularda konuşmak bile tedirginlik yaratabilir. Ayrıca önemli olan konunun konuşulmamasını sağlayan kişi ile çocuklar arasına kocaman mesafeler girer, sağlıklı ilişkiler gelişmez. Suzi annesi ile konuşmak istemiyordu, ancak o aradığı zaman mecburen konuşmak zorunda hissettiğini söylemişti.

Terapi sürecinde Suzi ile bu durumu aşması için bazı girişimlerde bulunduk. Suzi, annesi ile babası hakkında konuşacaktı. Denemelerimizin birkaçı olumsuz sonuçlansa da bir seferinde annesi, babanın fotoğraflarını göstermeyi kabul etti. Bir yandan takıntılar için bilişsel davranışçı terapimiz devam ederken, evdeki sırrın yarattığı basıncın bir kısmının ortadan kalkması, terapi sürecimizdeki olumlu gelişmeleri hızlandırdı.

Aile içinde elbette sırlar olabilir. Kontrollü şekilde muhafaza edilen sırlar aile üyelerini birbirine yakınlaştırabilir. Ama sır saklamanın gayesi, başka türlü ifade edilemeyen zorlu duygulardan kurtulmaksa, sır saklamak tüm aile üyelerine zarar verebilir. Utanç ve suçluluk en sık karşılaşılan duygusal sonuçlardandır. Üstelik evin içinde konuşulmayan bu konulardan dolayı, çocuklar duygusal olan hiçbir şeyin konuşulmaması gerektiği gibi bir sonuca varabilir ve kendileri için çok önemli olan konuları kimseyle paylaşmayabilirler. Suzi'nin hikâyesinde olduğu gibi; aynı evin içinde 3 kişi yaşar, ancak kimse kimsenin içinde kopan fırtınalardan haberdar olmaz, yalnızlık içinde kavrulur.

Bugün Yaşadığın İlişkilerin Geçmişteki Kökenleri

Çocukluk çağında güven deponun dolup dolmaması ve güvenle ilgili yaşadığın olaylar şu an yaşadığın ilişkilere çok fazla etki eder. Sen dünyaya geldiğin zaman ilk ilişkini annenle ya da annenin yerine sana bakım veren kişiyle kurarsın. Bu kurduğun ilk ilişki senin ileride kuracağın ilişkilerin ilk örneğidir. İngiliz Psikanalist ve Psikiyatrist John Bowlby, çocuğun 0-5 yaş aralığında annesiyle kurduğu ilişkinin yapısının çocuğun hayatı boyunca tekrarlandığını yazmıştır ve bu kurama "Bağlanma Kuramı" ismini vermiştir. Bağlanma alanında çalışan bir diğer isimse Psikolog Mary Ainsworth'tür. Ainsworth çocukların bağlanma türlerini keşfetmek için adına "Yabancı Ortam" dedikleri bir deney yapmıştır. Bu deney bize bebeklik çağında bile kurulan ilişki kalıplarının belli olduğunu göstermektedir. Bu deneyde, bebekler anneleriyle birlikte bir laboratuvar ortamına alınmışlardır. Sonrasında bebekler annelerinden kısa süreli aralıklarla ayrı tutulmuş ve bir yabancıyla birlikte bırakılmışlardır. Bebeklerin bu duruma verdikleri tepkilerden yola çıkarak 3 bağlanma türü tespit edilmiştir.

- **Güvenli:** Bu bebekler anneleri yanındayken neşeli ve huzurlu haldeler, ancak odaya bir yabancı girdiği zaman hafif düzeyde tedirgin oluyorlar. Annesi yanındayken bir süre sonra yabancıya karşı da sevecen davranıyor. Anne odadan ayrılıp bebek yabancı ile tek başına kaldığı zaman, yabancıya karşı biraz mesafeli duruyor. Annenin yokluğunda bebek ağlayıp üzülüyor fakat anne geri döndüğünde kısa süre içerisinde sakinleşiyor ve anneye yakın olmak istiyor.

Güvenli bağlanan bebeklerin annelerinin ebeveynlik tutumları incelendiği zaman, annenin çocuğunun ihtiyaçlarına karşı duyarlı, ilgisini, sevgisini düzenli olarak gösterdiği, çocuğuyla kaliteli zaman geçirdiği gözlenmiştir. Bu tutumlar karşısında bebek annesinin aynasında kendisini değerli görecektir, sevildiğini, saygı duyulduğunu ve ihtiyacı olduğu zaman annesine ulaşabileceğini bilecektir.

• **Kaygılı-Kararsız:** Kaygılı kararsız bebekler annelerinin yokluğunda ciddi bir endişe yaşamaya başlıyorlar. Her sese harekete annesi ile ilgili mi acaba diye dikkat kesiliyor. Yabancıya karşı çok şüpheli ve mesafeli... Anne odadan çıkınca endişe krizine giren bebek annesi odaya döndüğünde bile sakinleşmekte zorluk çekiyor. Annesi bebeği sakinleştirmeye çalıştığında anneyi kendinden uzaklaştırabiliyor, yakın olmasına izin vermiyor, ama anne uzak olursa daha fazla öfkeleniyor.

Annenin ilgisi tutarsızsa, bazen az bazen çoksa, bazı zamanlarda çocuğunu görmezden gelebiliyorsa çocukta tutarlı bir güven algısı oluşmaz. Hem beklenti içinde olur hem de öfkelidir. Bir şekilde daha önce gelen ilginin arkasından yaşanılan yoksunluklar sebebiyle çocuk bir türlü şu anki güven ortamının daimi süreceğine ikna olmaz ve sakinleşmesi çok uzun sürer. Kısa süreli ayrılıklarda bile çocuğun endişe düzeyi inanılmaz seviyeye yükselir ve yoksunluk krizi gibi bir şey yaşar.

• **Kaçıngan:** Kaçıngan bebekler annelerine ya da ona bakım veren kişiye karşı kayıtsız oluyor. Annenin varlığı ya da yokluğu çocuğu çok fazla etkilemiyor. Odaya yabancı birisi girdiği zaman belirgin bir ruh hali değişikliği göstermiyor. Anne ya da yabancı arasında bir tercih yapması gerektiğinde tercih yapmıyor. Bu bebekler reddedilmektense yakın ilişkiden kaçınmayı tercih ediyor.

Kaçıngan bebekler ilgiden, bakımdan ve güvenden ümidini kesmiş ve kendini korumaya almış bebeklerdir. Annenin uzakta olması, çocuğunu reddetmesi; çocuğun çocuk esirgeme kurumu gibi yerlerde büyümüş olması, ihtiyaçlarına duyarlı olmayan insanlar tarafından büyütülmesi gibi durumlar çocuklarda kaçıngan bağlanmanın oluşmasına neden olabilir.

Gördüğün üzere, yolun başında anne ya da birincil derecede bakım veren kişi ile kurulan ilişki bir kalıp oluşturuyor ve çok erken yaşlarda bile bu kalıp durmadan tekrar ediyor. En başta anlattığım dolması gereken depolarda sevgi, saygı ve güvenden bahsetmiştim. Bu üç deponun her biri çok önemli ama güven deposu ayrıca önemli. Bir çocuk için en önemli şey, verilen sevgi ve saygının istikrarlı bir şekilde verilmesidir. Diyelim ki verilen sevgiyi birimlerle ölçme şansımız olsaydı ve bir çocuğa düzenli olarak 10 gün boyunca her gün 2 birim sevgi ve saygı verildiğini düşünelim. İkinci senaryoda ise 10 gün boyunca değişken aralıklarla bir kez 15 ikincisinde 20 birim sevgi ve saygı verildiğini düşünelim. İlk senaryoda verilen sevgi ve saygı daha azken ikincisinde daha fazladır. Ancak az da olsa istikrarlı olan ilgi, çok ve düzensiz olan ilgiden çok daha etkili ve sağlıklıdır. Yani sevginin ve saygının işe yaraması güven deposunun dolu olması ile ilgili.

Keşke bu bağlanma kalıpları çocukluk dönemi ile sınırlı kalsa. Ancak şu anda yaşadığın arkadaşlık ilişkilerinden romantik ilişkilere kadar hepsinde etkisini sürdürmeye devam ediyor. Bugün yaşadığın, tekrarlayan ilişki sorunlarının büyük ihtimalle bağlanma türünle ilgisi var. Çocukluktaki bağlanma türümüzün yetişkinlikte bizi nasıl etkilediğini paylaşmak istiyorum seninle.

İlişkilerde Güvenli Bağlanma

Çocukluğunda güvenli bağlanan kişiler yetişkinlik ilişkilerinde sıcak, sevgi dolu ve duygusal olarak yakın bir ilişkide rahattır. Partnerine bağlıdır ve partnerin kendilerine bağlı olmasını sağlar; ihtiyaç anında partneri için orada olabilir. Partneri ayrılmak istediğinde reddedilmiş veya tehdit edilmiş hissetmeden ayrılabilir. Elbette bu durum için üzülür ancak bunu hayat ve kişilik problemi haline getirmez. Güvenmek, empatik olmak, farklılıklara hoşgörü göstermek ve affetmek gibi konularda iyidir. Duygu ve ihtiyaçlarını dürüst ve açık bir şekilde paylaşır; partnerin ihtiyaçlarına uyum sağlar ve uygun şekilde yanıt verir; çatışmadan kaçınmaz. Duyguları iyi yönetir; ilişki sorunları hakkında aşırı dramatik tepkiler vermez. Geçmişteki ilişki sorunları ve acıları hakkında içgörü, çözüm ve affedebilme kapasitesine sahiptir. Hayatına geçmişte yaşanılanların gölgesi altında devam etmez, kendi içinde bu durumu çözmüştür.

Güvenli bir bağlanma, ilişkideki her bireyin kendini güvende hissetmesini, ihtiyaçlarının karşılanmasını ve anlaşılmasını sağlar. İlginç bir şekilde, güvenli bağlanmayı sağlayan mükemmel ebeveynlik değildir. Güvenli bağlanma, bir bakıcı bir çocuğu sözsüz iletişim yoluyla güvenli ve korunmuş hissettirdiğinde gelişir. Çocukken annelerine veya birincil derecede bakım veren kişiye güvenli bir şekilde bağlı olan yetişkinler, partnerlerine güvendikleri ve sağlıklı bir benlik saygısı gösterdikleri uzun vadeli ilişkilere sahip olma eğilimindedir. Bu insanlar sadece duygularını, umutlarını ve hayallerini partnerleriyle paylaşmakla kalmayıp aynı zamanda gerektiğinde destek alabilirler. Güvenli bireyler de partnerlerini destekleyebilir ve incittiklerinde gönüllerini alabilirler. Güvenli bir bağlanma stiline sahip bireyler iyi partner olma eğilimindedir.

Güvenli bağlanan kişiler kendi değerini kendinden ölçebilir. Hayatlarına giren kişi elbette ona daha değerli hissettirebilir, onunla hayat daha güzel de olabilir; ancak o gittiği zaman dünyasının mahvolmayacağını da bilir. Güvenli bağlanan kişinin bir sloganı olsa şöyle derdi sanırım: "Seni çok seviyorum ama gidersen de çok üzülsem bile hayatıma devam edebilirim."

İlişkilerde Kaçıngan Bağlanma

Çocukluğunda kaçıngan bağlanan kişiler için ilişkiler zorlu alanlardır. Hem yakın olmaya ihtiyaç duyarlar hem de yakınlaşmaktan çok korkarlar. Bu kişiler duygusal olarak uzaktır ve samimi bir ilişkiyi reddeder; partnerini biraz uzak ama ulaşabileceği bir mesafede tutar. Samimiyeti bağımsızlık kaybıyla eşitler; birlikteliktense bağımsızlığı tercih eder. Partnere bağımlı olamama veya partnerin "ona dayanmasına" izin verememe hali sık karşılaşılan özelliklerindedir. Bu kişilerle birlikte olan insanlar, zor zamanlarında kaçınmacı bağlanan kişiden destek görüp göremeyeceğini hiç bilemez. Bağımsızlık bir önceliktir. Bu kişilerin konuşma konuları entelektüel olan ya da bireysel olmayan konulara odaklıdır, duygular hakkında konuşmak istemez; çatışmadan kaçınır, sonra aniden patlar. Geçmişinde kaçıngan birisiyle birliktelik yaşamış bir danışanım, bir yıl süren ilişkisinde erkek arkadaşının babasını kaybettiğini, ama kendisinin bu durumu ayrıldıktan birkaç ay sonra başka bir arkadaşından tesadüfi şekilde öğrendiğini söylemişti. Hiçbir şekilde böyle bir kayıp yaşadığına yönelik bir şey söylememişti eski erkek arkadaş. Bazı kaçıngan bireylerin mesafeli, kontrollü, zorunlu olarak kendi kendine yeten, kısa duygusal menzile sahip, yalnız olmayı tercih eden bir yapısı olabilir.

Bu bağlanma kalıbına birçok insan *Issız Adam* filmiyle aşinadır. Bu insanların bir yakınlığa ihtiyacı vardır, ancak bu yakınlık konusunda erken yaş deneyimleri mesafeyi zorunlu kılmıştır. Çünkü bu insanlar için, reddedilmektense uzak olmayı seçmek daha az can yakıcıdır. Bazı durumlarda, ebeveynler fiziksel olarak mevcuttur, ama bir nedenden ötürü, çocuklarının duygusal ihtiyaçlarını karşılayamamışlardır. Bu durumda, çocuk duygularını görmezden gelmeyi ve bastırmayı öğrenir.

Bu sağlıksız bağlanma tarzı yetişkinliğe taşınır ve yetişkin birey sevgi ve bağlantı ihtiyacını reddeder ve sonuç olarak kişi derin duygular ve samimi durumlardan rahatsız olabilir. Aşırı keskin duygusal ve / veya fiziksel sınırlar belirleyebilir. Daha önce de söylediğim gibi partnerlerden bilgi gizleyebilir. Karışık sinyaller gönderip partnerlerinin duygularını göz ardı edebilir. Sadakat göstermek istemez ve gündelik seks tercih eder. Geçmiş ilişkileri idealize edebilir. Çünkü geçmişte kalana bir ilişki için yakınlık gerekmemektedir. İdealize ettiği ilişkiyi, şu an tekrar yaşasa aynı problemler tekrar ortaya çıkacaktır.

İlişkilerde Kaygılı Bağlanma

Kaygılı bağlanan insanların ilişkilerde yaşadığı en temel sorun güvensizliktir. Kişi reddedilme ve terk edilme endişesi yaşar. Ayrıca ilişki ile fazla meşgul olurlar. Birisini hayatına alınca, sensiz yaşayamam, sen benim hayat amacımsın gibi ifadeler genelde kaygılı bağlanan insanların sözleridir. Bu insanlar ilişki içerisinde muhtaç; sürekli güvence ihtiyacı içinde olabilir, en ufak olumsuzlukta endişe duyabilirler. Partnerinin eylemlerine ve ruh hallerine aşırı duyarlı; partnerin davranışlarını çok kişisel algılar. Kaygılı bağlanan kişinin partneri, işiyle ilgili yoğun bir dönem yaşasa bile kişi bunu partnerinin kendisini eskisi gibi sevmediği şeklinde yorumlayabilir. Aynı zamanda bu kişiler son derece duygusal; tartışmacı, savaşçı, öfkeli ve manipülatif olabilir. Kişisel sınırlara saygı duymakta sorunlar yaşayabilirler. Bunlarla birlikte iletişimi işbirlikçi değildir; ilişki konularında kendi sorumluluğunun farkında olmaz, başkalarını suçlar.

Biraz önce söylediklerimi düşününce, sanki kaygılı bağlanan kişiler karşı tarafın hayatını zorlaştırmak adına bunları bilerek yapıyormuş gibi gelebilir. Evet, kaygılı bağlanan kişiyle ilişki yaşamak gerçekten zordur, kendinizi ona anlatmak için çok ciddi çaba ve zaman gerekir. Ancak her zaman en çok kaygıyı ve bazen acıyı kişinin kendisi çeker. Çünkü her daim, sevildiğinin terk edilmeyeceğinin kanıtı peşinde koşar. Dışarıda yaprak havalansa, bu durumu acaba yeterince sevilmiyor muyum diye yorumlayabilir.

Sonuç olarak kaygılı bağlanma şunları içerir: Partnerden güvence ve sürekli doğrulanma ihtiyacı. Partnere veya potansiyel partnere sürekli dokunma, etkileşim ve ilgi arzusu. Bu arzu aşkla ilgili değil, kişinin yakın olduğunu ve terk edilmeyeceğini teyit etmesiyle ilgilidir. İniş ve çıkışları çok keskin ilişkiler yaşarlar. Partnerden uzaktayken (geçici olarak bile) endişe veya panik hissi yaşanabilir. Partneri yakın tutmak için suçlama, suçluluk, utanç ve diğer manipülasyon biçimlerini kullanma eğilimi sık karşılaşabilir.

Bu kişilerin hayat gündemi ilişkilerinden ibaret olabilir. Bundan dolayı sorumlulukları ihmal etme eğilimi ortaya çıkabilir. İlişki için algılanan bir tehdit olduğunda aşırı tepki verme eğilimi. Bazı durumlarda bu tehditler hayali de olabilir. Örneğin; aşırı kıskançlık gibi durumlarda, araç kullanan partner yoldaki karşı cins bir yayaya yol verdiğinde, sen onları etkilemeye çalışıyorsun gibi bir tepki ortaya çıkabilir.

İlişkilerde Dağınık Bağlanma

Dağınık bağlanma şekli kişinin geçmişinde sadece ihmale uğramasına değil, aynı zamanda yoğun korkuya da dayanır. Düzensiz bağlanma şekline sahip çocukların ebeveynleri genellikle travma yaşamışlardır ve dolaylı ya da direkt olarak çocuklarına da travma yaşatmışlardır. Çözülmemiş travma veya kayıp nedeniyle, ebeveyn kendisini çocuğa güvenli bir şekilde bağlayamaz. Çocukken istismar edilen insanların yüzde sekseni bu tür bir bağlanmaya sahiptir.

Bu tür bağlanmada annenin ya da birincil bakım veren kişinin davranışları genellikle düzensiz ve korku güdümlü olduğundan, bu bağlanma stiline sahip yetişkinler asla kendi kendini yatıştırmayı öğrenememişlerdir. Geçmişleri acı ve kayıp ile işaretlenir ve agresif olabilir; dünyayı güvensiz olarak görebilir ve sosyal olarak sorun yaşayabilirler. Bu bağlantı şekline sahip olan bireyler ilişkilerinde şunları yaşayabilir: İlişkiler söz konusu olduğunda bir sıcak bir soğuk davranıp karşı tarafın bu konuda kafasının karışmasına neden olabilir. Antisosyal (saldırgan) davranışlar gösterebilir ve hatta bazen bu durumdan zevk alıp pişmanlık bile duymayabilir. Bencillik, manipülasyon, kişisel sorumluluk eksikliği ve partnerin duygusal ihtiyaçlarını yok sayma da görülebilir. Çocukken kendisine uygulanan travmatik olayları yetişkinlikte başkalarına uygulayabilir. Uyuşturucu ve alkol bağımlılığının yanı sıra kanun dışı davranışlar da ortaya çıkabilir.

Dağınık bağlanma türüne sahip olan kişiler için hayat çok zordur; bu kişiler sanki çocuklukta yaşadığı kötü şeylerin intikamını alıyor gibi davranabilirler. Kendine, çevreye ve hatta birlikte olduğu insana zarar verme eğilimleri olabilir. Hayatı uçlarda yaşayabilirler; yeni birini tanıdığı zaman bütün dertlerini unutturacakmış beklentisine girip, o kişiyi zirvelere çıkartabilir çok kısa sürede de bu değerin tam tersi şekilde değersizleştirme eğiliminde olabilirler. Bu kişilerin geçmişinde, bir zamanlar zirvelerde yer almış, ama şimdi hiçbir değeri olmayan, hatta şu an nefret edilen insanlar yığıntısı vardır.

Gördüğün üzere, geçmişinde sana bakım veren kişiyle kurduğun bağlantı şekli durmadan kendini tekrarlıyor. Bağlanma kalıpları ile ilgili temel sorun, bu kişilerin ilişkilerinde yaşadığı sorunları kendilerinde ve geçmişlerinde değil birlikte oldukları insanlarda bulmalarıdır. Örneğin, trafikte yol veren adamı o insanları etkilemeye çalışmakla suçlayan kadına göre, eşi biraz daha dikkatli olsa bütün problemler çözülecektir. Ancak eş trafiğe de insan içine de çıkmasa, kaygılı bağlanan kadın, eşinin kendisini ihmal ettiğine ya da yeterince ilgilenmediğine yönelik başka bir şey bulacaktır. Başka bir örnekte, sadece günlük ilişkiler yaşayan, bir türlü çok yakın olabileceği bir kadın bulamayan erkek kadınları suçlayabilir; modern zaman kadınlarının yüzeysel olduğunu, hiçbirinin uzun ilişki hak etmediğini, şansının doğru insanı bulmak için yaver gitmediğini iddia edebilir. Ya da bir başka kadın hayatına aldığı herkesin bir süre sonra sıradanlaştığından, karşısına hiç düzgün bir erkek çıkmadığından şikâyet edebilir. Elbette böyle şikâyetler de zaman zaman gerçeği yansıtıyor olabilir. Burada ayrım yapmak için şikâyet edilen durumun, başka koşullarda başka insanlarda da karşımıza çıkıp çıkmamasıdır. Eğer insanlar ve olaylar değişmesine, zaman geçmesine rağmen şikâyet edilen konular birbirine benziyorsa konu partnerle değil seninle ilgili olabilir. Bu durum konusunda farkındalık kazanmak için senden bir isteğim olacak, hayatına giren insanları terapi defterine yazmanı istiyorum, isim isim. Ve sonrasında bu insanların kişilik özelliklerini, onunla beraberken yaşadığın ilişki sorunları ve en sonunda ayrılma sebebini. Eğer hayatına sadece bir kişi girdiyse, beraber olduğun kişiyle yolun başından bu yana hangi sorunları yaşadığını, seni en çok neyin sinirlendirdiğini ve bu olaylardaki ortak özellikleri araştırabilirsin. Yaşadığın olaylara duygu dünyandan uzaklaşıp, biraz mesafeli bakmak sana önemli farkındalıklar kazandıracaktır.

Sorunlu bağlanma kalıplarından tamamen kurtulmak maalesef mümkün olmayabiliyor. Ancak kişi kendi bağlanma tarzını keşfedip, yaptığı standart hataları fark ederse hayatına alacağı insanlar konusunda daha seçici olabiliyor. Bu önemli bir konu, çünkü geçmişimizde bize bakım veren tarzda sorunlu kişiliklerle ilişki yaşayabiliyoruz. Alıştığımız kötüye karşı, bize zarar verse de çekim hissediyoruz. Kaygılı bağlanma şekline sahip olan biri, kaçıngan biriyle ilişki yaşayabiliyor, sanırım bundan daha zehirli bir karışım olamazdı. Düşünsene, bir taraf kesintisiz yakınlık isterken, diğer tarafın uzak durmak istediği en temel şey yakınlık... Ya da kaçıngan biri en temelde, birisini gerçekten sevebilme ihtimalini yakalamak için arayış içindeyken başka bir kaçınganla denk geliyor ve kendisini reddedilmiş hissediyor. Eğer bir önceki paragrafta verdiğim ödevi yaptıysan hayatına giren insanların ortak özelliklerini de fark edebilirsin. Özellikle benzer insanları seçiyorsan ve bu insanlarla uyum sağlayamıyorsan, ilişki konusunda şanssız değil sadece yanlış seçimler yapıyorsundur. Sana sevgi veremeyen bir insanı neden beni sevmiyorsun diye suçlamak çok anlamlı olmayabilir, belki de o kişinin sevme kabiliyeti yoktur.

Dikkat edilmesi gereken bir diğer şey de özellikle sorunlu bağlanma şekillerine sahip insanların ilişkilerinin yüksek bir çekimle başlıyor olmasıdır. İlk görüşte aşk, kendini bir anda tutkulu bir ilişkinin içinde bulmak sorunlu ilişkilerde sık karşılaştığımız başlangıçlardandır. Bunu şuna benzetebiliriz, ilk gördüğünde beden ve zihninde birçok reaksiyon oluşturabilir karşındaki kişi. Nasıl ki uzak diyarlarda senin kültürüne yakın birisi nispeten yakın gelir sana, bu insan da senin geçmişinde karşılaştığın kalıplardan dolayı aşina gelebilir. Sen bütün kontrol bende diyebilirsin ama aslında sadece geçmişindeki kalıbı tekrar ediyor olursun. Bir ilişkinin sağlıklı ilerleyebilmesi için bu kadar hızlı gitmemesi gerekir. Çünkü ilk zamanlarda yüksek tutkulu ilişkilerde iki taraf da birbirinin eksik deposunu dolduracağını zannedebiliyor. O an gördüğünü zannettiğinle gerçekte olan çok farklı olabilir. Bu sebeple ne kadar coşkulu da hissetsen, ilişkinin başında kendini yavaşlatman çok faydalı olacaktır. Aşkı kaçırırım diye de düşünme, gerçek olan şey zaten sen kaçsan da seni yakalıyor; bir yere gittiği yok yani.

Haklı Olmak mı İşlevsel Olmak mı?

Hayatın düz bir matematiği yok maalesef. Eğer öyle olsaydı haklı olduğumuz her yerde aynı zamanda huzurlu ve mutlu olmamız da gerekirdi. Ancak her insan kusurlu olduğu için, o insanlarla kusurlarına rağmen yaşamayı öğrenmemiz gerekiyor. Bu egzersizle haklı olmak uğruna aslında neleri feda ettiğinin farkına varacağını umuyorum.

- Terapi defterine son zamanlarda haklı olmak için yaptığın 3 tane davranışı yazmalısın,
- Sonrasında bu 3 davranışın sana maliyetini birkaç cümleyle yazmalısın,
- En sonunda ise bu davranışı yaparak neler kazandığını ve yapmasan ne olacağını yazmalısın.

Örneğin; trafikte önüne kıran bir aracı takip edip el kol işareti yaptın. Ve sonrasında işler büyüdü kenara çektiniz, durum ciddi bir kavgaya dönüştü. Anlaşmazlığı çözmek için karakola gitmek zorunda kaldınız. Bu olayda sen tamamen haklısın. Diğer sürücü trafik kurallarına uymayarak belki de senin hayatını tehlikeye attı.

- Haklı olduğunu ispat etmek ve diğer sürücüye tepki göstermek için onu takip ettin.
- Bu davranışının maliyeti; moralinin bozulması, kendin ve ailen için harcayacağın zamanı karakolda geçirmiş olman, belki de önemli işlerini yapamamış olman,
- Bu davranışı yaparak kazandığın şey ise hata yapan

sürücünün de gününün karakolda geçmesini sağlamak. Ancak o kişi pek pişman olmuşsa benzemiyor, hâlâ seni suçluyor.

- Bu davranışı yapmasaydın ne olacaktı? Muhtemelen hissettiğin haksızlık bir süre seni rahatsız edecekti ama sonrasında bu rahatsızlık kısa bir süre içinde kaybolacak, sen de normal yaşantına dönecektin.

Bu şablonu hayatında haklı olmaya çalışırken yaptığın davranışları değerlendirirken kullanabilirsin. Ben böyle durumlarda kendime hep şöyle sorarım: "Attığın taş ürküttüğün kurbağaya değecek mi?" Sana da öneririm.

Aşkın çılgınlığı, aşık olunan kişinin özündeki normalliği görmeyi reddetmesinden bellidir.
Alain de Botton

3. BÖLÜM

SIK KARŞILAŞILAN SORUNLU İLİŞKİLER

Manipülasyona Açık Ruha Zararlı

Bu bölümde, sıklıkla karşılaştığım sorunlu ilişki yapılarından bahsetmek istiyorum. Bu ilişkilerin ortak özelliği, kişinin ruhsal açıdan zarar görmesi ve karşı tarafın seni etkilemek için bir takım manipülasyon yöntemlerine başvurmasıdır.

Gaslighting Uygulanan İlişkiler

Bu terim, 1930'larda sahnelenen *Gaz Işığı* adlı bir oyundan gelir. Oyunda, karısından kurtulmaya çalışan bir koca, kadınla beraber yaşadıkları evde, ilk bakışta göze çarpmayacak ince değişiklikler yaparak yavaşça kadına çıldırdığını düşündürmeye çalışıyor. Örneğin, gaz lambasının üzerindeki alevi her gün biraz daha karartıyor ve kadın "Işık mı azaldı?" diye sorduğunda "Hayır, ışık aynı," diyor. Gaslighting manipülasyon yöntemi, istismarcıların kurbanlarından istediğini almak için kullandığı, başkalarının kafasında şüphe yaratmaya yarayan karmaşık bir yöntemdir.

Aslında isim olarak çok tanıdık olmasa da bu yöntem benim karşılaştığım, özellikle narsisist insanlarla birliktelik yaşayan danışanlarımın sıklıkla maruz kaldıkları istismar türlerinden birisi. Aslında kilolu olmadığı halde, eşi öyle tanımladığı için kendini çok şişman zannedip diyetisyen diyetisyen gezen bir kadın; çok başarılı olmasına rağmen eşinin telkinleriyle başarısız olduğunu düşünüp mesleği bırakan başka bir kadın ya da eşinin telkinleriyle bütün ailesinin ve arkadaşlarının kendisine düşman olduğunu düşünüp hepsiyle iletişimi kesen bir erkek, bu duruma örnek gösterilebilir.

Gaslighting birkaç farklı yöntemle uygulanabilir. Bazı durumlarda manipülatör, çok kesin ve kararlı bir şekilde konuşarak mağdurun kendi bakış açısından ve hislerinden şüphe duymasına yol açar. Partnerin duygularını küçümsemek ve onların gerçekliğini inkâr etmek gaslightingin bir yoludur. Karşınızdakinin bir durum hakkındaki hislerini geçersiz bulmak, algılarının yanlış olduğunu söylemek de etkilidir. Bariz bir şekilde olmuş bir şeyi şiddetle reddetmek de bir gaslighting şeklidir. Karşılarındakini şüphelerinin sadece paranoya olduğuna inandırırlar. Derin şüphe uyandırırlar ve mağdurlar kendi sezgilerine inançlarını kaybeder. Sadece çok fazla düşündüklerine, çılgın olduklarına ya da sakinleşip partnerlerine güvenmeleri gerektiğine inanmaya başlayabilirler.

Gaslighting'e Maruz Kalıyor Olabilir misin?

Aşağıdaki listeye bir göz atmalısın, listede bahsi geçen maddelerden birkaçını birden yaşıyorsan sen de sana gaslighting uygulayan birisiyle ilişki yaşıyor olabilirsin.

- Neden mutlu olmadığını anlayamıyorsan,
- Partnerinin davranışları için sık sık bahaneler, sebepler buluyorsan (Aslında öyle yapmak istemedi, öyle demek istemedi gibi),
- Bir şeylerin yanlış olduğunu biliyor ancak sorunun ne olduğunu bilmiyorsan,
- Basit kararlar vermekte zorlanıyorsan,
- Yeterince iyi olup olmadığını sıklıkla merak ediyorsan,
- Kendine "Çok hassas mıyım?" diye günde birçok kez soruyorsan,
- İlişkide sık sık kafan karışmış ve hatta deli hissediyorsan,
- Her zaman özür dilemek zorunda hissediyorsan...

Bu belirtiler kaygı bozuklukları ve benzeri durumlarda da görülebilir, ancak buradaki fark böyle hissetmende aktif rol oynayan bir başka insanın olmasıdır.

Gaslighting Uygulayan Kişilerin Sıklıkla Kullandığı İfadeler

- Kafanda kuruyorsun,
- Ortada büyük bir sorun yok,
- Aşırı tepki veriyorsun,
- Her zaman olayları çok büyütüyorsun,
- İşe yaramazsın,
- Bu dediğin şey hiç olmadı,
- Bir şeyleri net olarak hatırlamıyorsun,
- Kulağa çok saçma geliyor, biliyorsun değil mi?
- Kimse sana inanmıyor, ben neden inanayım ki?
- Çok hassassın,
- Deli gibi davranmayı bırak,
- Sadece paranoyaksın,
- Dediklerimi çarpıtmayı çok seviyorsun,
- Sadece şaka yapıyordum...

Gaslihting Uygulayan Kişinin Yöntemleri

Stopaj: Anlamıyormuş gibi yapar veya dinlemeyi reddeder. Örn. "Bunu bir daha duymak istemiyorum" veya "Kafamı karıştırmaya çalışıyorsun."

Zıtlaşma: Mağdur doğru bir şekilde hatırlamasına rağmen onun hafızasını sorgular. Örn. "Yanılıyorsun, hiçbir şeyi doğru hatırlamıyorsun."

Engelleme / Yönlendirme: Konuyu değiştirir ve / veya kurbanın düşüncelerini sorgular. Örn. "Bu [arkadaş / aile üyesinden] aldığın başka bir delice fikir mi?" veya "Bir şeyleri kafanda kuruyorsun."

Önemsizleştirme: Mağdurun ihtiyaçlarını veya duygularını önemsiz gösterir. Örn. "Böyle küçük bir şeye kızacak mısın?" veya "Çok hassassın".

Unutma / İnkâr: Gerçekte ne olduğunu unutmuş gibi davranır veya kurbana verilen sözler gibi şeyleri reddeder. Örn; "Ne hakkında konuştuğunu bilmiyorum" veya "Sadece bir şeyler uyduruyorsun"

Aleni yalanlar söyleme, inkâr, sevdiğin şeyleri sana karşı kullanma, söylenenlerle yapılanların uyuşmaması, pohpohlama, kafa karıştırma, yansıtma, herkesin yalancı olduğunu, deli olduğunu iddia etme gibi yöntemler de gaslightingde kullanılır.

Böyle Bir Durum Yaşıyorsan Ne Yapabilirsin?

- Yaşadığın şeyin farkına varmak ilk ve en kritik adımdır. Birçok insan bu duruma maruz kalır, ancak yaşadığı şeyin gaslighting olduğunu fark etmez. Eşin, arkadaşın, ailenden biri, iş arkadaşın veya patronunla aranda neler olup bittiğini adlandır.
- Çarpıtılmış olanlarla gerçeği ayırman gerekiyor. Konuşmalarını bir yere yazmalısın, böylece ona objektif bakabilirsin. Konuşma, gerçeklerden uzaklaşıp diğer kişinin görüşüne doğru mu gidiyor? Ardından bu diyaloğu okuduktan sonra nasıl hissettiğini yazabilirsin.

- Böyle bir durumda değişim için ilk adımı zihinsel olarak atman gerekebilir. Bir zihniyet değişimini teşvik etmek için zihinsel alıştırma yapabilirsin; kendini ilişkin olmadan veya ilişkini çok daha uzak bir mesafeden devam ettirerek hayal edebilirsin. Bu durum sana nasıl hissettiriyor? Kaygılı hissetmene neden olsa bile olumlu olarak düşünmeye çalışabilirsin. Kendi gerçekliğinle, ailenin, arkadaşlarının desteğine sahip olduğun bir yolu düşünmelisin.
- Pes etmekte, vazgeçmekte bir sorun olmadığını anlamalısın. Gaslighting ilişkisini terk etmenin acı verici ve zorlayıcı olmasının bir kısmı, gaslighter'ın en iyi arkadaşın, annen, kız kardeşin veya erkek kardeşin gibi "biri" olabileceğidir. Kaynağa bakmaksızın istismardan uzaklaşmakta bir sorun yok.
- Yakın arkadaşlarınla konuşabilirsin. Onlara kendiniz gibi, ilk tanıştığınız zamanlardaki gibi görünüp görünmediğini sorabilirsin. Acımasızca dürüst olmalarını iste.
- Doğru ya da yanlış yerine duygulara odaklanmalısın. Haklı olmayı istemek ya da kimin haklı olduğunu düşünmek kolaydır. Ancak kimin doğru ve yanlış olduğunu belirlemek nasıl hissettiğinden daha önemli değil. Bir ilişkide psikolojik ve duygusal iyilik olması, herhangi bir konuşmada kimin doğru ya da yanlış olduğundan daha önemlidir.
- Kendine şefkat göstermelisin. Kendini güvende ve güçlü hissetmiyorsan şefkat göstermek zor olabilir. Kendine nasıl şefkat gösterebileceğinle ilgili ileriki bölümlerde daha detaylı bilgiler bulacaksın.

Benching- Joker Eleman Olmak

Teknolojinin gelişmesi ile online tanışma kültürünün yerleşmesi ilişkilere yeni sorunlar da ekledi. Bunlardan biri de benching. Bu teknolojiden çok önce de var olmasına rağmen teknoloji ile iyice arttı. Sosyal medya bir insanla iletişime geçmeyi oldukça kolaylaştırdı, artık sadece bir kaydırma ile tamamen farklı ve yeni bir kişiyle sohbet etmeye başlayabiliriz. Böylece, aklımızda her zaman daha iyi birini bulabileceğimiz fikri kalır. Ya da zaten daha iyi biri aklımızda vardır. Bu da bağlılık kurmaktan kaçınmamıza yol açar.

Benching yapan insanlar yanlış bir seçim yapmamak ya da her zaman daha iyisini bulabilme ihtimali için "seçenekleri açık" tutarlar. Benching de karşındaki kişi ile düzenli olarak görüştüğün ya da bağ kurduğun bir aşamaya bile gelemezsin. Bunun yerine iyi zamanlanmış WhatsApp, Instagram, Facebook mesajlarıyla, bol emojilerle ve esprili metinlerle ya da asla büyük jestlere dönüşmeyen küçük vaatlerle baş başa kalırsın. Karşındaki kişi iyi birisi olduğunu ve bir potansiyelin olduğunu düşünür, ancak sana karşı fazla duygu beslemiyordur ya da net değildir. Seninle görüşmeyi sürdürüp bir ilişki kurabilir ya da ayrılabilir. Ve burada benching devreye girer. Yukarıdaki seçeneklerden herhangi biri yerine, seni zihinsel "belki" klasörüne koyar ve bekletir, böylece diğer seçeneklerinin neler olduğuna bakabilir.

İlişki kültürümüzde bu davranış normale dönmeye başlasa da mağduru olumsuz etkilemeyi sürdürüyor. Benching yapanlar yalnız hissetmemek için konuştukları kişileri ellerinde tutarlar. Ancak daha yakından tanıştıklarında işleri ciddiye almaktan kaçınırlar. Mağdur duygularıyla oynandığını hissedip "Ya bir şey yaparım ya da görüşmeyi keserim," diyecek noktaya geldiğinde benching yapan kişi mağdurun ilgisini geri getirmek için yeniden ortaya çıkar. Bu daha ciddi veya uzun vadeli bir ilişki arayan mağdura yanlış bir umut duygusu verir. Bu durumda yapılacak en iyi şey, beklentiler ve ilişkinin koşulları hakkında dürüstçe konuşmak, bir karara varmak ve sözleri tutmak için birbirini sorumlu tutmaktır. Bu durumda, lafa değil fiile bakılır.

Eğer ki geçmişte sevgi ve güven depon yeterince dolmamışsa, çoğu zaman yalnız kalmaktan korkarsın. Bir şekilde senin de maruz kaldığın online ortamlarda, konuşmaya ve flört etmeye başlayan insanlar karşına çıkabilir. Ama sen yalnız kalmaktan korktuğun için bu anlamda karşına çıkan insanlara bağlanma eğiliminde olabilirsin. Karşındaki insan benching yapıyorsa, senin için bu daha da kışkırtıcı olabilir, çünkü karşı tarafı tam anlamıyla elde edemiyor olursun. Bir süre uğraşırsın; ancak karşıdaki kişi seninle buluşmayı bile kabul etmez; arada güzel iltifatlar, seksi mesajlar ve seni unutmadığına yönelik sözler gönderir. Sen korkarsın ve onun sana verdiği sevgi kırıntılarıyla idare etmek zorundaymış gibi hissedersin. Bu durum böyle devam ettikçe, arada bir çıkışların olsa da karşı taraf seni tamamen kaybetmemek için minik jestler yapar. Bu jestler her zaman miniktir ve senin gönlünü tam anlamıyla doldurmaz.

Benching İlişkileri Nasıl Tanırsın?

- Sen düzenli bir ilişki istemene rağmen o bu konuda hep geride duruyor ve net bir şey söylemiyor,
- Sen düzenli olarak ona yazsan da aldığın cevaplar çoğu zaman senin yazdıklarından çok daha az,
- Nadiren görüştüğünüzde her şey çok güzel ve yoğun gibi ama görüşmediğinizde çok uzak,
- Ne sevgili ne arkadaş gibi davranıyor,
- Sen tepkisel olduğun zamanlarda, gönlünü almak için normalde yaptıklarından fazlasını yapıyor,
- İlişki anlamında senden başkasıyla görüştüğüne dair ciddi şüphelerin var,
- Sizin görüştüğünüzü onun yakınlarından kimse bilmiyor.

Eğer ilişkinde bunları yaşıyorsan, karşı taraf için joker olarak görülüyor olabilirsin. Bugüne kadar gördüğüm ilişkilerde, iki kişinin arasındaki flörtöz durumun en fazla birkaç ay içerisinde ilişkiye dönüştüğünü gördüm. Eğer bu süre sonunda bu görüşmeden bir ilişki çıkmıyorsa, bundan sonrasında da çıkma ihtimali çok ama çok düşük. Ve eğer sen karşı tarafın sana verdiği sevgi kırıntılarına razı olursan, gerçek anlamda ruhunu doyuracak bir ilişkiye sahip olman, karşına çıkan fırsatları görmen çok zor olacaktır. Böyle ilişkiler için net bir tarih verilip, her şey açık açık konuşulmalıdır. Buna rağmen net olmayan cevaplar ve uzun süreli vaatler veriliyorsa, kişi kendisi için en doğru seçimi yapmalıdır.

Ghosting (Hayalet) İlişkiler

Günümüzde sıkça karşılaşılan sorunlu ilişki kalıplarından birisi de Ghosting ilişkilerdir. Ghosting ifadesi ilişkiler hakkında ilk defa, gazeteci Rachel Thompson tarafından buluşacağı kişi buluşmaya gelmeyip her yerden onu engellemesiyle kullanılmıştır. Bu ilişkilerde, normalde yakın bir diyalog olmasına rağmen, kişi tekrar konuşma niyeti olmadan bağlantıyı tamamen keser. Mağdurla bağlantıyı kestiğine dair iletişim kurmaz. Bunun arkasındaki sebep, kaybolan kişinin daha fazla ilgisinin kalmaması olabilir. İnsanlar birini hayal kırıklığına uğratmaktan hoşlanmazlar, böylece iletişimden tamamen kaçınırlar. Ancak herhangi bir sorun gibi iletişimden kaçınmak da asla bir çözüm değildir. Bu duruma maruz kalan kişiler sorunun ne olduğunu bile bilmeden karşılarındakinin aniden yok oluşuyla şok olurlar. Bu aslında mağdurun sosyal reddedilme duygularını etkilediğinden duygusal bir istismar biçimidir. Biri ile ayrılarak onu hayal kırıklığına uğratmak iyi bir his bırakmaz, ancak böyle bir durum, bunu yaşayanların üzerinde daha ağır ve uzun vadeli bir etki bırakır.

Birisi Neden Hiçbir Şey Söylemeden Ortadan Kaybolur?

Korku: Bilinmezden korkmak her insanda görülür. İletişimi kesmeye karar verebilir, çünkü yeni birini tanımaktan veya ayrılma tepkisiyle karşılaşmaktan korkuyordur.

Çatışmadan Kaçınma: İnsanlar içgüdüsel olarak sosyaldirler ve iyi ya da kötü olsun, her türden sosyal ilişkiyi bozmak yaşam kalitesini etkileyebilir. Sonuç olarak bir ayrılma sırasında meydana gelebilecek olası ihtilaf veya direnişle yüzleşmek yerine bir daha o kişiyi görmemek daha rahat hissettirebilir.

Sonuçların Olmaması: Eğer henüz yeni bir ilişkiyse -tanışalı çok olmadıysa- muhtemelen hiç arkadaş ya da ortak bir şey paylaşmadığı için risk altında hiçbir şey olmadığını hissedebilir. Sadece hayatından onu çıkarması büyük bir sorun olmayabilir.

Kendi Çıkarlarını Düşünme: Eğer bir ilişki yaşam kalitesini olumsuz yönde etkiliyorsa, teması kesmek, konuşup ayrılmaktansa, kendi iyiliğini aramanın tek yolu gibi görünebilir.

Kendini Nasıl Koruyabilirsin?

- Önce beklentilerini belirlemesin. Sadece bir flört mü istiyorsun? Daha fazlasıyla ilgileniyor musun? Her gün iletişim içinde olmayı mı bekliyorsun? Dürüstlük ve şeffaflık sana ve diğer kişiye, birbirinizin sınırlarını tanıma ve buna uyma şansı verir.
- Karşındakine bir zaman sınırı vermelisin, Benching ilişkilerde olduğu gibi. Birkaç hafta ondan haber alamadın ve bu durum artık canını sıkmaya başladı. Onu haberdar etmelisin. Örneğin, en geç önümüzdeki hafta içinde konuşmak istediğini belirten bir mesaj gönderebilirsin veya ilişkinin bittiğini varsayarsın. Bu ilk bakışta zor görünebilir, ancak sana kaybetmiş hissettiğin kontrol ve güç hissini geri verebilir.
- Hemen kendini suçlama. Diğer kişinin ilişkiyi neden terk ettiğini bilmek için hiçbir kanıtın ya da onun hangi koşullarda böyle davrandığına yönelik bilgin yok. Bu yüzden kendini suçlayarak kendine daha fazla duygusal zarar verme.
- Arkadaşlarınla veya ailenle zaman geçirmek özellikle ilk zamanlardaki yoğun aşamada iyi gelecektir. Karşılıklı sevgi ve saygı duygularını paylaştığın ve güvendiğin insanların yanında olmalısın. Olumlu, sağlıklı ilişkiler yaşamak, yaşadığın şeye farklı bir açıdan bakmanı sağlayabilir.

Ghosting ilişkiden sonra en sık hissedilen şey, yine beni sevmediler, duygusudur. Sana hiçbir açıklama yapılmadan terk edilmen, senin durumu olduğu gibi değil de olabileceği en ağır şekilde yaşamana neden olabilir. Travmaları anlatırken, bir şeyin travma olabilmesi için aniden ve beklenmedik şekilde yaşanmasının önemli bir etken olduğunu söylemiştim. Ghosting ilişkiler eğer sen baştan önlemini almazsan sen de travma etkisi bırakabilir. Şunu unutmaman gerekiyor, sen kötü bir şey yapmış olsan bile birisi senden ayrıldığı zaman bu konuda sana bir bilgilendirme yapmak zorundadır. Eğer bu hiçbir şey söylemeden gidiyorsa, bu karşı tarafın da önemli sorunları olabileceğine yönelik bir işaret olabilir. Tüm sorumluluğu kendi üzerine alırsan bu hem gerçekçi olmaz hem de tek başına bu sorumlulukla baş etmen kolay olmayabilir.

Lovebombing- Sevgi Bombardımanı İlişkiler

"Lovebombing" partnerinin seni hediyeler, ilgi, şefkat ve iltifatlarla bombaladığı bir durumdur. Bu kavram ilk defa ABD Birleşme Kilisesi (Unification Church of US) müritlerini manipüle etmek için kullandıkları yöntemleri anlatırken kullanmıştır. Kim istemez ki bu şekilde sevgi bombardımanı yaşamayı? Ancak işler her zaman ilk bakışta göründüğü gibi olmayabiliyor. Bu bombardıman; mesajlaşma, sosyal medya, telefon görüşmeleri, sürekli flört ve sevgi notları içerebilir. Böyle insanlar partnerlerine sanki bir romantik filmdeymiş gibi her istediklerini hatta istemediklerini bile verirler. Ancak, bu durum devam ettikçe, kurban olan biteni takip edemez hale gelir. İlişki hızla ilerler ve kurban partneriyle ne kadar zaman harcarsa başkalarıyla o kadar az harcar. Partnerine bağlanırken, ailesinden ve yakın arkadaşlarından uzaklaşır. Zamanla bağımsızlığını kaybedebilir ve bu nedenle istismarcı partner güç ve kontrolü korur, çünkü kurbanın ondan başka kimsesi kalmaz.

Kurban, ilişki çok rahat hissettirdiği için manipüle edildiğini fark etmeyebilir. Ancak her yeni bir ilişkinin "balayı aşaması" gibi bu duygu da sona erer. Kurban istismarcıya hâlâ duygusal olarak bağlı olabilir, ama dikkatini başka bir yere çekmek istediğinde, istismarcı gerçek rengini gösterir ve tüm ilgisini çeker. Kızgın ve aşırı kıskanç hale gelebilir, partnerini onunla zaman geçirmeye zorlayabilir; bu da kurbanın arkadaşlarını ve ailesini daha da uzaklaştırır. Kötü niyetli kişiler bu taktikleri genellikle yalnız hissetme eğiliminde olan veya başka biriyle yakın bir ilişkiye ihtiyaç duyduklarını düşünen ve kolay güvenen kişiler üzerinde kullanacaklardır. Zamanla istismarcının ilgisini yitirmek kurban için dayanılmaz bir hal almaya başlar ve yitirmemek için istismarcının isteklerini yerine getirmeye odaklanırlar. İstismarcı ile çok zaman geçirip diğer insanlarla çok az zaman geçirdikten sonra kurban duygusal olarak bağımlı hale gelebilir. İstismarcının dediklerini yapıp ilişkiyi korumak için ellerinden gelen her şeyi yapmaya başlayabilir.

Bir ilişkinin başlangıcındaki sevgi bombardımanı belirtilerinden biri kısa sürede sana çok fazla ilgi göstermek ve bağlılık kurmak için yapılan baskıdır. Yaşarken güzelmiş gibi gelse de geriye dönüp baktığında, aslında buna razı olmaktan başka bir seçenek bırakılmadığını fark edersin. Psikolog Dale Archer, sevgi bombardımanının aşamalarını "idealleşme, değer düşürme, atma (tekrarlama)" olarak sıralıyor. İstismarcı partner ilk olarak seni idealleştirir ve yüceltir. Ancak zamanla sevmediği her durumda sevgisini geri çeker, verdiği değeri düşürür. Döngü böyle devam eder ve istismarcı seni kontrol eder.

Sevgi bombardımanının romantiklikten farkını anlamanın anahtarı, iki kişi resmi olarak bir çift olduktan sonra ne olacağını görmek... Abartılı şefkat gösterileri süresiz devam ederse, eylemler kelimelerle eşleşirse ve değer düşürme aşaması yoksa, o zaman durum muhtemelen bombalama değil romantizmdir. Bu kadar ilgi bir süre sonra can sıkıcı olabilir, ancak bu haliyle sağlıksız değildir.

Sevgi bombardımanı büyük ölçüde bilinçsiz bir davranıştır. Diğer kişiyi elde etmekle ilgilidir. Bombardımancılar diğer kişiyi yakaladıklarında ve ilişkide güvende olduklarını hissettiklerinde tipik olarak değişir ve çok zor, istismarcı veya manipülatif hale gelir. Partnerini idealleştiren aynı kişi birden onu değersizleştirir de.

Sevgi Bombardımanı Yapan Birisini Nasıl Tanırsın?

1. Partnerin "daha iyi" olabileceğine inanmanı sağlar. Partnerinin senin için en iyisini istemesi normaldir, ancak bu yaşamınızdaki her şeyi "sana yardım etmek" adı altında eleştirmesi anlamına gelmemelidir. Bir sevgi bombacısı, seni yüksek bir değere yerleştirerek seninle ilgili neyi sevdiğini ifade eder, ama sen ona kendinle ilgili bir şey söylemek istediğinde bu konuda duyarlı davranmaz. Seninle ilgili kişisel olarak sevmediği şeyleri, senin iyiliğin için diyerek eleştirir.

2. Duymak istediklerini söyler. Bir sevgi bombacısı, gerçeği bükerek seni kendi tarafına çekmek için elinden gelen her şeyi yapar.

3. Sana pahalı hediyeler alır. Bu hediyelerin ne kadara mal olduklarını bilirsin. Seni kendine borçlu hissettirir.

4. İltifatların ardı arkası kesilmez. Sana durmadan iltifat ederse zamanla senin de iltifat etmen gerekiyormuş gibi hissedersin. Seni minnet altında böylelikle şekillendirir.

5. Toplum içinde sevgi gösterir. Böylelikle dikkatini kendi üzerine çeker ve diğer insanları uzak tutarlar.

6. Sevgi ihtiyaçlarını karşılamanı beklerler. Her zaman yanında oturmak, elini tutmak, sohbet etmek ister ve bu isteklerine karşılık vermediğinde yalnızca sinirlenmekle kalmayıp aşırı tepki verirler.

7. Aşırı temkinli davranmaya başlar. Sen sınırlar koymaya kalktığında karşındaki kişi birden çok kırılgan bir hal alır ve "yaptığım her şey suç zaten, tamam, çok dikkatli olacağım" diyerek dramatik tepkiler verir.

Sevgi Bombardımanı olan ilişkiler bana Hansel ve Gretel masalını çağrıştırıyor. Masalda, iki kardeş ormanda yollarını kaybederler ve şekerlemelerden yapılma harika bir eve rastlarlar. Bu evin sahibi bir cadıdır ve iki kardeşi hapseder. Ama bu hapis süresince onları en güzel yiyeceklerle beslemeyi de ihmal etmez. Bu durumun amacı kardeşlerin iyi beslenmesi değil, sonrasında bu çocukların şişmanlayarak cadı için iyi bir yemek olmasıdır. Sevgi bombardımanında kişi, ilk başta karşı tarafın yoğun ilgisi altındayken tam olarak ne yaşadığını fark edemeyebilir. Fakat burada önemli olan şey daha önce de söylediğim gibi, durumun büyüsüne kapılma konusunda direnç göstermek ve ilişki sürecini yavaştan almaktır. Yavaştan alındığı zaman, karşı tarafın yoğun ilgisi zamana yayılacak, arada gerçek kişiliğine dair ipuçları verecektir.

Ancak burada söylemek istediğim bir şey var: Daha önce bahsettiğim zehirli ilişki kalıplarının bir çoğunda manipülasyon uygulayan kişi bunu bilerek ve isteyerek yapıyor. Fakat sevgi bombardımanı yapan kişi, istediği büyük ilgi için yaptığı şeyin farkında olmayabilir ve bilinçsizce böyle davranıyor olabilir. Sağlıklı geri bildirim, yüzleştirme ve çift terapisi gibi yöntemler diğer durumlara göre burada daha etkili olabilir.

Sevgi, saygı ve güven depoları tam anlamıyla dolmamış insanlar bu tür ilişki tuzaklarına düşmek konusunda daha riskli gruptadır. Herkes bu tür şeyler yaşayabilir ancak fark ettiysen bu ilişkilerde manipülatörlerin silahı, karşı tarafın benlik saygısı, güven duygusu ve sevilme eksikliği ile ilgili yöntemler kullanmak.

> Sen de sevilmek istiyorsun,
> bunu hak ediyorsun da... Ama sevilmek için
> feda ettiğin şey, senin en temel değerin olan
> benlik saygın olmamalı.

Ödül İlişki Beklentisi

"Dünyada milyarlarca insan var. Onunla henüz tanışmadım, ama - orada bir yerlerde - mükemmel insan beni bekliyor. Sadece denemeye devam etmeliyim. Onunla tanıştığımda, bütün sorunlarım çözülecek!" Böyle bir arayış içinde olan insanların hayatına onlarca insan bile girmiş olabilir ve bu ilişkiler kötü de bitmiş olabilir. Ancak bu kişi şöyle düşünür: "Aramaya devam henüz o mükemmel insan, o beyaz atlı prens/prenses hayatıma gelmedi."

Ya da bazen kişi kötü bir ilişkiden çıkar ve kendi içinden der ki ben yeterince kötü şey yaşadım ve artık kader bana ödül olarak o süper insanı çıkartacak. Ve bu beklenti senin için de aynı döngüyü tekrar tekrar yaşamana neden olur. Yine kötü ilişki, sıradaki gelsin. Bu aslında ileride "Zihinsel Virüsler" kısmında anlatacağım "Adil Dünya İnancı" ile ilgili. Eğer içinde bir yerlerde iyi insanların iyi şeylerle karşılaşacağını düşünüyorsan yanılıyor olabilirsin. Dünya öyle bir yerdir ki iyi insanları her zaman iyi şeyler bulmayabilir. Geçmişinde yaşadığın kötü ilişki deneyimleri için, bu deneyimler benim imtihanım demek belki doğru ve rahatlatıcı bir yaklaşım olabilir, ancak bu imtihan sonucunda çok güzel şeyler olacak diye beklemek hayal kırıklığına neden olabilir. İşin ilginç yanı geçmişte yaşanılan kötü ilişki deneyimleri neticesinde ödül beklentisine giren insanlar için sıradan ilişkiler dikkat çekmeyebiliyor. O kadar sıkıntı çekmişsem beni bekleyen şey çok daha heyecan verici ve ışıltılı olmalı diyebiliyor bu kişiler. Halbuki genelde iyi hissettiren, sağlıklı ilişkiler sıradan görünen ilişkilerden yetişiyor.

Aslında bu beklentinin arkasında bir modern zaman hurafesi yatıyor. O kadar çok işledik ki bu konuyu, bir yerden birisi çıkacak ve beni delicesine mutlu edecek, gözlerim kalp kalp olacak. Sosyal medya ile her şeyin sadece en iyi tarafını görür hale geldik: İlişkilerin, tatillerin, çocukların, yemeklerin. Sadece paylaşmaya değer ve ilgi çeken şeyleri paylaşıyoruz doğal olarak. Kimse bebeğinin kakasını çekip paylaşmaz diyeceğim, ama emin de olamıyorum. Bir süre sonra kendi yalanımıza kendimiz inanır hale geldik: Yemekler her zaman göz alıcı görünmeli, seyahatlerimiz efsanevi olmalı, ilişkilerden her daim mutluluk fışkırmalı. Oysa gerçek hayat hiç de böyle değil, sıradan ve sıkıcı bazen. Fakat gördüğümüze inanıyor gönlümüz, bir yerlerde çok mutlu ama öyle böyle değil, aşırı mutlu ilişki ihtimali var ve ben onu bulmalıyım. Bu beklentiler müthiş hayal kırıklılarına gebe.

Peki diyeceksin, bizim için daha iyi ve daha kötü insanlar yok mu? Elbette var, ciddi kişilik bozuklukları olan, alkolik, madde bağımlısı ve şiddete meyilli bir insanın sana pek iyi gelmeyeceği aşikâr. Ama bunun haricinde, biraz daha sana uyumlu ve diğerlerinden biraz daha iyi insanlar var. İlişki denilen şey her an çok yüksek tutku halinde olmak değildir; beraber olduğun insandan uzaklaştığın, bazen neden onu seçtiğim dediğin anları da barındırır. Ama toplamda birlikte olduğun kişiyi seversin.

Bir de mükemmel insan efsanesinin gözden kaçırdığı bir taraf var; başarılı bir ilişki iki kişiden oluşur, ancak mükemmel insan efsanesi sadece karşı tarafa odaklanır. Ya ben, ya benim payıma düşenler, hatalarım? İşte bunu gözden kaçırıyoruz. Ben ideal ilişkiyi Ikea'dan aldığın montajı yapılmamış eşyalara benzetiyorum. Ana maddeyi biliyorsun az çok, kabaca sana uyup uymadığını. Ama o haliyle eve getirdiğin zaman kutudan çıktığı haliyle, asıl işlevini yerine getirmesini beklemek çok zor. Emek istiyor, sabır istiyor. Açacaksın, bazen yanlış montaj yapacaksın, yorulacaksın ama vazgeçmediğin zaman karşına işlevsel bir şey çıkıyor. Bugünün ilişkilerinin kısa sürmesinde önemli bir payı var bu mükemmel insan efsanesinin.

Bazı sabahlar yataktan kalkarsınız ve "Daha fazla dayanamacağım," diye düşünürken, aklınıza daha önce de böyle dediğiniz diğer sabahlar gelir ve içten içe gülersiniz.

C. Bukowski

Gaslihting S. 94

Benching -Jokrer S. 95

Ghosting S. 98

Love bombing S. 100

www.aok-prämienprogramm.dk

4. BÖLÜM

ZİHİNSEL VİRÜSLER

Geçmiş ve İşlevsiz

Hiçbir olay tek başına bir anlam ifade etmez. Bizim için gerçekten çok kötü olan bir şey başkası için olumlu olabilir. Başımıza gelen olayları yorumlama, yeni kararlar alma, tanımaya çalıştığımız insanları değerlendirme gibi konular için, zekâmızın ve deneyimlerimizin de etkisiyle bazı çözüm araçları kullanırız. Bu araçlara "zihinsel çözüm araçları" diyebiliriz. Ancak içinde yetiştiğimiz aile, başımıza gelen olumsuz olaylar neticesinde zihinsel araçlarımızın arasına, virüse benzetebileceğimiz, işlevsel olmayan araçlar karışabilir. Bu virüsler, bize model olan insanlardan öğrenilebileceği gibi, başımıza gelen travmatik olaylar neticesinde o anki duygusal durumdan kurtulmak için kullandığımız, ancak hayatımızın tümüne yayılmış eski ve işe yaramaz yöntemler de olabilir. Örneğin, seni yetiştiren ebeveynler para konusunda cimrilik seviyesinde tutumlularsa, sen onların koşullarında yaşamasan, çok daha fazla gelirin olsa bile, kendi hayatını zora sokacak kadar tutumlu olabilirsin. Burada yaptığın şey anne babanın o zaman için faydası olan yöntemini taklit edip senin de kullanman. Ancak senin koşulların değişti, değişen koşullara uygun olmayan bu yöntem zihinsel bir virüs oluyor. Geçmişinin etkileri ile bugününü ve koşularını yanlış değerlendirmene sebep olan zihinsel virüslerden bahsetmek istiyorum sana.

Zihin Okuma

En sık karşılaşılan zihinsel virüslerden biridir. Biri başka bir şey düşünüyor olsa dahi onun ne düşündüğünü tahmin etmek ya da biri sana belli bir konuda üzgün hissetmediğini vb. söylediği halde onun üzgün hissettiğini iddia etmek zihin okumanın en temel iki özelliğidir. Özellikle kişinin kendinden emin olmadığı, başarısız hissettiği durumlarda zihin okuyan kişiler neredeyse mimik avcısına dönüşebilirler.

Burada kendi başıma gelen bir olayı seninle paylaşmak istiyorum. Verdiğim seminerlerden birisinde, en ön sırada oturan bir hanımefendi çok gergin ve rahatsız duruyordu. Ben anlattıkça o daha da huzursuzlanıyordu. İnsanların önünde konuşma yapmak konusunda çok eskiden bu yana kaygılarım vardır. Dışarıdan bu konuyu aşmış görünsem de içeride hâlâ biraz gergin olabiliyorum. Önde oturan kişinin bu ifadelerini, hiçbir kanıtım olmadan, benim konuşmamı beğenmediği şeklinde yorumladım ve itiraf etmek gerekirse modum biraz düştü ve bütün enerjimi o kişiye anlattıklarımı beğendirmeye verdim. Sonrasında bu kişi ani bir hareketle kalktı ve salonu terk etti. O an benim halimi görmeni isterdim. Sonrasında canım sıkılmış vaziyette anlatmaya devam ettim. Daha birkaç dakika geçmemişken bu kişi tekrar salona geldi ve yerine oturdu. Ben de beni bu kadar etkileyen olayın hem iç yüzünü öğrenmek hem de salonda dinleyen kişilerle bunu paylaşmak için, bahsi geçen kişiye neden öncesinde huzursuz davrandığını, sonrasında ise salondan çıkıp geri geldiğini sordum. Aldığım cevap şu an bu satırları yazarken bile yüzümde tebessüm oluşturuyor: "Hocam çok sıkışmıştım, tutabileceğim kadar tuttum, sonrasında dayanamayınca tuvalete gittim." İşte zihin okuma tam olarak böyle bir şey. Sen kendini eksik gördüğün konuda, belirsiz ifadelerle karşılaşınca bunu en kötüsü şeklinde yorumlayabilirsin. Eğer sıklıkla zihin okuma yapıyorsan, hayat senin için daha yorucudur. Zihin okumadan elde edilen verilerle karar vermemen lazım. Bu konuda danışanlarıma önerdiğim, bir konunun gerçek bir tespit mi, yoksa zihin okuma mı olduğunu anlamak için bir filtreyi seninle de paylaşmak isterim; eğer ki karşı tarafın seni rahatsız edici tavırlarını bu işlere bakan bir mahkemeye sunabilseydin ve bu mahkeme sadece somut kanıtları kabul ediyor olsaydı, seni rahatsız eden şeyi mahkeme kabul eder miydi? Bu soruyu sorduğun zaman, seni rahatsız eden şeyin, gerçekten öyle mi, yoksa zihin okuma mı olduğunu anlayabilirsin.

Baş Edebileceğine İnanmama

Kişinin olumsuz olaylarla baş etme yeteneğini hafife alma virüsü diyebiliriz buna da. Çocukken başımıza gelen olaylar konusunda, elimizde gücümüz ve seçeneklerimiz yoktu. Ve içinde bulunduğumuz bu durumlarda yaşadığımız acı katlanılmaz hale gelip zihnimizde acıdan kaçma ve bir daha yaşamama arzusunu çok güçlü hale getirmiş olabilir. Bu durum yetişkinlik döneminde her türlü zorluktan, riskten kaçmaya neden olabilir. Kişi kendisini konforlu bir alana hapseder ve kısıtlı düzeyde yaşamaya çalışır. Halbuki yaşamanın kendisi risktir. İnsan kendi potansiyelini keşfetmesi, yakın ilişkiler kurabilmesi için hep risk almak zorundadır. Bazen de kafamıza ileride yaşayacağımız kayıplar gelir; annemi kaybedersem ne yaparım, işimden olursam ne yaparım gibi. Ve bunları düşünmek bile seni çok rahatsız hissettirir.

Ama emin olabilirsin, çok canın yansa da her zaman dayanabiliyorsun. Bir de zihnimiz hayal kapasitesi sınırsız. Yaşamadığın bir acıyı en kötü şekliyle hayal ediyorsun ve yaşayınca bir bakıyorsun ki aslında o kadar da kötü değilmiş. Yani neredeyse her zaman sandığımızdan daha iyi baş edebiliyoruz olaylarla ama baş edemeyeceğimizi düşünüp stres yaşıyoruz.

Reddedilmeye Fazla Odaklanıp Kabul Edilme İhtimalini Göz Ardı Etme

Geçmişinde, aile ve sosyal ortamlarda çok fazla reddedildiysen bunun hayatının her anında böyle olacağına ilişkin bir ön yargı oluşur zihninde. Aslında bu durum temel mantık olarak zihin okumaya benziyor, ama zihin okumanın reddedilmek konusunda özelleşmiş hali diyebiliriz. Böyle bir zihinsel virüse sahipsen, biriyle konuşurken onun esnemesini senden sıkılması olarak yorumlarken, insanların seni dikkatle dinledikleri anlara aynı oranda dikkat etmeyebilirsin. Bu reddedilme virüsü zamanla reddedilmekten korkup hiç denememeye, insanların seni istemediği düşüncesine neden olabiliyor. Birini sinemaya davet etmek, bir iş başvurusunda bulunmak, sevdiğin insanla tanışma girişiminde bulunmak bu virüse sahip insanlar için sonucu belli eylemlerdir: "Kim beni ister ki?" Girişimlerde bulunmamak da sosyal geri çekilmeye yol açıyor. Birey reddedilmekten korktuğu için, ilk adımı atmıyor, hep diğer insanlar onu çağırsın istiyor. Bir süre sonra o hiç ilk adım atmadığı için çağrıldığı yerler ve katıldığı ortamlar azalmaya başlıyor. İlişki azalınca da "Bak, yine aynısı oldu, beni reddettiler," diyor. Eğer bu virüse sahip olduğunu düşünüyorsan, bugüne kadar reddedilmekten korktuğun için neleri kaçırdığını bir düşünmeni isterim. Bugüne kadar reddedilmekten dolayı kimse ölmedi, ama hayallerine ulaşan insanlar sıklıkla deneyenlerden çıktı.

Kendini Gerçekleştiren Kehanet

İnsan kendi içinde durmadan konuşan bir varlık, neredeyse hiç susmadan. Bu konuşmaların birçoğu gündelik işler hakkında yorumları içerse de konuşmanın içeriğinden ziyade kendi benliğimize yaklaşım tarzı bir süre sonra benliğimize ciddi anlamda etki etmeye başlıyor. Çok basit bir örnek vermek istiyorum sana. Diyelim ki yakın zamanda girmen gereken bir sınav var. Ve iç sesin sınav hakkında durmadan; kazanamayacaksın, sınıfta kalacaksın, diyor. Bu sesin içeriği böyle olduğu zaman sen ders başına oturduğun anda içinde isteksizlik belirecek; nasıl olsa kazanamayacağım, çalışmanın ne anlamı var gibi serzenişlerde bulunacaksın. Ve böylece sınavı kazanman için gereken sorumlulukları tam anlamıyla yerine getirmediğin için sınavı kazanamayacaksın. En başta ortaya koyduğun kehanet kendini gerçekleştirmiş olacak böylece. Şimdi burada düşünmek gerek, bu kişi sınavı kazanma becerisi olmadığı için mi, yoksa içindeki olumsuz kehanetin etkilerinden dolayı sorumluluklarını tam anlamıyla yerine getirmediği için mi kazanamadı sınavı? Bu durumu sadece sınavlarda değil hayatın birçok alanında yaşıyor insanlar. İlişkilerinde, iş hayatında, okul ortamında... İşin güzel tarafı sadece olumsuzlar için geçerli değil bu kendini gerçekleştirme kehaneti. Senin zihnin de bozuk plak gibi aynı olumsuz şeyi tekrarlıyorsa onun yerine bazen iyi olma ihtimalini eklemen sonucu değiştirmen konusunda etkili olabilir.

Bu durumun metafizik bir şey olduğunu ya da evrene gönderilen mesajlarla ilgili olduğunu düşünmüyorum. Sadece kendini olumlu ya da olumsuz bir şeye koşulladığın zaman, ona göre hareket ediyorsun ya da yapman gerekenleri yapmıyorsun.

Adil Dünya İnancı

Dünya çok karmaşık ve ne zaman ne olacağını pek bilmediğimiz bir yer. Şu anki bilimsel gelişmeler ışığında bile hâlâ birçok bilinmez mevcut. Dünya hakkında şu an bildiklerimizin çok

çok azını bildiğimiz eski zamanlarda, böyle karanlık ve bilinmez bir dünyada yaşamanın psikolojik ağırlığından kurtulmak için insanlar bazı inançlar geliştirdiler. Bunlardan biri de adil dünya inancı. Bu dünyada iyi şeyleri iyi insanların yaşadığı, kötü şeylerin de sadece hakedenlerin başına geldiği gibi. Eğer başına kötü bir şey gelmemişse, bu inanç seni konforlu alanında daha da huzurlu hissettirebilir. Ancak her an herkesin başına kötü bir şey gelebilir. Böyle durumlarda bu inanca sahip bireylerin ilk sorduğu soru şu oluyor: "Neden ben?" Neden ben, diye sormak yaşanılan olayın kabullenilmesi, atlatılması konusunda zorluklara yol açıyor. Neden ben, diye soran biri yaşadığı şeyi hak etmediğini düşünerek hem olayın kendisinin acısını yaşıyor hem de cezalandırılmış gibi hissediyor. Bu duruma örnek vermek gerekirse, bir insan aldatılmışsa, tecavüze uğramışsa bu inanca sahip olan birisi şöyle diyecektir; kesin bir şey yapmıştır yoksa neden bunları yaşasın. Ama dünya olduğu gibidir; ne iyi ne kötü, ne de adil bir yerdir. Başımıza gelen kötü şeyler bazen seçimlerimizle ilgili olabilir ama bazen hiç tahmin etmediğimiz şeyleri yaşayabiliriz. Bu durum yaşadığımız şeyi hak etmekle ya da etmemekle ilgili değildir. Kötü şeyler herkesin başına gelebilir; bu durum senin iyi ya da kötü birisi olduğun anlamına gelmez.

Kendini Eleştirme Yanılgısı

Daha önce de söylemiştim, ebeveynlerimizin bize yaklaşımlarını zihnimize klonluyoruz; onlar uzakta olsa bile zihnimiz bize onların sesiyle konuşabiliyor. Özellikle eleştirel bir ebeveyne sahip olan kişilerde bu zihinsel virüsle karşılaşıyorum. Kendini eleştirme yanılgısı, hata yaptığımızda, işler istediğimiz gibi gitmediğinde, bizden beklenenleri tam anlamıyla yerine getiremediğimizde devreye giriyor. Ama nasıl bir devreye giriş, "Sen neyi yaptın, neyi başardın, aptalın tekisin hep böyle kalacaksın, yetersizsin!" gibi, hatanın kendisiyle ilgili değil direkt olarak kişilikle ilgili ağır eleştirilerle karşımıza çıkıyor. Bu şekilde kendini eleştirmenin temelinde, eğer hata yaptığımda kendime acımasız davranabilirsem, kendimi geliştirebilirim, hataları tekrarlamam gibi yanlış bir inanç var. Oysa kişi kendisine bu kadar acımasız davrandığı zaman, hata yapma korkusu artıyor, sorunlu olaylar karşısında çözüm kabiliyetini zaafa uğratıyor; yani bu eleştiriler işe yaramadığı gibi zarar veriyor.

Buradan şu anlam çıkmasın; kişi her zaman kendisini övmeli demiyorum, elbette bazen eleştirel olmak da işe yarar. Ancak kendini eleştirme virüsüne sahip kişiler, eleştiri yaparken olayları değil kendi kişiliklerini eleştirirler. Zarar veren kısım bu, bir nevi kendi bindiği dalı kesmek gibi.

Duygudan Sonuca Varmak

Birçok insan kendi zihninde ne olup bittiğine dair çok az fikre sahip. Duyguların, düşüncelerin ne anlama geldiğini ve karar sürecimizde nasıl bir etkileri olduğunu bilmiyor. Örneğin, eşinle yaptığın bir kavgadan sonra o an için şiddetli bir şekilde ayrılmak istiyorsun. Bu, o an hissettiğin öfke ile ilgilidir. O an hissettiğin şey senin ilişkinin bütününe dair bir fikir vermez. Düşünceler ise yaşadığın şeyi öncesini, sonrasını düşünerek daha kapsamlı yaklaşımlar içerir. Bu duruma başka bir örnek vermek gerekirse, sadece huzursuz hissettiğiniz için, ortada hiçbir neden yokken, sevgilinin seni aldattığına karar vermek. Ya da birinden hoşlandığın ve onun yanında iyi hissettiğin için ondan böyle bir tepki almamana rağmen onun da senden hoşlandığına karar vermek. Duygular elbette kararlarımıza katkı sağlar, ama burada önemli olan duyguların ilk çıkış anındaki yanıltıcılığını hesaba katmaktır. Bu zihinsel virüs birçok insanın içinde mevcuttur. Bu virüsten tamamen kurtulmak mümkün olmasa da bu özelliğe sahipsen, sonuca varma noktasına zamanı uzatarak, duyguların baskın etkisinden kurtulabilirsin. Böylece içinde bulunduğun duruma daha geniş ve mantık çerçevesinden bakman mümkün olacaktır.

Olan Oldu Artık

İnsanlar garip varlıklar. Bugüne kadar birçok insanla tanışsam da ve ruhlarının labirentinden geçsem de her seferinde şaşıracak bir şey yine çıkıyor karşıma. Mantıklı bir tür olduğumuzu iddia etsek de bazı davranışlarımız başımıza kötü şeyler gelmesine neden olsa da ısrarla akıl dışı olabiliyor. İşte buna en iyi örneklerden biri, olan oldu artık zihinsel virüsü. Bu zihinsel virüs, içinde olduğumuz durum, yaptığımız yatırım bize zarar vermeye başlamasına rağmen, çok emek verdim, artık bırakamam yaklaşımına sebep oluyor. Örneğin aldığın bir hisse değer kaybederken zaten bir sürü para kaybettim, daha kaybetsem ne olacak, zaten bir sürü şey yatırdım diyerek oraya yatırım yapmayı sürdürmek. Ya da bir ilişki sana zarar verdiği halde "Bu ilişkiye zaman ayırdım, zorluklara katlandım" diye mutlu olmadığın ve çözemediğin bir ilişkiyi sürdürmek. Özellikle ilişkiler konusunda, bu virüs çok tehlikeli olabilmektedir. Eğer zehirli bir ilişki içindeysen ve uzun süredir buna katlanıyorsan, ilişki için harcadığın zaman, verdiğin emek ve yaptığın fedakârlıklar senin buradan uzaklaşmanı engelleyecektir. Ama şöyle düşünmen gerekiyor, bazen sadece zarardan kurtulmak bile çok ciddi bir kâr getirir. Sadece kaybettiği zamanın ve emeğin peşinden ayrılamayan insanlar, durmadan zarar etmeye devam edeceklerdir.

Hissettiğin Şeylerin Hiç Geçmeyeceğini Sanmak

"Bugün hayatla baş edemiyor gibi hissediyorum öyleyse yarın da böyle hissedeceğim ve çabalamanın bir anlamı yok." Bu zihinsel virüse sahip birisi için başına gelen olayların etkisi hiç geçmeyecek gibidir. Özellikle karamsar yapıda ve ruhsal açıdan dayanıksız hisseden kişiler, hayat şartlarının o an için yaşattığı zorluğu hayata genelleyebilir. Evet, insan kısa süreli olarak çok yoğun acılar yaşayabiliyor. İçinde bulunduğumuz dünyada dayanılması gerçekten çok güç olan acılar mevcut. Hissettiğin acı, acının ortaya çıkış anından itibaren geçen zamanla birlikte azalmaya başlar. Ama bu azalma doğrusal bir azalma değildir. Diyelim ki başlangıç anında hissettiğin acı 100 üzerinden 96. Acının azalması genelde şu şekilde olur: İlk başta 96'dan 85'e düşer, sonra 90'a çıkar, sonra 73'e düşer, sonra 82'ye yükselir. Aslında daha fazla iyileşirken arada geriye dönüşler oluyordur, ama sen hep kötü hissettiğin için, sadece yükselişleri fark edersin ve acın hiç geçmeyecek gibi gelir. Ama her şeye alışırsın.

Halo Etkisi

Halo etkisini ilk izlenim yanılgısı gibi değerlendirebiliriz. Halo etkisi, bir insanın belli başlı bazı özellikleri baz alınarak o kişi veya nesne hakkında kesin yargılara ulaşılmasını sağlayan bir zihinsel virüs. İlişkilerde de birinin tek bir olumlu özelliğine odaklanıp yaptığı olumsuz her şeye izin vermeye neden olabilir. Bir nevi "güzel olan iyidir" yanılgısı gibi, güzel bir kadın gördüğümüzde onun aynı zamanda iyi kalpli de olacağını sanmak da buna örnek verilebilir. Bir kişinin namaz kıldığı için daha onu tanımadan şefkatli olduğunu, bir kişinin eğitim seviyesinin yüksek olması sebebiyle daha kibar olacağını varsaymak halo etkisine örnek olabilir. İlk izlenimimizin o insanın kişiliğini tamamen yansıttığına inanmak bizi yanlış seçimler yapmaya itebilir. Hepimizin bir ilişki için ideal partner beklentisi vardır diye düşünüyorum. Örneğin; anlayışlı, kibar, sakin, sosyal, inançlı, paylaşımcı, macerasever vb. gibi. Gördüğümüz kişide bu özellikleri çağrıştıracak şeylerin olması, o kişinin böyle olduğu anlamına gelmez. Günümüzde her şeyin gerçeği değil temsili bulunmakta. İnsanlar kendilerine belirli imaj hedefleri belirleyip, bir nevi insan avına çıkabiliyorlar. Aslında hiç öyle olmamasına rağmen dindarmış, entelektüelmiş, romantikmiş, yardımseverm iş gibi davranan birçok insan var. Bu insanlar imajlarını tamamen, vaat ettikleri kişiliğe göre dizayn edebiliyorlar. Dinledikleri müzikler, sosyal medya hesapları, giyim tarzları bu "mış gibi" imajı desteklemek üzere kurgulanmış olabiliyor. Bir ilişkiye başlarken halo etkisi tuzağına düşmemek için, o kişinin vitrinine değil uzun vadede yaptıklarına bakmamız gerekir. Öbür türlü bizi bekleyen şey kocaman bir hayal kırıklığı olacaktır.

Her İşin Somut Bir Faydası Olmalı Yanılgısı

Özellikle mükemmeliyetçi ebeveynlerin elinde büyümüş çocuklar yetişkinliklerinde kendilerini sıkı bir programa tabi tutabilirler ve tamamen sonuç odaklı olabilirler. Yaptığımız işin faydasını değerlendirirken, kendi ruhsal ve bedensel kapasitemizi de düşünmemiz gerekir. İnsan için huzur denge ile mümkündür. İş hayatında başarıya ulaşmaya çalışırken, kendimizi ve ailemizi ihmal etmeye başlarsak, sorunlar ortaya çıkar, çıkan sorunlar başarımıza da etki etmeye başlar. Yani bir çeşit domino taşı etkisi gibi; yıkılan bir taş başka taşları da yıkar. Bir sonuca ulaşmaya çalışırken, sadece elde edeceğimiz kazancı değil, bu iş için kaybettiğimiz şeyleri de hesaba katmamız gerekir.

Beklentileri çok yüksek olan ve memnun edilmesi hiç kolay olmayan bir baba ile büyüyen Dilşah bu konuda ciddi problemler yaşıyordu. Yazılım alanında çok yoğun bir tempo ile çalışan Dilşah'ın bana başvurma sebebi yaşadığı tükenmişlikti. Onun günlük programını sorduğumda, dinlerken ben yorulmuştum ama o yorulmadığını hâlâ yapacak bir sürü şeyi olduğunu, fakat enerjisini toparlayamadığını söylüyordu. Gün içinde çalışırken minik molalar vermek bile ona göre tembellikti. Çalışmamız süresince, onun bu koşturmacasına sebep olan zihinsel yapısını değiştirmek için şema terapi yöntemi ile çalışırken bir yandan da uygulaması için minik ödevler veriyordum. Verdiğim ödevlerden birisi haftada bir gün bir iki saatliğine evden çıkıp (home office çalışıyordu) bir kahvecide, heyecanlı bir kitap okumasıydı. Bu ödevi verdiğim seanstan sonraki seansta, odaya girerken bile sinirli olduğunu fark etmiştim. O seansta bana, "benim iyi bir psikolog olmadığımı, çünkü ona kötü hissettiren şeyler yapmasını istediğimi, ama yine de bana bir şans daha vermek istediği için geldiğini" söyledi. Biraz şaşırdım ve tam olarak hangi isteğimin ona bu kadar kötü hissettirdiğini sordum. Benim kafede oturma ve kitap okuma ödevim ona kendisini çok kötü hissettirmişti. Çünkü tam o sırada babası arıyor ve "Ne kadar boş bir insansın, ancak boş insanlar roman okur, kafede aylaklık eder," diyor. Bu telefon görüşmesinden sonra ağlama krizine giriyor ve kendisini başarısız, tembel bir insan gibi hissediyor. Dilşah'ın kendisine dinlenmek için bile fırsat vermeyen yapısını değiştirmemiz hiç kolay olmamıştı.

Faydası yok diye düşünüp size iyi hissettiren şeyleri önemsememek bu zihinsel virüsün en önemli etkilerindedir. Yaptığın işe ara verip bir kahve içmek, zorlu görevlerin ardından kendini ödüllendirmek, yorulduğunda dinlenmek, bazen tembellik için bile zaman ayırmak gerekir.

Ben Buyum

Hem kendimiz hem de karşımıza çıkan insanlar için "Ben Buyum" zihinsel virüsü değişimin önündeki en büyük engeldir. Ben buyum virüsü, kendi kişilik özelliklerinin değişmeyeceğini kabul eder ve buna göre hareket eder ya da etmez. Bu virüsün alt yapısında öğrenilmiş çaresizlik olabilir. Kişi kendisini daha önce değiştirmeye çalışmış, ancak bu girişimleri olumsuz sonuçlanmıştır. Bunca girişimden sonra, artık hiçbir şeyin değişmeyeceğini düşünen kişi karamsarlığa düşebilir, suçluluk hissedebilir. Her insan kendisine daha iyi hissettirecek şekilde biraz değişebilir. Bu değişim çabalarının başarısız olmasında, kullanılan yöntemlerin ve hedeflenen şeyin yanlış olması yatıyor olabilir. İnsanın kendisini birden tamamen değiştirmeye çalışması, sabırsız olması, çabuk gaza gelip çabuk sönmesi etkili olabilir. Örneğin, eşi tarafından soğuk ve içe kapalı olmakla suçlanan birisi bu yapısını tamamen değiştiremez, ancak akşamları eşi ile sohbet etme konusunda kendini geliştirebilir. Çabuk parlayan ve öfkeli biri bu yapısını tamamen değiştiremeyebilir ama kendisini öfkelendiren konuları, patlamalara neden olmadan önce konuşmayı öğrenebilir. Değişim mümkün, "Ben Buyum" kesinlikle bir mazeret değildir.

Her Şeyi Konuşarak Çözebileceğini Sanmak

Kişilerarası ve kişisel sorunlarda zamanın etkisini önemsememek, insanlara zaman tanımamak... Daha önce duygulardan sonuca varmak kısmında duyguların bizi nasıl etkilediğinden bahsetmiştim. İkili ilişkilerde ya da bireysel olarak yaşadığımız olumsuz olaylar ilk olarak duyguları tetikler. Ve duygular kontrolü ele geçirince söz dinlemez. Böyle zamanlarda, hissettiğimiz şeyden kurtulmaya çalışmak ya da ikili ilişkilerde ilk kriz anında, "Şimdi bu konuyu, burada çözeceğiz!" yaklaşımı kişilerin üzerindeki duygusal basıncı artırabilir ve olumsuz etkiler. Her şey konuşarak çözülmez, zamanın etkisini asla es geçmemelisin. Zamanla duyguların etkisi azalacak ve kişi daha mantıklı bakmaya başlayacaktır. Zamanın iyileştirici etkisine güvenmek gerek.

Bazen de çevresel etkenlerden dolayı oluşan olumsuz, duyguları üzerlerinde konuşarak anında çözmeyi beklemek ve çözemeyince kötü hissetmek de bu virüsün etkilerindendir. Araba kazası yaptığı için üzülen biri ile kazadan hemen sonra konuşup üzülmemesini o an sağlamayı beklemek bu duruma örnek gösterilebilir. Ortada bir acı varsa muhtemelen bir süre yaşanması gerekiyordur. Ama çok erken safhalarda, bu acıyı ortadan kaldırma girişimi daha kötü hissettirecektir.

Her Şeyi Düzeltebileceğini Sanmak

Çok sevdiğim bir hocamı, bir vakamda çok zorlandığımda destek almak için aramıştım ve vakayı anlatmıştım. O gün telefonda bana söylediği şey sadece seanslar için değil hayatı anlamlandırmam konusunda da bana ışık oldu: "Beyhancığım, bazı vakaları herkes tedavi edebilir, bazı vakaları gerçekten işinde iyi olan uzmanlar tedavi edebilir, bazı vakalara ise kimse yardımcı olamaz. Senin bu vaka anlaşılana göre şimdilik değişmek istemiyor. Seans odasına giren her insan değişmek için oraya gelmez." Eğer bir konu için yeterince uğraştığını düşünüyorsan ve durum değişmiyorsa o zaman geri çekilmek faydalı olacaktır. Hayatta bazı şeyleri kontrol edemeyeceğimizi ve düzeltemeyeceğimizi kabul etmek çok önemli bir erdemdir. Aynı zamanda çevremizdeki insanları da istediğimiz gibi değiştirebileceğimiz inancı çarpık ilişkilere ve faydasız baş etme stratejilerine neden oluyor.

Karşımıza çıkan insanları değerlendirirken onların ne ölçüde değişebilecekleri konusunda dikkatli olmak gerekiyor. Özellikle kadın-erkek ilişkilerinde, sıklıkla kadınlar olmak üzere, bakım verebileceklerini, onarabileceklerini düşündükleri erkekleri seçebiliyorlar. "Aslında kendini açsa çok iyi bir kalbi var", "biraz daha sakin olabilse bana böyle kötü davranmayacak" gibi beklentiler çok uzun süre o ilişki içinde kalmaya neden olabiliyor. Bazen de özellikle sorunlu özellikleri olan kişileri tercih edebiliyor bu insanlar. Uyuşturucu bağımlısı, alkolik, kronik ve bakımı ağır olan hastalıklara sahip olan kişilerle ilgilenip kendi geçmişlerini tekrar ediyorlar. Böyle insanlarla ilişki olmaz demiyorum, sadece neyi neden yaptığını bilmelisin. Eğer ki bir gün değişecek ve bambaşka bir insan olacak diye bekliyorsan, boşa bekliyor olabilirsin. İyi bakmak lazım ilişkinin kalıplarına... İlk birkaç yıl içinde değişmiyorsa bir şeyler, sonrasında değişim ihtimali gitgide zayıflıyor.

Bu bölüm için senden istediğim ödev, defterine özellikle sana aşina gelen zihinsel virüsleri yazman ve sonrasında hayatını düşünerek hangi davranışları bu zihinsel virüsler sebebiyle yaptığını, o zihinsel virüsün başlığı altına eklemen. Zihinsel virüsler, yanlış seçimler yapmana ve kendine zarar vermene neden olan, geçmişinin sana mirasıdır. Aslında sana ait değildir, senin iyiliğini düşünmez. Onları fark edip etiketlemek onları kontrol etmek konusunda işe yarayacaktır.

Gerçekten Öyle Olduğunu Kanıtlayabilir misin?

Bir insanın zihninde, en temel gerçekler rolüne girmiş bir sürü gerçek dışı yorum vardır. Ama sen aklında gezinen her yoruma gerçekmiş muamelesi yaparsan, kendini iyi hissetmekte zorlanabilirsin. Bir konuda olumsuz düşündüğünde ve seni kaygılandıran ihtimaller sık sık aklına geldiğinde bu düşüncenin doğruluğunu test etmek için kanıt-karşı kanıt egzersizini yapabilirsin. Örneğin, birlikte olduğun kişinin seni eskisi kadar sevmediğini düşünüyorsun ve bu durum sana çok kötü hissettiriyor. Terapi defterinde bir sayfanın başlığına, "Beni Eskisi Kadar Sevmiyor mu?" yazıp, sayfanın ortasına dikey bir çizgi çekerek iki sütun oluşturuyorsun. Bu sütunun ilkinin başlığına, partnerinin seni eskisi kadar sevmediğine ilişkin kanıtları; ikinci sütunun başlığına ise sevgisinin eskisi gibi olduğuna, ortada bir sorun olmadığına ilişkin kanıtları yazıyorsun. Kendini kanıt bulma konusunda zorlaman faydalı olacaktır.

Değersizlik ve Yetersizlik Duygusu

Değersizlik duygusu az ya da çok herkeste var. Bu insanın doğasına ait bir duygudur. Çünkü ne yaparsa yapsın ölecek bir varlıktır insan. Bu durum rutin olarak herkeste olan değersizlik kaynağıdır. Ama bir yandan çocukluğunda hayatı ve kendini anlamlandırırken yaşadıkların derin bir değersizlik oluşturur sende. Kimisi için bu değersizlik baş edilebilir seviyededir; kimisi için büyük bir yaradır; kimisi için de hayatındaki büyük sorunların fark edemediği gizli sebebidir. Burada sorun oluşturan değersizlik, rutinden farklı olarak çevresi tarafından değersiz hissettirilmiş olmaktır. Evrendeki insani çaresizliğimiz bir şekilde kabullendiğimiz bir değersizliktir. Ama başka bir insana kıyasla daha az değerli olduğumuzu hissediyor olmak dayanılması zor bir hissiyattır. Bu tür bir değersizlik birçok ruhsal probleme sebep olabilir. İnsanı sabah yataktan kalkmaya, yaşamaya iten şeylerin başında yaşıyor olmasının hem kendisi hem de çevresindekiler için bir anlamı olduğuna inanması gelir. Ama bir insan ne kadar değersiz hissederse bu anlamdan o kadar uzaklaşır. En sık karşılaşılan depresyon probleminde kişinin yaşadığı en yoğun duygulardan birisi değersizliktir.

Engin Geçtan, *İnsan Olmak* kitabında şöyle der: "Değersizlik duyguları yaşayan biri için diğer insanlar ya kendinden üstündür ya da aşağı; eşiti yoktur." Kendisi bu konuda yaralı olduğu için, diğer insanlarla olan ilişkilerinde, daha başlangıçta karşı tarafa bir değer biçer; kendisinden daha değerli mi, kendisiyle bir mi, yoksa kendisinden düşük mü? Bu tarz bir ölçümle bir kişiyi tanımadan kısa sürede en fazla onun maddi gücünü, statüsünü ya da oluşturmaya çalıştığı vitrini ölçebilirsin. Bir insanın gerçek değerini keşfetmek uzun zaman alır ve bunu tanır tanımaz ölçmek genelde mümkün değildir. Bu ölçümler yüzeysel ölçümlerdir, ama ölçümü yapan kişi tarafından bir ilişkinin nasıl şekilleneceğini belirleyen en önemli unsurdur. Ortaya iki duygu çıkar; hayranlık ya da kayıtsızlık. Eğer karşısına çıkan kişi kendisine benziyorsa ya da kendisinden aşağıdaysa ona ilgi göstermeyebilir ya da kötü davranabilir. Özellikle karşı taraf kişinin kendi değersizliklerini hatırlatan özelliklere sahipse bu durum, değersiz hisseden kişi için can sıkıcı olabilir. Birçok insan kendisine olan nefretini başka insanlar üzerinden boşaltır.

Değersiz hisseden kişi, bir değer avcısı gibidir; kendinde olmayan değeri başkalarında bularak içselleştirebileceğini zanneder. Bu durum, eski zamanlarda, yediği hayvanın gücünün kendisine geçeceğine inanan ilkel insanın beyhude çabasına benzer. Çok zahmetlidir, ama bir işe yaramaz. Kurduğu ilişkilerde kendisinden üstün gördüğü insanlarla bir arada olmak isteyen kişi için, o an kendisine değerli gelen insanı yüceltme hali ortaya çıkabilir. Kendisinden değerli gördüğü kişiye yakın olmak, onu elde etmek için yoğun bir arzu hissedebilir. Ancak bir şekilde o kişiye yakın olunursa, doğal olaraktan bu kişinin arzulanan özelliklerinden başka sıradan insani özelliklerine de şahit olunacaktır. Değersiz hisseden kişi için bu, müthiş bir hayal kırıklığıdır, sanki dünya üzerinde var olmayan bir şeyin arayışı için görevlendirilmiştir ve her buldum zannettiğinde yine bulamadığını anlıyor olmanın hüznü içerisindedir. Her insanda olan aciz taraflar, değersizliğini başka insanlar üzerinden kapatmaya çalışan insanlar için tahammül edilemez şeylerdir. Bu bir döngü halini alır, kendisinden daha değerlisini arar, bulur, o da değerini kaybeder, bir sonraki kişiye kadar.

Değersizlik duygusu ile baş edebilmek için bazı insanlar aşağılık kompleksi geliştirirler. Kişi kendi değersizliğini çok yoğun yaşadığı için her daim kendini ispatlamak zorunda hisseder. Hayatın doğal akışı içerisinde karşısına çıkan her belirsizlikte kendisini kanıtlamak ister. Giydiği kıyafetle, sahip olduğu çekicilikle, maddi imkânlarıyla, başarıyla kendini ispatlamaya çalışır kişi. Özellikle aşağılık kompleksi yaşayan bazı insanlar aşırı özgüvenli halleriyle dikkat çekebilirler; en iyisini, en doğrusunu bilmek, her ortamda kendini göstermeye çalışmak, hata kabul etmemek gibi özellikler kişinin kendi içinde hissettiği rahatsızlık duygusunu telafi etme amaçlı olabilir.

Değersizlik duygusu bazı insanlarda da sosyal geri çekilmeye neden olabilir. Kimsenin dikkatini çekmeyeceğini, insanların kendisinden sıkılacağını, hiçbir çekici özelliği olmadığını düşünen kişi, sadece yapması gerekenleri yaptığı bir hayatla sınırlar kendini. Kendi içinde sosyal olmaya, diğer insanlarla yakın olmaya ilişkin arzular olsa da bu arzuları gerçekleştirmek konusunda cesaret bulamayabilir. Çok uzun süre sosyal hayattan çekilen insanlar için dışarıdaki dünya vahşi bir orman gibi hissettirebilir; içine girmeyi arzuladığı ama kendisini korkutan bir orman. Bu insanlar kendilerini çoğunlukla hüzünlü ve karamsar hissedebilirler.

Değersizlikle baş etme yöntemi olarak bazı insanlarsa, kendilerini başka insanlar için feda etme yolunu seçebilirler. Böyle insanlar kendilerini; sevgili, eş, çocuklar veya anne babası için feda eder. İlginç olarak, kendisini feda eden insanlar, kendilerini adadıkları kişiler tarafından değer görmezler ve hatta bazı durumlarda kötü muameleye bile maruz kalabilirler. Kişi eşi istemediği için çok emek verdiği mesleğini bırakabilir, çocuklarının bakımı, eğitimi için kendini tamamen ihmal edebilir, kendi veya eşinin anne babası için gecesini gündüzüne katabilir. Bu ilişki yapıları bazen bağımlılık seviyesine kadar ulaşabilir. Kendini feda eden insan, diğer insan olmazsa hayatının bir anlamı olmayacağını düşünebilir.

Değersizliğin en büyük açmazı kişinin kendisiyle yüzleşememesidir. Kendini değersiz hissettiğini, kullandığı savunma yöntemlerinin ona değer katmayacağını kabullense ilk adım atılmış olacaktır. Değersizlik hissini kabullenmeyen kişi, saklamaya çalıştığı kamburuyla hayatına devam etmek zorunda gibidir. Hayat böyle bir durumda her an tetikte olmayı gerektirir. Ya kendini kanıtlama arzusu, ya başkasına bağımlı olma güdüsü ya da hayat korkusu şeklinde sana iyi gelmeyen yöntemlerle mücadele etmeye çalışırsın. Yoğun değersizlik yaşayan kişinin gündeminde kendisi vardır. Genelde farkında olunmasa da bencil bir tarafı vardır bu durumun; kişi hep kendini düşünür, eksikliğini hisseder. En fedakâr olduğu durumda bile amaç aslında kendisini sevdirip oradan değer görmektir. Kendi değersizliğini onarmak isteyen birisinin yolunu dışarıdan içeri doğru çevirmesi gerekir. Bu öyle bir problemdir ki başka insanlar ya da eşyalar üzerinden bu eksikliğini onaramazsın.

Duygusal Uyuşma

Duygusal uyuşma, korku, nefret, kıskançlık ve keder gibi yoğun ve ezici duyguları önlemek için kullanılan bir savunma mekanizmasıdır. Duygusal olarak uyuştuğunda, duygularını zihinsel ve duygusal düzeyde hissetme yeteneğini kaybetmiş gibi hissedersin. Aslında olan şey zihninin seni baş edemeyeceğin yoğunluktaki duygulardan korumasıdır, bir çeşit sigorta yani.

Pek çok konu gibi duygusal uyuşma da çocukluğumuza ve ebeveynlerimiz tarafından yetiştirilme şeklimize dayanıyor. Ebeveynlerimiz tarafından fiziksel, duygusal, cinsel, psikolojik veya ruhsal olarak istismara uğramak duygusal uyuşmaya neden olabilir. Kendimizi ailemizden kopuk hissetmek de duygusal uyuşukluğa katkıda bulunabilir. Duygularımızı uyuşturmak aynı zamanda şiddet eylemlerine tanıklık etmek, saldırıya uğramak, tecavüz yaşamak, yoğun bir şekilde acı çekmek veya şu anda psikolojik ve duygusal olarak başa çıkma kapasitesine sahip olmadığımız herhangi bir şey gibi ciddi travmatik bir deneyimden sonra da başlayabilir.

Duygularından kopmanın tehlikeli yanı zihinsel, duygusal ve fiziksel sorunlara yol açabilmesidir. Tehlikeli sonuçları arasında işlevsiz başa çıkma mekanizmaları, depresyon, ruhsal boşluk hissi, hayattan zevk alamama, yakın ve tatmin edici ilişkiler kuramama, içsel benlikten kopma, karışıklık, huzursuzluk, yorgunluk, bağımlılık, kronik ve fiziksel hastalıklar ile bedensel belirti bozuklukları görülebilir. Duygularından koptuğun zaman duyguların ortadan kaybolmaz, sana sadece hissetmiyormuşsun gibi gelir. Bir süre buza dokunduktan sonra elindeki hissizleşme gibi...

Duygusal Uyuşmanın Belirtileri

- Güçlü olumsuz veya olumlu duyguları ifade edememek,
- Hayata katılamamak; yani pasif bir gözlemci olduğunu hissetmek,
- Yaşamın bir rüya gibi olduğunu hissetmek,
- Otomatik pilotta yaşamak,
- Başkalarının zevkli bulduğu etkinliklere ilgi eksikliği
- Diğerlerinden uzak hissetmek,
- Arkadaşlardan ve aile üyelerinden geri çekilme eğilimi,
- Duygularını güçlü bir şekilde ifade eden insanlardan rahatsız olmak,
- Başkalarının çok yoğun duygular hissettiği zamanlarda hiçbir şey hissetmemek (Yakın birisini kaybetmek, işten atılmak, evlenmek, vb.)
- Güçlü duygular nihayetinde ortaya çıktığında panik veya kaygı,
- İçi boş hissetmek...

Duygularına Nasıl Ulaşabilirsin?

Yukarıda bahsettiğim gibi, duygusal uyuşma, kendinin bir bölümünden zihinsel kopukluk hissetmene bağlıdır. Yani normalde duygularımı bir şekilde adlandırabilmem ve işleme alabilmem gerekiyordu, ama geçmişte yaşadıklarımdan dolayı duygularımla zihnim arasında bir bariyer oluştu. Bu bariyere rağmen duygular sadece zihnimizde ortaya çıkmaz, bedenimizin de bir duygu hafızası vardır. Zor zamanlarda bedenimiz de duygusal tepkiler verebilir. Eğer sen de bir şey hissedemediğini düşünüyorsan, sıkıntılı görünen zamanlarda, sakin bir köşeye geçip bedenini dinlemelisin. Bir ağrı, bir yük var mı, baştan aşağı kendini tara, göğsünde bir baskı mı var ya da karnın mı ağrıyor, bir bak kendine, bedenin ne diyor sana? Bedeninin sinyal verdiği yere elini koy ve gözlerini kapat, içinde neler oluyor, o gün neler yaşadın, neler hissettirdi yaşanılanlar sana gözden geçir. Duygularından korkmamalısın, onlar senin insan olmanı sağlayan en önemli detaylardan biri.

Seni üzen olayların bir kaydını tutabilirsin. Bu öneri özellikle duygularından kaçan kişiler için biraz melankolik gelebilir, ancak özellikle duygularını hissetmek ve ifade etmek istiyorsan, faydalı bir uygulama. Günlük tutma, aynı zamanda güçlü bir ifade etme çalışmasıdır, genellikle bastırdığını anlatma yolu olarak işlevseldir. Terapi defterinden haricen başka bir deftere uzun uzun yazmak etkilidir, ancak sadece telefonunun not defteri uygulamasına kısa notlar alıp gün sonunda hepsini gözden geçirip üzerine düşünmek bile işe yarayacaktır.

Üzücü düşünceler günlüğünün iki temel faydası var. Birincisi, ilk başta dolaylı bir şekilde olsa bile duygularını ifade etmene yardımcı olur. İkincisi, özellikle motivasyona ihtiyaç duyduğunda günlüğüne bakıp daha önce üstesinden geldiğin sorunların ne kadar fazla olduğunu görebilirsin.

Kendimizi duygusal olarak uyuşturmak, otomatik savunma mekanizmamız haline geldiğinde, bilinçli halimizin altında büyük miktarda bastırılmış duygumuz olur. Bastırılmış duygularını güvenli ve etkili bir şekilde ifade etmek için katarsisi deneyebilirsin. Katarsis, duyguların yoğun bir şekilde boşalmasıdır. Bu boşalmayı yaşamak için, ağlayabilir, öfkeni dışa vurmana yarayacak yoğun bir spor yapabilir (mesela koşmak), üzücü düşünceler günlüğünü kullanabilir, yastığa bağırabilir veya yumruk atabilirsin. İlk başta zorlayıcıymış gibi gelebilir, ama kendini buna zorladığında içinden çıkanlara sen bile şaşırabilirsin.

Yoğun duygular yaşandığında, duygusal uyuşma yaşayan kişinin daha önce kullandığı savunma mekanizması ortaya çıkar ve bu duygulardan kaçmak için kendine bir uğraş bulabilir. Bu bazen alkol, madde kullanımı gibi kişiyi kendisinden ve dünyadan uzaklaştıracak yöntemler olabileceği gibi, bazen de aşırı yemek yeme, çok uzun süreler bilgisayar oyunu oynama, durmadan temizlik yapma gibi yöntemler olabilir. Bu yöntemlerin hepsi duygusal uyuşmanın sürekliliğine katkı sağlar. Özellikle bu durumun kendinde olduğunu düşünüyorsan, yoğun duygusal bir zaman diliminde herhangi bir şey yapmadan, sadece kendi kendine kalabilmek bile önemli katkılar sağlayabilir. Bu durum ilk başta sana korku verici, rahatsız edici gelebilir, ama acını hissetmek yerine saçma televizyon dizileri izlemek, tamamen bu dünyadan değilmiş gibi hissedene kadar alkol tüketmek ya da saplantılı bir şekilde gün boyu bilgisayar oyunu oynamaktan vazgeçtiğinde hayatının geri kalan alanında bir ferahlama hissedeceksin.

Hissetmiyor Oluşun Zarar Görmediğin Anlamına Gelmez

Eline bir iğne batsa ya da yanlışlıkla sıcak bir yemekten lokma alsan hemen bedenin tepki verir, canın acır. Canının acıması aslında bir sinyaldir sana, şu an tehlike altındasın, zarar görüyorsun ve kendini korumalısın. Kendini korumak güdüsü, özellikle fiziksel olduğu zaman çok az kişinin karşı koyabileceği kadar güçlüdür. Ancak bu durum psikolojik zarar görme ihtimallerinde aynı derecede güçlü olmayabiliyor. Bazı insanlar psikolojik anlamda kocaman bir ateşin içinde yanarken, yüzlerinde bir tebessümle "Ama ben iyiyim," diyebiliyorlar.

İçinde bulunduğumuz durumlara karşı kendimizi koruyabilmek için ilk olarak zarar gördüğümüzü bilmemiz gerekir. Fakat birçok insan, yaptığı fedakârlıkların, içinde olduğu zehirli ilişkilerin, kendini aşırı derecede ihmal etmesinin kendisine zarar verdiğini hissetmeyebilir. Kendini bu konularla o kadar doldurur ki düşünmeye, hissetmeye hiç vakti kalmayabilir. Her zaman aşırı sosyaldir, görünüşte onlarca dostu vardır, sabah akşam aşırı yoğun spor yapar, işinde her akşam mesaiye kalır. Durmadan bir yerlere koşturuyor gibidir, sanki koşmayı bıraksa düşecek gibidir. Ama bu koşturmaca içinde kişi kendisini çok kötü hissetmese de ruhsal açıdan zarar görmeye devam eder. Kişi panik atak, obsesif kompulsif bozukluk, depresyon gibi ruhsal rahatsızlıklar yaşamaya başlayabilir; yalnız kalma korkusu, tükenmişlik hissedebilir. Ya da bedensel anlamda cilt rahatsızlıkları, psikolojik kaynaklı ağrılar ortaya çıkabilir. Bedenin ve ruhun verdiği tüm bu reaksiyonların sebebi, sana zarar veren o problemdir. Ve bunu çözmen gerekir. Ancak kişi çoğu zaman bu belirtileri doğru yorumlayamaz. Peki nasıl oluyor da bir insan kendisine bu kadar zarar veren şeyi fark edemiyor?

Bir insanın psikolojik anlamda zarar görmesine rağmen bunu hissetmemesinin birkaç sebebi vardır. İlk olarak daha önce bahsettiğim duygusal uyuşma hali bu duruma sebep olabilir. Kişinin küçükken yaşadığı ağır travmaların ortaya çıkardığı duygusal yük, küçük bir çocuğun zihnine ağır gelebilir. Ve çocuğun zihni duygularla arasına bir bariyer koyabilir. Duyguların içinde olduğumuz durumun iyi ya da kötü olmasıyla ilgili bize verdiği bilgilerden mahrum kalan bu insanlar, yetişkinlik döneminde sadece kötü duygulardan kaçmamakla kalmaz, iyi duyguları da hissedebilmek için en uçta yaşamaya çalışabilir. Madde kullanımı, riskli ve kanun dışı davranışlar, sık partner değişimi, kendine fiziksel zarar verme gibi yaşantılar bu kişilere gerçekten yaşıyormuş gibi hissettirebilir.

Bir diğer sebepse, alışılan şeyin artık eskisi gibi zarar vermediği hissine kapılmaktır. Düşünsene, zehirli gazların olduğu bir ortamda gerekli koruma ekipmanların olmadan çalışmak zorundasın. Bu ortama ilk adım attığında, ortamdaki rahatsız edici kokudan dolayı kendini biraz kötü hissetsen de birkaç gün içinde o kokuya alışmış oluyorsun. Sonrasında sen o kokuya alıştın diye o zehirli gazların sana zarar vermediğini düşünmek ne kadar mantıklı olur? İşte birçok insan hayatında tam olarak bu duruma maruz kalıyor. Sana zarar veren bir insanla ilişki içinde olman bir süre sonra sende eskisi gibi çok rahatsız edici etkiler ortaya çıkarmaz, sen alıştım zannedersin. Ama zarar görmeye devam edersin.

Bu duruma sebep olan bir diğer etken de hissettiğin duygusal ihtiyaç o kadar yoğundur ki sen sana bir çay kaşığı ile verilen ilgi ve sevgi için bunun yüzlerce katı bedel ödediğinin farkında değilsindir. Deposu dolmayan insanların yetişkinlik döneminde dolmayan depolarını tamamlama peşinde olduklarından bahsettim. Sevgi ve saygı deposunda yoğun eksiklik halinde, kişi hayatına giren insanın azıcık ilgisi için onun kendisine yaptığı zarar verici şeyleri fark etmeyebilir bile; sadece o an sevildiğinin tadını çıkartmak ister. Ya da çalıştığı işyerinde, gördüğü çıkarcı saygı sebebiyle, düzgün bir şekilde maaş alamamasına, gece gündüz çalıştırılmasına rağmen kendisini feda eder. Böyle durumlarda kişinin odak noktasında eksikliğini tamamlamak vardır. Ancak bu eksikliğin kapanıyor olması daha büyük zararların oluşmasına engel olmaz. İronik şekilde, senin bu kadar ihtiyaç sahibi görünmen karşındaki kişi tarafından senin muhtaç görünmene sebep olabilir ve bu durum da her türlü manipülasyona açıktır.

Bu konuyu duygusal uyuşma ile birlikte değerlendirmeni öneririm. Ruhun ve bedenin alarm veriyor, ancak sen bu duruma anlam veremiyorsan belki fark etmediğin zarar verici şeyler yaşıyor olabilirsin.

Başkalarına Sarılıyorsun, Ya Kendine?

Diğer insanlara sarıldığın zaman nasıl hissettiğini hatırlıyor musun? Birçok insan sevdiklerine sarıldığında kendini güven ve şefkat içerisinde hissediyor. Sarılmanın vücudumuzda böyle hissetmemizi sağlayan bazı hormonların salgılanmasını artırdığı bilimsel olarak kanıtlanmış durumda. Başkalarına sarılmak tamam, ama hiç kendine sarılmayı denedin mi? Özellikle kendini başarısız, yalnız ve hüzünlü hissettiğin zamanlarda kendine sarılarak, başkalarına sarıldığında tattığın olumlu duyguları hissedebilirsin. Belki ilk bakışta saçma gelebilir, ama bedenin kendi kendine sarılmana aynen diğer insanlara sarıldığında verdiği tepkiyi veriyor.

Zor zamanlarda kendi kendine sarılman, içindeki eleştirel sese alternatif olacak olumlu yönlerini hatırlamanı ve daha iyi hissetmeni sağlayabilir.

Geçmişin Psikolojik Yükleri Fiziksel Ağrılara Sebep Olabilir

Ağrılar tamamen fiziksel sebeplerden kaynaklanmaz. Zihinsel, duygusal, davranışsal ya da psikolojik birçok sebebi de vardır. Psikolojik problemlerden ve travmalardan kaynaklanan ağrıların sebebini teşhis etmek çok zordur, bu sebeple tedavi edilme şansı da düşüktür. İnsanlar türlü türlü yöntemler ve ilaçlar dener, ancak işin psikolojik kısmı hiç düşünülmediği için çözüm bulmak çok zor olabilir. Kronik ağrı algılandığında, kişi ağrının tekrarlandığını fark eder. Her tekrarda endişe duymaya başlar; endişeler ağrıyı, ağrı da endişeleri artırır. Kendi kendine yeten bir problem haline gelmeye başlar.

Ağrı kronikleştiğinde, alışılmadık derecede yüksek stres hormonu seviyelerine, düşük enerjiye, karamsarlık hissine, kas ağrılarına, normalden düşük zihinsel ve fiziksel performansa neden olabilir.

Kronik ağrı sadece fiziksel bir durum değil, aynı zamanda bir kişinin düşünceleri ve ruh halleri üzerinde muazzam bir etkiye sahip olan duygusal bir durumdur. Kronik ağrısı olan kişiler, kendilerini diğer insanlardan tecrit edebilir veya bir zamanlar içinde olduğu hareketli yaşamdan uzaklaşmak zorunda kalabilir.

Kronik ağrısı olan kişilerde kaygı ve depresyon gibi psikolojik problemler daha fazladır. Fakat ağrı mı bu problemlere neden oluyor, yoksa bu problemlerden dolayı mı ağrı ortaya çıkıyor, net bir şey söylemek zordur. Çünkü ruhu ve bedeni birbirinden ayrı olarak düşünmek mümkün değildir. Bedensel acılar ruha, ruhsal acılar bedene sirayet edebilir.

Her psikolojik kaynaklı ağrının kökeninde travma öyküsü yoktur. Bazen güncel hayat sorunları, ağır stres ortamında çalışmak, çözmekte zorlandığımız problemler olması da psikolojik kaynaklı ağrılara neden olabilir. Ancak bu ağrıları yaşayan insanların geçmişinde diğer insanlara göre daha fazla travma öyküsü vardır. İlişki şu olabilir; travma öyküsü bir kişiyi, bir yaralanma meydana geldiğinde kronik ağrı geliştirmeye daha yatkın hale getirebilir, çünkü travma yaşayan insanların daha düşük ağrı eşiğine sahip olduğu bulunmuştur. Yaşanılan travmalar kaygı, fizyolojik uyarılma ve kaçınma davranışlarına yol açar. Travmayla ortaya çıkan bu tepkiler aşırı uyarılmış bir sinir sistemine neden olabilir. Yani, geçmişinde aktive edilmiş aşırı stresli olma hali kişi kendini hâlâ tehdit altında hissettiği için aktive halde kalmaya devam etmektedir. Beyin kendisini tam anlamıyla güvende hissetmediği müddetçe hep tetikte gibidir. Bu güven hissine bir destekleyiciyle, bir ebeveynle ya da yetişkin bir figürün sakinleştirici etkisiyle ulaşılabilir. Bu hisse ulaşılamayıp uzun süre stres hormonu salgılandığında beyindeki önemli sinirsel bağlantılar zarar görür.

Çocukluk çağı travmasının ve TSSB'nin (Travma Sonrası Stres Bozukluğu) yalnızca birçok kişinin yaşam kalitesini değil aynı zamanda fiziksel sağlıklarını da etkilediği giderek daha fazla kabul görmektedir. Araştırmalar stresin, nörobiyolojik düzensizliğe yol açabileceğini göstermiştir.

Kişilere güven hissi verildiğinde süreç bir gün, bir hafta, bir yıl sürebilecek olsa da bu etkilerin tedavi edilebilir olduğu gözlemlenmiştir. Beyin, ağrı üretmeyen yeni nöronlar oluşturacağı için fiziksel acı son bulur. Bu nedensiz ağrılar aynı zamanda kişiyi toplumdan soyutlanmaya iter ve depresyona sürükleyebilir. Çünkü genellikle teşhisleri yanlış yapılmıştır ve yanlış anlaşılırlar. Arkadaşları ve aileleri şikâyetleri dinlemekten yıpranabilir. Kimlikleri önemli ölçüde değişebilir, çünkü bir zamanlar keyif aldıkları etkinliklere katılamazlar.

Çöp Kutun Ne Kadar Dolu?

Fiziksel anlamda yorgun olduğumuzda, işlerimizin yoğun olduğu dönemlerde ya da herhangi bir hastalıkla baş etmeye çalışırken yaşadığımız olayları daha olumsuz değerlendirme eğiliminde oluruz. Eğer sen de kötü zamanlardan geçiyorsan bunun nedeninin fiziksel olup olmadığını aşağıdaki başlıklarla kontrol edebilirsin. Bu başlıklarda sorunlar varsa, onları düzelterek çok daha iyi hissetmen mümkün olabilir.

- Fiziksel anlamda çok yoruluyorum,
- Eskiye oranla daha az ya da daha çok uyuyorum,
- Daha az ya da daha fazla ve sağlıksız besleniyorum,
- Sık sık alkol ve/veya uyuşturucu madde kullanıyorum,
- İş, okul veya ilişkimde yoğun stres yaşıyorum,
- Fiziksel gücümü azaltan bir hastalık yaşıyorum...

Bu tür problemler yaşarken, hayatın zorluklarına dayanabilmek, yaşadıklarını kabullenmek ve kendine şefkatle yaklaşabilmek daha zordur. Böyle durumlarda ilk önce bu başlıklarda düzenleme yapmak gerekir.

Pişman Olduğun İçin Pişman Olmaya Gerek Var mı?

Ahmet Hamdi Bey'le ilk seansımızda karşılaştığım zaman, sanki 1970'li yıllardan günümüze zaman makinesiyle ışınlanmış, ayağının tozuyla da bizim ofise gelmiş gibiydi. Giyim tarzı ve konuşma şekli bana Ahmet Hamdi Tanpınar'ı çağrıştırdığı için ismini böyle seçtim. Ahmet Hamdi Bey, bana geldiğinde 74 yaşındaydı, bir kütüphanede memur olarak çalıştığı işinden emekli olalı 25 seneden fazla olmuştu. Tek başına yaşıyor, hayatının neredeyse tamamını, evde geçiriyordu. Gün içerisinde de sabah çok erkenden kalkıp kahvaltısını yapıyor, sonrasında artık hazır almaya para yetişmiyor dediği sigaralarını topluca sarıyor ve gün boyu 70'li yıllardan kalan plaklarını dinliyordu. Akşam hava kararmaya yakın biraz mola veriyor, tek çeşit hazırladığı akşam yemeğini yiyor, saat 21:00'de uyuyana kadar müziklerini dinlemeye, eski notlarını karıştırmaya, eski fotoğraflara bakmaya devam ediyordu. Bu hayat şeklinin ne zamandır devam ettiğini sorduğumda, emekli olduğundan bu yana böyle yaşadığını, hatta emekli olmadan önce de her akşam böyle bir düzeni olduğunu söyledi.

Ahmet Hamdi Bey'i kendisinden 9 yaş küçük kız kardeşi getirmişti. Hiçbir şeyle ilgilenmediği, yüzünün gülmediğini ifade etmiş ve "Artık ziyaretine bile gitmemizi istemiyor," demişti. Bu durumdan yıllardır tedirgin olduğunu, ama buraya gelmeye ancak ikna olduğunu söyledi. Gördüğüm kadarıyla Ahmet Hamdi Bey, uzun yıllardır depresyonun karanlığı altında yaşıyordu. Bu problemin en etkili çözümünün hem ilaç tedavisi hem de psikoterapi olduğunu söyleyerek, ilaç tedavisi için onu bir psikiyatriste yönlendirdim ve sonrasında biz terapimize başladık.

Ahmet Hamdi Bey, 1970'li yılların başında uzaktan çok sevdiği, üçüncü dereceden de akrabaları olan kadınla evleniyor. O zamanlar için hayat süper; hem sevdiği kadınla evlenmiş hem de çalıştığı kurumda aldığı maaş hayatlarını ortalamanın üstünde sürdürmesine yetiyor. Tabi her güzel olan masal gibi bunun da bir süre sonra sonu geliyor. Ahmet Hamdi Bey işyerinde takıldığı bir grubun da etkisiyle gazinolara gitmeye, çok sık ve yoğun alkol tüketmeye başlıyor. Ancak kendisi bu durumun sadece eğlenceye ya da alkole olan düşkünlüğüyle ilgili olmadığını söylemişti. Aslında çok uğraşmalarına rağmen çocukları olmuyormuş. Bunun kendisini olumsuz etkilediğini, bu durumdan ve eşinden uzaklaşmak için gazinolara sığındığını anlatmıştı. Gazinolarda harcanan para sebebiyle hayatın borç harç içinde geçtiği, evde birlikte olunan kısıtlı zamanlarda da tartışmaların olduğu 3 yıldan sonra, evliliğin 5. yılında eşi başka birisine aşık olup onunla kaçıyor. Kaçan eş, içinde tek cümlenin olduğu bir mektup bırakıyor: "Sen beni sevemedin."

Ahmet Hamdi Bey bu olaydan sonra ilk birkaç ay hiçbir şey olmamış gibi aynı hayatını devam ettirmeye çalışıyor. Biraz da gururunun etkisiyle bu konu üzerinde hiç konuşmadan, her akşam içtiği tam 7 ay geçiyor. 7 ayın sonunda bir gün evde tek başına otururken, "Ben ne yaptım?" diye ağlamaya başlıyor ve sabaha kadar ağlıyor. Çok pişman olduğunu, tekrar birleşmek istediğini herkese söylüyor, ama kendi ailesi şiddetle karşı çıkıyor; "Başka adama kaçan kadını ne yapacaksın?" diye. Ancak Ahmet Hamdi Bey'in ısrarlarına dayanamayan aile kadına ulaşmaya çalışıyor ama bu girişimlerin hepsi sonuçsuz kalıyor. Eski karısına ulaşmaya çalıştığı ve hepsinde sonucun olumsuz olduğu 2 yıldan sonra Ahmet Hamdi Bey şu anki haline geliyor. Alkolü bırakıyor, arkadaşlarından uzaklaşıyor ve çalışmadığı her zaman diliminde müzik dinleyip, notlar alıyor, fotoğraflara bakıyor.

Hissettiği en yoğun duygunun ne olduğunu sorduğumda, pişmanlık, demişti: "O kadar pişmanım ki onu ihmal ettiğim için, ona eş olamadığım, sahip çıkamadığım için. Eğer ben iyi bir koca olsaydım o da beni bırakıp gitmezdi."

Pişmanlık o kadar ağır bir yüktü ki Ahmet Hamdi Bey için, boşandığı günden bu yana hayatını dondurmasına ve eşiyle beraber olduğu zaman diliminin zihinsel fantezilerinde kaybolmasına neden olmuştu. Terapi süresince pişmanlığının üzerine çalışmaya başladık.

Son yıllarda hayatı "keşke dememek üzere" yaşamaya yönelik bir baskı var insanların üzerinde. Geçmişe yönelik pişmanlıkların olmaması, hakkını vererek yaşanılmış bir hayatın işareti sayılıyor. Ama işin psikolojik yanı gerçekten öyle değil. İnsan hayatını ne kadar kutsallaştırırsak, ona sıradanlığı o kadar yakıştıramıyoruz. Halbuki bizimki de hayat, binlerce yıl önce yaşayan ve şu an onun yaşadığından kimsenin haberi olmadığı bir insanın hayatı da hayat. Değişen bir şey yok aslında, sadece içinde olunca farklıymış gibi geliyor. "Keşke dememek üzerine" koşullanırsak, kendimizi gereksiz bir baskı altına sokmuş oluruz.

Tarih biliminde anakronizm denilen bir bakış açısı hatası var. Geçmişte olan bir olayı bugünün koşulları değerlendirme hatasına anakronizm deniliyor. Bu duruma, Fatih Sultan Mehmet'in 6 aylık kardeşini katlettirmesini örnek gösterebiliriz. Bugün baktığımız noktadan, insanlığa sığmayacak gibi görünen bu olay, belki de o zaman devletin devamı için, yöneticilerin gerek gördüğü bir uygulamaydı. Hatta Fatih Sultan Mehmet bu durumun kanunlara eklenmesini de sağlıyor. Bana yine de 6 aylık bir bebeğin öldürülmesinin hiçbir mazereti yokmuş gibi geliyor, ama durumu anlamak için bu önemli bir olay. İnsanın kendi kişisel tarihi için de benzer bir durum söz konusu. Kendini algılamanı sağlayan içinde bir benliğin var. Sen doğduğundan bu yana bu benlik hep aynıymış gibi geliyor sana, hiç değişmemişsin gibi. Halbuki bu benlik; yaşadığın olaylarla, fiziksel gelişiminle, zekâ seviyenle birlikte değişime uğruyor, sen bunu fark etmesen de. 20 yaşındaki benlik ile 5 yıl sonrasının benliği birbirinden çok farklı olabiliyor. Ama sen 25 yaşında 20 yaşındaki bir hatanı düşündüğün ve pişman olduğun zaman, aslında 25 yaş benliğiyle sanki o dönemde de 25 yaşındaymışsın gibi yargılıyorsun kendini. Halbuki o zamanlar daha acemiydin, bu kadar hayat tecrüben yoktu. Ahmet Hamdi Bey'den evliliğini sonlandıracak hatalar yapan o zamanki haline daha anlayışla yaklaşmasını ve o anki durumunu gözeterek olayları tekrar değerlendirmesini rica ettim. Yaşadıklarına böyle bakınca, çocuk sahibi olamamaktan çok etkilendiğini ve gazinolarda gördüğü ilginin kendisini bu acıdan uzaklaştırdığını söylemişti. Bu arada eski eşinin sonradan çocukları olduğunu öğrenmiş, bu durum onu daha da fazla etkilemişti.

Pişmanlıkla ilgili bir yanılsama da zekânın deneyimden hariç olduğunu düşünmektir. Bugün kendi başına gidebilen araçlar için yazılım geliştiren Google, bu araçlarda kullanılacak yapay zekâyı geliştirmek için trafiğe sürdüğü otonom araçlarla veriler topluyor. Bu araçlarda kontrol yapay zekâda olmasına rağmen güvenlik açısından gerçek bir şoför de araçta yer alıyor. Neden bu araçların kullanımı için yapay zekâ binlerce saatlik deneyim bilgisine ihtiyaç duyuyor? Zekâ tek başına sadece bir bilgisayarın donanımı gibidir. Ancak bu donanım deneyimle birleşirse bu donanımın potansiyeli katlanarak artar. Hayat yolunda her daim deneyimlerle zekâmız zenginleşir; yola çıktığında sahip olduğu kapasiteyi artırarak ilerler. İlk başta daha kısıtlı kapasiteye sahip olan zekâ için, hem iyi olaylar hem de kötü olaylar gelişimine yardım eden verilerdir. Bu sebeple, yaşadığımız deneyimleri keşke olmasaydı diye reddetmek ve kendimizi suçlamak bazen hayattan kopmamıza bile neden olabilir.

Bir de her şeyi kontrol edebileceğimiz yanılsaması var. Sanki başımıza gelen her şeyde isteseydik bir şeyleri değiştirebileceğimize yönelik gizli bir inanç. Ahmet Hamdi Bey'le bir konuşmamız esnasında eski eşinin kaçtığı kişinin eski sevdiği olduğundan bahsetmişti bana. Yani belki her şey yolunda olsaydı da kadın gidecekti. Hayatın büyük akışı içerisinde bazen kendi rolümüzü çok abartıyoruz; kontrol edebileceğimiz şeyleri de. Tam bu noktada seninle bir hikâye paylaşmak istiyorum.

Peygamberlerle görüşen ölüm meleği Azrail, Hz. Süleyman'ın ziyaretine gitmişti. O sırada orada bulunan bir gence manalı ve hayret dolu gözlerle baktı. Kısa süren bir sohbetten sonra da izin isteyip ayrıldı.

Genç, Hz. Süleyman'a onun kim olduğunu sordu. Hz. Süleyman, "Azrail'di" diye cevap verdi. Birden gencin içine bir korku düştü. Yüzü sarardı ve tir tir titremeye başladı. Hz. Süleyman bu durumu görünce, "Ne oldu sana, nedir bu halin? Metin ol, o senin için gelmedi, zaman zaman yanıma gelir," dedi.

"O çok tuhaf ve manalı gözlerle baktı. İçime bir korku düştü" dedi genç ve şu dilekte bulundu: "Ey adaletli hükümdar! Allah rüzgârları senin emrine verdi. Ne olur, rüzgârlara emret de beni Hindistan'a götürsünler. Azrail'den uzak olmak istiyorum. Bir müddet orada kalıp dönersem içimi dolduran bu korkudan kurtulurum."

Hz. Süleyman, gencin ricasını kabul etti ve rüzgârlara emretti. Onlar da onu Hindistan'ın Seylan adasına uçurdular.

Ertesi gün Azrail yine uğrayınca Hz. Süleyman, bir gün önce olanları hatırlatıp gencin durumunu sordu. Azrail şöyle cevap verdi:

"Ey Allah'ın peygamberi, benim o gence manalı bakmamın nedeni, onu burada görünce şaşırmam dolayısıyla idi. Çünkü Allah bana o günün gecesinde onun ruhunu Hindistan'da almamı emretmişti. Bu adamın yüz tane kanadı olsa yine de o vakte kadar Hindistan'a gidemez, diye düşündüm. O yüzden kendisine tuhaf tuhaf baktım. Fakat Hindistan'a gidip tam vaktinde onun da oraya gelmiş olduğunu görünce emri yerine getirdim ve Allah'ın takdirine hayran oldum. Sana bugün tekrar uğramamın nedeni de bu işin sırrını ve dün benden sonra olanları öğrenmek içindi."

Hz. Süleyman,

"O güya senden uzak olmak ve ölümden kurtulmak için oraya gitmek istemişti," dedi ve olanları anlattı.

Bu hikâyeyi Ahmet Hamdi Bey'le de paylaşmıştım. "Belki de haklısın, ben ne yaparsam yapayım bunlar yine yaşanacaktı," dedi. Ahmet Hamdi Bey'le çalışmamız süresince onun yıllardır değişmeyen döngüsünü kırmamız kolay olmadı. Hedeflerimiz haftada bir kız kardeşini ziyaret etmesi, kendi yaşıtlarıyla görüşebileceği ortamlara dahil olması ve daha iyi hissetmesiydi. Hâlâ günlük müzik rutininden vazgeçmiş değil, ama kendisini daha iyi hissettiği kesin. Bu arada son görüşmemizde benim de plak dinlemeyi sevdiğimi bildiğinden, beraber dinlememiz için en sevdiği şarkının olduğu plağı getirdi ve dinledik: Asu Maralman'dan *Benden Bu Kadar*...

Pişmanlık hayatın gerçeği;
nasıl yaşarsan yaşa, her zaman bazı konularda
pişman olacaksın. Geçmişin bir kısmına takılıp,
neden böyle oldu, diye suçlamaman gerek kendini.
Geçmişi olduğu haliyle kabullenip bundan sonra
ne olabileceğine bakmalı insan.

Yorgunlukların En Büyüğü Merhamet Yorgunluğu

Bir önceki kitabım *Kendine İyi Davran Güzel İnsan*'da bahsetmiştim merhamet yorgunluğundan. Çevresindeki insanlara karşılığı olmadan aşırı merhamet gösterme sonucunda ortaya çıkan bir çeşit ruh yorgunluğu, diyebiliriz merhamet yorgunluğuna. Diğer insanlara şefkat gösterebilme gücümüz, içimizdeki bu konulara ayrılmış bir enerji deposundan geliyor gibi düşünebiliriz. Bu enerji deposu ben birisine merhamet ettiğim zaman azalıyor, birisi bana merhamet ettiği zamanda ise doluyor. Ancak merhamet yorgunu olan insanlar sadece veriyorlar; almaya gelince ya istemeyi bilmiyorlar ya da karşı taraf istese de vermeyecek kadar bencil olabiliyor.

Kitabın başında bahsettiğim Neva'yı hatırlıyorsundur. Neva bir seansımızda bana kendisini Oscar Wilde'ın kendi çocukları için yazdığı "Mutlu Prens" hikâyesindeki kırlangıca benzettiğini söylemişti. Ben hikâyeyi bilmiyordum, anlatmasını rica ettim, başladı anlatmaya:

"Soğuk yerlerden sıcak memleketlere uçan Kırlangıç yüksek sütunun üstündeki heykeli gördü.

'Burada kalırım. Bol havalı, çok güzel bir yer' diye Mutlu Prens'in tam ayaklarının arasına kondu.

Çevresine bakınıp uyumaya hazırlanırken kendi kendine yavaşça, 'Yatak odam altından' dedi; ama, tam başını kanadının altına koyarken, üstüne iri bir su damlası düştü. 'Ne tuhaf şey, gökte bir tek bulut yok, yıldızlar parıl parıl parlıyor da gene yağmur yağıyor. Avrupa'nın kuzeyinde iklim doğrusu pek kötüymüş,' diye haykırdı.

Saz yağmurdan hoşlanırdı, ama bu onun bencilliğinden başka bir şey değildi.

Derken bir damla daha düştü.

'Yağmurdan koruyamayacak olduktan sonra heykelin ne gereği var? İyi bir baca külâhı bulmalı' diye uçmaya davrandı.

Ama daha kanatlarını açmadan üçüncü bir damla düştü. Başını kaldırıp bakınca ne görsün?

Mutlu Prens'in gözleri yaş içindeydi, altın yanaklarından da gözyaşları akıp duruyordu. Yüzü ay ışığında o kadar güzeldi ki küçük Kırlangıç'ın yüreği sızladı:

'Kimsiniz?' dedi.

'Ben Mutlu Prensim.'

Kırlangıç, 'Öyleyse niye ağlıyorsunuz?' diye sordu, 'Beni sırılsıklam ettiniz.'

Heykel, 'Ben sağken, daha yüreğim insan yüreğiyken gözyaşı nedir bilmezdim, çünkü kapısından üzüntünün giremediği Sans Souci Sarayı'nda otururdum. Gündüzün bahçede arkadaşlarımla oynar, akşamları da büyük salonda dansın başına geçerdim. Bahçenin çevresini saran pek yüksek bir duvar vardı. Ama, onun gerisinde ne olduğunu sormayı aklıma bile getirmezdim. Çevremde her şey o kadar güzeldi ki... Buyruğumdakiler bana Mutlu Prens derlerdi. Doğrusu mutluydum da; eğlence mutluluksa... İşte böyle yaşadım, böyle öldüm. Artık ölüyüm diye beni buraya, böyle yükseğe diktiler. Şimdi beldemin bütün çirkinliğini, olanca düşkünlüğünü görüyorum. Yüreğim kurşun olduğu halde elimden ağlamaktan başka bir şey gelmiyor.'

Kırlangıç kendi kendine, 'Ne, som altından değil mi?' dedi. Kişisel düşüncelerini açıkça söylemeyecek kadar nazikti.

Heykel alçak, uyumlu bir sesle, 'Uzakta' dedi, 'Küçük bir sokakta yıkık dökük bir ev var. Pencerelerinden biri açık, içinde de masa başında oturmuş bir kadın görüyorum. Yüzü zayıf ve yıpranmış. Dikiş iğnesini dürtüklemekten delik deşik, kızarmış, sert elleri var, çünkü bu kadın terzi. Kraliçenin saraydaki söyleşi arkadaşlarından en güzeli için saray balosunda giyilmek üzere canfes bir giysi üstüne çarkıfelek çiçekleri işliyor. Odanın köşesinde, bir yatakta küçük oğlu hasta yatıyor. Ateşi var. Portakal istiyor. Annesindeyse ırmak suyundan başka verecek bir şey yok; çocuk da ağlıyor. Kırlangıç, Kırlangıç, küçük Kırlangıç, kılıcımın kabzasındaki yakutu çıkarıp ona götürmez misin? Ayaklarım bu altlığa perçinli de kıpırdayamıyorum.'

Kırlangıç, 'Beni Mısır'da bekliyorlar,' dedi, 'Arkadaşlarım Nil'de aşağı yukarı uçuşup iri nilüferlerle konuşuyor. Yüce

Firavun'un türbesinde neredeyse uykuya dalarlar. Boyalı tabutu içinde kendi de oradadır. Baharatla bezenmiş, sapsarı kefenle sarılmıştır. Boynunda uçuk yeşil yeşimden bir zincir vardır. Elleri de solgun yapraklara benzer.'

Prens, 'Kırlangıç, Kırlangıç, küçük Kırlangıç' dedi. 'Bir gecelik yanımda kalıp yardımcım olmaz mısın? Çocuk öylesine susamış, annesi de öyle bitkin ki.'

Kırlangıç yanıtladı: 'Oğlan çocuklarını da hiç sevmem. Geçen yaz ırmakta kaldığım sıralarda bana hep taş atan iki terbiyesiz çocuk vardı, değirmencinin çocukları. Doğallıkla taşları bana hiç değdiremezlerdi; biz kırlangıçlar hızlı uçtuğumuzdan, bizi taşla vurmak kolay değildir. Sonra ben çevikliğiyle ünlü bir ailenin çocuğuyum. Ama, ne de olsa bu saygısızlık belirtisidir.'

Ama Mutlu Prens'in öyle üzgün bir görünüşü vardı ki Kırlangıç ona acıdı: 'Burası çok soğuk,' dedi, 'Ancak gene yanınızda bir gece kalır, işinizi görürüm.'

Prens, 'Sağ ol, küçük Kırlangıç,' dedi. Kırlangıç da Prens'in kılıcındaki kocaman yakutu gagasıyla aldı ve kentin çatıları üzerinden karanlığa daldı. Beyaz mermer meleklerin oyulu olduğu kilise kulesinin yanından geçti. Sarayın önünden süzülürken dans sesleri duydu. Güzel bir kız sevgilisiyle balkona çıktı. Erkek kıza, 'Şu yıldızlara şaşıyorum, şu aşkın gücüne şaşıyorum,' dedi.

Kız, 'Kraliçenin balosuna dek bari giysim yetişseydi,' diye yanıt verdi, 'Üstüne çarkıfelek çiçekleri işletiyorum; ama terziler öyle tembel ki.'

Kırlangıç, ırmağın üzerinden geçip gemilerin serenlerine asılı fenerleri gördü. Yahudi mahallesinin üzerinden aşarken Yahudilerin pazarlık ede ede bakır terazilerle altın tarttıklarını gördü. Sonunda yıkık dökük eve varıp içeri baktı.

Çocuk yatağında ateş içinde çırpınıyor, annesi de uyukluyordu; kadıncağız pek yorgundu. Bir sıçrayışta içeri girip kocaman yakutu masanın üstüne, kadının yüksüğünün yanına bıraktı. Sonra kanatlarıyla çocuğun alnını yelpazeleye yelpazeleye yatağın çevresinde hafif hafif uçtu. Çocuk, 'Nasıl da serinledim, sanırım iyileşiyorum,' diye tatlı bir uykuya daldı.

Sonra Kırlangıç, Prens'in yanına dönüp yaptıklarını anlattı, 'Ne tuhaf,' dedi, 'Hava pek soğuk olduğu halde vücudum sanki çok sıcak.'

Prens, 'Çünkü iyilik ettin' dedi. Küçük Kırlangıç da düşünceye varıp sonra da uykuya daldı. Düşünmek her zaman uykusunu getirirdi.

Gün ağarırken ırmağa inip yıkandı. Kuşbilim profesörü köprüden geçerken, 'Ne görülmemiş şey! Kış mevsiminde bir kırlangıç!' deyip o kentin gazetesine upuzun bir mektup yazdı. Herkes ondan söz etti. Yazı, anlayamadıkları birçok sözcükle doluydu.

Kırlangıç, 'Bu gece Mısır'a gidiyorum,' dedi. Bu düşünceyle içi içine sığmıyordu. Bütün genel anıtları ziyaret edip kilise kulesinin tepesinde uzun uzun oturdu. Nereye gitse serçeler cıvıldaya cıvıldaya, birbirlerine, 'Ne kibar bir yabancı...' dediler. Kırlangıç da pek eğlendi. Ay doğunca Mutlu Prens'in yanına döndü, 'Mısır'da görülecek işiniz var mı? Hemen yola çıkıyorum' diye seslendi.

Prens, 'Kırlangıç, Kırlangıç, küçük Kırlangıç,' dedi. 'Bir gececik daha kalmaz mısın?'

Kırlangıç, 'Beni Mısır'da bekliyorlar,' diye yanıt verdi, 'Yarın arkadaşlarım ikinci çağlayana kadar uçacaklar. Orada hasır otlarının arasında bir su aygırı yatar. Koca granit bir taht üstünde Tanrı Memnon oturur. Bütün gece yıldızlara bakar, sabah yıldızı belirince bir sevinç çığlığı atar, sonra da susar. Öğleyin sarı sarı aslanlar su içmeye ırmak kıyısına gelirler. Yemyeşil zebercetler gibi gözleri vardır. Gürlemeleri çağlayanın gürlemesini bastırır.'

Prens, 'Kırlangıç, Kırlangıç, küçük Kırlangıç,' dedi, 'Uzakta, kentin ta öbür başında, çatı arasında bir genç görüyorum. Üzeri kâğıtlarla örtülü bir masaya abanmış, yanında bardak içinde bir demet solgun menekşe var. Saçları kestane renginde kıvırcık, dudakları lâl gibi kıpkırmızı; iri, hülyalı gözleri var. Tiyatronun yönetmeni için bir oyun bitirmeye uğraşıyor. Ocakta ateş yok. Açlıktan da gücü kesilmiş.'

Tertemiz yürekli Kırlangıç, 'Bir gece daha beklerim. Bir yakut da ona mı götüreyim?' dedi.

Prens, 'Ne yazık ki artık yakutum yok. Varım yoğum gözlerim. Gözlerim bin yıl önce Hindistan'dan getirilmiş bulunmaz gök yakuttandır. Birini çıkarıp ona götür. Kuyumcuya satıp yiyecek bir şeyle ocakta yakacak odun alır ve oyununu bitirir.'

Kırlangıç, 'Prensciğim, bunu yapamam,' diye ağlamaya başladı.

Prens, 'Kırlangıç, Kırlangıç, küçük Kırlangıç; nasıl buyuruyorsam öyle yap,' dedi.

Kırlangıç, Prens'in gözünü alıp öğrencinin tavan arasına doğru uçtu. Damda bir delik olduğu için içeri girmesi pek kolaydı. Oradan içeri dalıp odaya girdi. Genç elleriyle yüzünü kapamıştı; kuşun kanat çırpmalarını duymadı.

Başını kaldırınca güzel gök yakutu solgun menekşelerin üzerinde buldu.

Genç, 'Artık beğenilmeye başladım,' diye haykırdı, 'Beni çok beğenen birindendir bu. Şimdi oyunumu bitirebilirim.' Artık pek mutluydu.

Kırlangıç, ertesi gün limana indi. Büyük bir geminin sereni üstünde oturup gemicilerin koca koca sandıkları iplerle ambarlardan çıkarmalarını seyretti. Her sandık çıktıkça, 'Yıssa, molaaa,' diye haykırıyorlardı. Kırlangıç, 'Mısır'a gidiyorum,' diye bağırdı, ama kimse aldırmadı, o da ay doğunca Mutlu Prens'inin yanına döndü:

'Sizinle vedalaşmaya geldim,' diye seslendi.

Prens, 'Kırlangıç, Kırlangıç, küçük Kırlangıç, bir gececik daha kalmaz mısın?' dedi.

Kırlangıç, 'Kış geldi, kavurucu kar da nerdeyse gelir. Mısır'da yemyeşil hurma ağaçlarının üzerinde güneş sıcaktır. Timsahlar da çamurlarda yan gelip tembel tembel bakınırlar. Arkadaşlarım şimdi Baalbek Tapınağı'nda yuva yapıyorlar. Pembeli beyazlı kumrular onları seyrede seyrede birbirlerine karşı dem çekiyorlar. Prensciğim, sevgili Prens, sizden ayrılmalıyım, ama sizi hiç unutmayacağım, önümüzdeki ilk yaza verdiklerinizin yerine iki güzel mücevher getiririm. Al yakut, al güllerden daha kırmızı; gök yakut da engin deniz gibi mavi olacak.'

Mutlu Prens, 'Aşağıdaki alanda...' dedi, '... küçük bir kibritçi kız var. Kibritlerini su yoluna düşürdü, hepsi bozuldu. Eve para götürmezse babası dövecek. Kızcağız ağlıyor. Ne ayakkabısı var ne çorabı, başcağızı da açık. Öbür gözümü çıkar, ona ver de babası dövmesin.'

Kırlangıç, 'Yanınızda bir gece daha kalırım,' dedi, 'Ama gözünüzü çıkaramam. Sonra büsbütün kör olursunuz.'

Prens, 'Kırlangıç, Kırlangıç, küçük Kırlangıç, buyruğumu yap,' dedi.

Kırlangıç, Prens'in öbür gözünü de alıp aşağı doğru fırladı. Kibritçi kızın yanından süzülüp mücevheri avucunun içine bırakıverdi. Kız, 'Ah, ne güzel cam parçası!' diye gülerek koşa koşa eve gitti. Sonra küçük Kırlangıç, Prens'in yanına döndü, 'Şimdi kör oldunuz,' dedi. 'Artık ben hep yanınızda kalacağım.'

Prens, 'Hayır, küçük Kırlangıç,' dedi, 'Sen Mısır'a gitmelisin.'

Kırlangıç, 'Hep yanınızda kalacağım,' diye Prens'in ayağının dibinde uykuya daldı. Ertesi gün hep Prens'in omzunda oturup ona yabancı ülkelerde gördüklerini anlattı. Nil'in kıyılarında sıra sıra dizilip kırmızı balıkları avlayan kızıl ibiş kuşlarından; çölde oturup her şeyi bilen, kendisi de dünyayla yaşıt yaşlı Sfenks'ten; develerinin yanında kehribar tespih çeke çeke ağır ağır yürüyen tacirlerden; Ay dağlarının koskoca bir billura tapan, abanoz gibi kapkara kralından; bir hurma ağacında uyuyup kendisini yirmi rahibe bal helvasıyla besleten koca yeşil yılandan; büyük bir gölde iri yayvan yaprakların üstünde yüzüp her zaman kelebeklerle savaşan Yecüc Mecüclerden söz etti.

Prens, 'Sevgili küçük Kırlangıç, bana çok meraklı şeyler söylüyorsun,' dedi, 'Ama en meraklı şey, insanların acıları. Düşkünlükten büyük hiçbir giz yok. Kentimin üzerinde uç da küçük Kırlangıç, bütün gördüklerini bana anlat.'

Kırlangıç kentin üzerinde uçtu. Yoksullar kapı diplerinde otururken zenginlerin güzel evlerinde safa sürdüklerini gördü. Karanlık ara yollara girip, kapkara sokaklara kayıtsız kayıtsız bakan aç çocukların kâğıt gibi yüzlerini gördü. Bir köprünün kemeri altında iki küçük çocuğun kucak kucağa yatıp birbirlerini ısıtmaya çalıştığını gördü.

Çocuklar, 'Aman, çok açız,' dediler. Bekçi 'Orada yatamazsınız,' diye bağırdı; onlar da yağmur altında gözden yittiler. Sonra dönüp gördüklerini Prens'e anlattı.

Prens, 'Üstüm saf altınla kaplıdır,' dedi, "Yaprak yaprak söküp yoksullarıma götür; yaşayanlar hep altının insanı mutlu edeceğini sanırlar.'

Kırlangıç, Mutlu Prens perişan bir duruma gelinceye kadar altını yaprak yaprak söktü. Yaprak yaprak yoksullara dağıttı; çocukların benzine renk geldi ve sokaklarda gülüp oynamaya koyuldular, 'Artık ekmeğimiz var,' diye haykırmaya başladılar.

Derken kar bastırdı, arkasından da don. Sokaklar sanki gümüştenmiş gibi parıl parıl parlıyordu. Upuzun buzlar evlerin saçaklarından billur hançerler gibi sarkıyor, herkes kürklerle dolaşıyor, küçük çocuklar da kıpkırmızı başlıklarla buz üstünde kayıyorlardı.

Zavallı küçük Kırlangıç üşüdükçe üşüdü, ama Prens'i bırakmak istemedi; onu çok seviyordu. Ekmekçi görmeden fırının dışındaki ekmek ufaklarını topluyor; kanatlarını çırpa çırpa da ısınmaya çalışıyordu.

Ama sonunda öleceğini anladı. Ancak bir kez daha Prens'in omzuna dek uçabilecek gücü kalmıştı. Hafifçe, 'Hoşça kal sevgili Prens,' diyebildi, 'Elinizi öpmeme izin verir misiniz?'

Prens, 'Demek sonunda Mısır'a gidiyorsun küçük Kırlangıç; buna sevindim. Burada uzun süre kaldın, ama beni dudaklarımdan öpmelisin, çünkü seni seviyorum,' dedi.

Kırlangıç, 'Gittiğim yer Mısır değil' dedi, 'Ben ölümün ocağına gidiyorum. Ölüm de uykunun kardeşi değil mi?'

Ve Mutlu Prens'i dudaklarından öpüp ayaklarının dibine ölü olarak düştü.

Tam o anda Mutlu Prens'in içinde bir şey kırılmış gibi şaşırtıcı bir çatırtı duyuldu. Kurşundan yüreği, tam ortasından ikiye ayrılmıştı. Donun pek sert olduğu kesindi."

Neva bu masalı bana anlatırken gözleri yaşlar içindeydi.

"Ben de aynen bu kırlangıç gibiyim, gitmem gereken ait olduğum yerlere gidememiş, soğuk iklimlerde mahsur kalmış kırlangıç gibiyim," demişti. "Hep bir gün daha, diyerek sanırım ben de duygusal açıdan ölmek kıyısındayım."

Vermekle almanın bir dengesi olması gerekir. Birisi birisinden fazla olabilir, ama aradaki fark açıldıkça sıkıntılar ortaya çıkmaya başlar. Özellikle sevgi ve saygı deposu dolmayan kişiler almadan vermeye daha meyillidir. Bazen karşı tarafın çok ihtiyacı da olsa yapacağımız son fedakârlıklar ruhsal dengemizin bozulmasına neden olabilir.

Imposter Sendromu

Hayatı bir başarı öyküsü olmasına rağmen bazı insanlar ortaya koydukları başarının farkında olmazlar. Her daim eksik ve kusurlu olduklarını düşünürler, başlarına gelen güzel şeyleri şans, kendisi hakkında söylenen övgü dolu sözleri diğer insanların kibar olma gayreti olarak yorumlarlar. Hatta bu eksikliği yaşayan bazı insanlar, diğer insanların kendilerine iyi davranmasına bile şaşırırlar. Bir danışanım şöyle demişti: "Ben başkalarının yerinde olsam, kendime hiç de iyi davranmazdım, çünkü çok daha azını hak ediyorum." İşte tamamen böyle hisseden bireylerin yaşadığı durumu tarif etmek için Imposter Sendromu, ilk defa 1978 yılında Psikolog Suzanne Imes ve Pauline Rose Clance tarafından tanımlanıyor. Imposter kelimesi, taklitçi ya da sahtekar anlamına geliyor. Bu sendromu yaşayan bireyler, aslında yetersiz ve sahtekâr bireyler olduklarını, içinde bulundukları başarı halinin tamamen tesadüfler neticesinde ortaya çıktığını ve bir daha istense aynısını yapamayacaklarını düşünüyorlar.

Imposter Sendromu yaşayan bireylerin bazı özelliklerinden bahsetmek istiyorum sana.

- Bu insanlar birisi kendisine iltifat ettiği zaman, sanki onu kandırıyormuş gibi hissederler. Örneğin, çok zor bir işi başarmıştır, ama bir iş arkadaşı onu tebrik ettiğinde aslında işin o kadar da zor olmadığını, herkesin yapabileceğini açıklamaya çalışır. Sonrasında da ben ne yaptım ki bile diyebilir. Övgüleri kabul etmekte çok zorlanır.

- Diğer insanların bana nasıl güvendiğini anlamıyorum, diyebilirler. Çünkü bu kişiler, aynı şeyi defalarca yüzlerinin akıyla yapmış olsalar bile her seferinde ciddi kaygı hissedebilir ve başarısız olacağını düşünebilirler.
- Bu kişiler, sahip oldukları başarıların kendi çabalarından dolayı değil doğru zamanda doğru yerde olmaları ve doğru kişileri tanımaları sayesinde ortaya çıktığını düşünür. Kendi başarılarından kendileri hariç herkes sorumludur.
- Bu insanlar, beraber çalıştığı insanları, daha düşük eğitime ve deneyime sahip olsalar bile kendilerinden daha yetenekli ve zekiymiş gibi algılama eğiliminde olabilirler. Hatta ortak bir problem üzerinde çalışırken, kendisinin kolayca gördüğü çözüm yöntemlerini diğerlerinin fark edememesini, o an dikkat etmemiştir, iş yoğunluğu fazlaydı gibi dışsal sebeplere bağlayabilirler. Ama başkalarına gösterdiği bu hassasiyetin çok azını bile kendi başarısızlıkları söz konusu olduğunda göstermezler.
- Bir toplantı esnasında ya da sınıf ortamında amir ya da öğretmen, grubun geneline dair olumsuz bir şey söylediği zaman, bu kişiler hemen üzerine alınırlar; beni kastetti kesin, diye düşünebilirler.
- İş yeri içerisinde yapılan değerlendirmeler, mülakatlar ya da sınavlar bu insanları diğer insanlara göre çok daha fazla kaygılandırabilir.
- Sıradan ve yüzeysel ilişkilerde bile diğer insanlara karşı bir minnet borcu varmış ya da onları memnun etmek zorundaymış gibi hissedebilirler. Diğer insanları memnun etmeme ihtimalinden korktukları için, yapmak zorunda olmadıkları şeylerle uğraşırken bulabilirler kendilerini.

Fark ettiğin üzere, Imposter Sendromu'na sahip olan insanlar çoğu zaman başarılı ve iş-okul hayatında bir yerlere gelmiş insanlar. Ancak bu insanlar sahip oldukları başarıları kendileri ile bir araya getiremiyor, içselleştiremiyorlar. Başarı, sanki onlara emaneten verilmiş bir yük ve onu taşımaktan utanıyor gibiler. Ama kendi başarılarını sen sahiplenmediğin zaman durum şuna benziyor: Bir şekilde içinden bir ses devamlı toprağı ekmeni, bakımını yapmanı ve en sonunda hasat etmeni söylüyor. En son ürün ortaya çıktığı zaman, "Bu benim değil ki," diyorsun. Ve bunun sonucunda ya ürünün başkaları tarafından sahipleniliyor ya da ortada kalıp çürüyor. Sen içten içe huzursuz hissediyorsun, ama adını koyamıyorsun bu durumun. Halbuki durum ortada, senin ruhsal tatmin yaşaman için mahsulu sahiplenmen gerekiyor. Ancak o zaman daha fazla mahsul üretebilirsin ve ruhunu doyurabilirsin.

Bu insanlar kendi başarıları konusunda şanslarının yaver gittiğini düşünebiliyorlar. Evet, her başarının arka planında şansın bir etkisi mevcuttur. Ancak istikrarlı bir şekilde ortaya çıkan bir sonucun şans eseri oluşması neredeyse imkânsızdır. Tavlayı çok seven bir dostum, onu arka arkaya yendiğimde bana şöyle demişti: "Tavla kısa vadede şans oyunu gibi görünür ancak uzun vadede her zaman yetenek kazanır; şu an senin beni yenmen işin şans tarafında." Onun bu söylediğini ilk başta yenilmesinden dolayı zannetsem de işin istatiksel olarak böyle olduğunu öğrenmem uzun sürmedi. Kendi hayatını bir gözden geçirmelisin sevgili dostum; ortaya koyduğun başarı tek seferlik mi, yoksa belirli aralıklarla ortaya benzer güzel şeyleri çıkarmaya devam mı ediyorsun? Yola çıktığın noktadan şu anda daha geride misin yoksa ileride misin? Bu sorulara verdiğin cevaplar, sahip olduğun başarıların şansla mı yoksa senin çabalarınla mı ilgili olduğu konusunda sana fikir verecektir.

Belki de diğer insanlar beni kırmak istemedikleri ya da kibar olmaya çalıştıkları için güzel şeyler söylüyorlar bana, diye düşünüyorsun. Eğer şu an karşımda olsaydın, keşke, dediğimi duyardın. Keşke gerçekten, başarısızlıkları olan, hayatta işleri istediği gibi gitmeyen insanlara karşı toplumun geri kalanı daha cesaretlendirici, şefkatli ve destekleyici olsaydı. Ama modern zamanlar maalesef çabamızla değil sonuçlarımızla ilgileniyor. Bu benim tasvip ettiğim bir durum değil, fakat maalesef günümüz dünyasında nadir örnekler haricinde birçok insan fazlasıyla acımasız. Düşünsene bu kadar acımasız bir dünyada, birileri seni övüyor, yaptığın işi takdir ediyor. Hadi bir seferlik buna kibarlık dedik. Ama sıklıkla böyle şeyler yaşıyorsan, kimse seni sevdiği ya da sana acıdığı için böyle şeyler söylemez. Muhtemelen o insanların çok işine yarıyorsundur ve seni kaybetmek istemedikleri için seni motive etmeye çalışıyorlardır. Yani kimse kimseyi durduk yere takdir etmez. Bu sebeple birisi seni takdir ediyorsa bunu kabullenmelisin; senin çabaların sayesinde oldu bu sonuç.

İltifatları, tebrikleri ve olumlu geri bildirimleri kabul etmen çok önemli... Eğer sen, gelen her olumlu tepkiyi yapacağın açıklamalarla değersizleştirirsen, bunu bazen mütevazı olmak adına yapsan bile, diğer insanlardan gördüğün değer düşmeye başlar. Bir söz vardır eskilerden, "Cahile tevazu yapma gerçek zanneder," diye. Olumlu geri bildirim aldığın anda içinde baş gösteren durumu basitleştirme açıklaması yapma arzuna karşı koymalısın, bir tebessüm bir teşekkürle gelen övgüyü sakince kabullenmelisin. İçindeki ses bambaşka şeyler söylese de bu durumu kibirli olmak olarak düşünme. Kibirlilik yerli yersiz her şeyle övünme ve kendini diğer insanlardan üstün görmekle ilgili bir durum. Senin yapacağın şey, hakkın olanı teslim almak sadece...

Hayatımızın çoğunda yaptığımız işle ilgili bir süre sonrasında adına "minimum değer sınırı" dediğim bir durum oluşuyor. Bu durum, uzmanlık seviyemizin gitgide gelişmesi neticesinde çok fazla çaba harcamadan bile o işin başlangıcında olan insanlardan çok daha üst seviyede bir iş çıkartabilme becerisi. Özellikle kendimizi zorlamadan, çok kaygıya girmeden otomatik modda bile çalışırken ortaya koyduğumuz işlerin belirli bir standardı vardır. Diyelim ki sen bugüne kadar güzel eserler ortaya koymuş bir yazarsın. Normal zamanda yazdığın sıradan metinlerin bile kendi içinde bir değeri vardır. Sen bir mühendissin, çalıştığın alanda gösterdiğin rutin işlerde bile tekniğe hakim olabilirsin. Buradan varmaya çalıştığım şey şu; sen uzun zamandır bir işte çalışıyorsan ve bazı başarılar ortaya koymuşsan, kendini sıkmadan, zorlamadan belirli kalitede bir iş ortaya koyabilirsin. Hatta birçok işyeri için bu çaba yeterli bile olabilir. Ama sen sanki, *İlk 50 Öpücük (50 First Dates)* filminde, Adam Sandler'ın her gece hafızasının silinmesine neden olan bir rahatsızlığı bulunan Drew Barrymore'u her gün yeniden kendisine aşık etmeye çalışması gibi kendi işinde ilk gün gibi hissedip kaygılanırsan bu sana zarar verir. Sen kontrol etmeye çalışsan da durmadan kaygılansan da sen bu işi biliyorsun, daha önce defalarca yaptın. Bunu hiç unutmamalısın. Elbette kendini zorlayacağın, kaygılanacağın özel işler, zirve projeler olacaktır, kaygını bu tür durumlara saklamalısın, olağan işlere değil.

Kendine Adil Davranma Çalışması

Özellikle hassas ve duygusal yapıdaki insanlar, kendi yeteneklerini olduğundan çok daha az görme eğilimindedir. Böyle durumlarda yapabileceğin minik bir çalışma önereceğim sana. Terapi defterinde yeni bir sayfa açıp, bugüne kadar karşılaştığın, tanıdığın herkesi düşünüp, aşağıdaki başlıkların altını doldurabilirsin:

- Başkalarından iyi olduğun beş özellik
- Ortalamada olduğun beş özellik
- Başkalarından daha zayıf olduğun beş şey

Diğer insanlardan daha iyi olduğun özellikleri bulmakta zorlanıyorsan, sana şefkatle yaklaşan dostlarından bu konuda geri bildirim alabilirsin. Özellikle başarısız hissettiğin zamanlarda bu egzersizi yapmanı öneririm.

Hassas Ruhlar Senfonisi

Geçmişte yaşadığımız olumsuz deneyimler, ruhumuzun hep yaralı kalmasına ve çok kırılgan olmasına sebep olabilir. Daha önce de söyledim, dünya acımasız bir yer. Bizim, dünyayı romantik bir şekilde algılıyor oluşumuz bizim problemimiz. Ben bu durumdan dünyanın haberdar olduğunu zannetmiyorum. İnsani ilişkilerin acımasız olan tarafının ise dünyanın acımasız tarafından geri kalır yanı yoktur. Geçmişte yarası olan, hassas olan insanlar bu acımasızlıkları çok daha yoğun yaşarlar; başkası için yaprak kıpırdatmayacak bir rüzgâr hassas bir insan için büyük bir fırtınaya neden olabilir.

Hassas insanlardan bahsederken aklıma, lisedeki Edebiyat dersi hocamızın, bir gün derse eski bir teyple girdiği geldi. Bizim meraklı bakışlarımız altında teybi masasına koymuş, fişini takmış ve sakin bir halde yerine oturmuştu. Törensel bir havada ceketinin iç cebinden eski bir zarf; bu eski zarfın içinden de bir kaset çıkarmıştı. O kadar hassas davranıyordu ki bu eski kasete, sınıfın en gürültücüleri bile sessizleşmiş pür dikkat hocaya bakıyorlardı. Sonrasında Nuri Hoca sınıfa dönerek, "Size bugün benim için çok değerli bir eser dinleteceğim ve sonrasında bu eserin hikâyesini anlatacağım," dedi. Sonra kaseti yerleştirdiği teybin oynatma tuşuna bastı ve yaklaşık dört dakika boyunca bizi içine alan o muhteşem eseri dinlemeye başladık. Bu eserin adı Çeçen Kızı'ydı ve Tanburi Cemil Bey tarafından bestelenmişti. Müziği dinledikten sonra sınıfta bir sessizlik oluştu. Nuri Hoca'nın gözlerindeki mutluluğu fark ediyordum, sınıfta istediği etkiyi bırakmıştı. Birazcık sessizliğin tadını çıkardıktan sonra, anlatmaya başladı: "Rivayet odur ki Tanburi Cemil Bey gençlik zamanlarında bir Çeçen Kızı'na aşık olur. Ancak aşkına kavuşamadan Çeçen Kızı vefat eder. Bu erken ölüm, Cemil Bey'i inanılmaz etkiler. Ve bir gün tanburu elinde Çeçen Kızı'nın mezarını ziyarete gittiğinde tanburu çalmaya başlar, çalar durmadan çalar. Hatta o kadar güzel çalar ki tanburun mızrabının ucuna bir bülbül konmuş derler. Bu çalınan eser işte bugün dinlediğimiz Çeçen Kızı'dır," dedi hocamız. Sonrasında bu durumu araştırdığımda, bu hikâyenin aslının olmadığını öğrendim. Ama Tanburi Cemil Bey gerçekten çok hassas bir insandı. Eşi doğum yaptığı zaman, onun lohusalık şikâyetlerinden bir nebze kurtulması için tanburuyla sakinleştirici bir şeyler çalmış, fakat eşi "Yeter artık müziğine de tanburuna da," gibi bir tepki verince ölene kadar eşine kırgın kalmış.

Tanburi Cemil Bey örneğinde olduğu gibi, hassas insanlar yaşanılan olaylar çok büyük olmasa da çok fazla etkilenebilirler. Çünkü hassas insanlar, kendileri için önemli olan insanlara çok fazla değer verebilir ve bu değer için gerçekten büyük adımlar atabilirler. Belki o an kendisine sorsanız, bunları karşılıksız yaptığını söyleyecektir, ancak şu hayatta yaptığımız her şeyin bir karşılığı olmalıdır; sürdürülebilir olması için. Hassas insanlar da attıkları büyük adımların, yaptıkları fedakârlıkların karşı taraf için değerli olduğunu hissetmek isterler. Ama karşı tarafın gerçekten yaptığımız fedakârlıklara ihtiyacı olup olmadığını ya da yaptığımız şeyin bizim için olduğu kadar onun için de değerli olup olmadığını tam anlamıyla bilemeyiz. Ve eğer bize göre önemli olan şey karşı taraf için önemsizse bu durum hassas insan için yıkıcı olabilir. Çünkü büyük adımlar atınca sonrasında büyük hayal kırıklıkları yaşanır.

Geçmişinde büyük hayal kırıklıkları olan insanlar, kendilerini ruhsal açıdan korumak için kalın ve yüksek duvarlar örerler. Bu duvarlar kişinin zarar görmesini engeller, ama kişinin sağlıklı ilişkiler geliştirmesini de engeller. Çünkü kişi korkar yakın olmaktan; zarar görmekten. Geçmişte hayal kırıklığı ne zaman yaşanmışsa, duvarlar ne zaman inşa edilmeye başlamışsa kişi o haldeki duygusal yaşıyla içeride kalır. Küçük yaşta annesi babası ayrılan bir kız çocuğu düşünmeni istiyorum. Bu kız çocuğunun babası boşanmadan sonra kızını bir daha arayıp sormuyor. Bu kız çocuğu o kadar çok üzülüyor ki kendi duvarlarını inşa etmeye başlıyor; yakın arkadaşlıklardan, kadın-erkek ilişkilerinden kaçınıyor. Kendisini koruyabildiği kadar korumaya çalışıyor. Ama duvarın içindeki kişi, ilişkiler söz konusu olduğunda, hâlâ babası tarafından terk edildiği yaşta. Ve günün birinde, karşısına duvarları yıkacak güçte birisi çıkıyor. İlk başta çok dirense de sonrasında kalın duvarların büyük kapısı açılıyor ve o kişiyi içeriye alıyor. Ancak duvarın içinde küçük bir kız çocuğu var. Terk edilmenin verdiği acıyla çok yoğun bir şekilde karşı tarafa sarılıyor ve belki kendi içinden, bu kadar beklememe değdi diyerek, çocuksu bir aşkla karşı tarafa bağlanıyor, onu hayatının merkezine alıyor. Karşı taraf, bu küçük kız çocuğunun taşan sevgisini belki fazla buluyor ve değersizleştiriyor. Bu ilişki girişiminin sonucu olumsuz olursa, geçmişinde babası tarafından terk edilen kişi çok büyük hayal kırıklığına uğruyor ve kendisine bu sefer çok daha kalın duvarlar örmeye başlıyor.

Burada dikkat edilmesi gereken şey şu; bir insanın gelişebilmesi için yaşaması gerekir. Ancak birisi özellikle hayatın bir kısmından kendisini geri çekerse, geri çektiği duygusal yaşta kalacaktır, gelişemeyecektir. Birçok insan yetişkin gibi görünse de yaşadığı travmalardan dolayı içinde küçük bir çocukla beraber yaşar. Ne zaman ki duygusal olaylar çıksın karşısına, çocuk dümeni eline alır. Yetişkinlik ilişkilerini çocuk duygusallığı ile değerlendirmek çok yara almaya neden olur. Çünkü böyle insanlar, her şeyin aşk üzerine kurulu olduğunu, seven insanın her zaman seveceğini, aşkı için gerekirse dağları deleceğini zanneder. Fakat unutmamak gerek; her ilişkinin temelinde bir de çıkar ilişkisi vardır. Bunu anlamadığımız zaman, yaşadığımız olumsuz olayları kendimizle ilgili zannedebiliriz. Eğer senin de içinde ara ara kontrolü ele geçiren bir çocuk varsa, yazdığım önceki satırlar seni kızdırmış olabilir. Ama unutma, insan, her ilişkinin temelindeki çıkar ilişkisini bilerek de sevebilir, mutlu olabilir. Bunu bilmek seni hem gerçekçi hem de temkinli yapar.

Hassas insanların sıklıkla düştüğü bir diğer hata da bu sefer farklı olacak beklentisidir. Aslında her insan farklı desek de insanların birçoğunun hayat motivasyonu birbirine benzer oluyor ve belirli durumlarda benzer şeylerle karşılaşıyoruz. Diyelim ki ilişkilerde benzer sorunları yaşıyorsun; aldatılma, şiddet, baskı gibi şeyler başına geliyor. İnsanlar değişse de sorunlar aynı kalıyorsa muhtemelen sen benzer insanları seçiyorsundur. Kendine dair hiçbir farkındalık geliştirmiyorsan, yaşadıklarından ders çıkarmıyorsan, bu sefer farklı olacak beklentisi seni daha çok üzecektir, çünkü gerçekçi değildir. Koşullar değişmedikçe, maalesef sonuçlar da değişmiyor.

Hassas bir insansan bunu tamamen değiştirmek mümkün değildir. Bu yapı senin mizacındır. Ama sen hassassın diye dünyayı da öyle zannetme. Dünyayı ve insanları olduğu gibi kabul edersen, hassas bir insan olmana, insanların bir kısmının yüzeysel olmasına rağmen mutlu ve huzurlu olabilirsin.

Senin İçin Büyük Dünya İçin Küçük Adımlar

Kendisine acımasız davranan insanlar, yaşadıkları olumsuzlukları büyütme, olumlu şeyleri ise görmezden gelme eğilimindedir. Bu sebeple kişi kendi geçmişini gözden geçirdiğinde başarısızlıklar silsilesi görebilir. Kendi hayatın için güzel şeyler yaptığında, minicik de olsa bir başarın olduğunda bunları not etmelisin. Başardığın her şeyi kendine tekrar tekrar hatırlatarak, hayatının sadece olumsuzluklardan ibaret olmadığını fark edebilirsin.

Bazı insanlar güzel bir şey yaptığı zaman şöyle düşünebilir: "Bunda ne var ki herkes yapabilir." Bu düşünceye alternatif olarak şöyle bir düşünce sunabiliriz kendimize: "Evet belki bazı insanlar bunu kolayca yapabilir, ama ben ilk defa yaptım. Dünya için küçük olabilir fakat benim için büyük bir adım."

Kendine bu hatırlatmaları sık sık yapmanı öneririm.

Zihinsel Geviş Getirmek ve Aşırı Düşünme Problemi

Birine küçük bir konuda kırıldığın zamanları düşün. Bu kırgınlık konusunda yapabileceğin belli şeyler olduğunu bildiğin halde kendi kendine durmadan, "Neden böyle oldu, şöyle desem ne olurdu, bana böyle yapmamalıydı," diye düşünüp hiçbir şey yapmadığın ya da işte başarısız olduğunda başarısızlığın hakkında durmadan düşünüp kendini daha da üzdüğün ama bir sonuca varmadığın oldu mu? Her zaman sonuca varamayan biz olmayız, bazı durumlarda yapılabilecek hiçbir şey, varılacak hiçbir sonuç yoktur. Bu durumda önümüze iki seçenek çıkabilir; ya bu durumu kabullenip hayatımıza bununla devam etmenin yollarını bulmak ya da olan biteni binlerce kez kafamızda döndürerek kendimizi yiyip bitirmek.

Bir problemi çözme umuduyla düşündüğümüzü zannederken aslında sadece o problemi durmadan kafamızda döndürerek hiçbir yere varamayabiliriz. Bu verimsizlik uzun vadede zihnimizi yorup kötü hissetmemize neden olabilir ya da problemleri çözmeye dair inancımızı kırıp kaygımızı artırabilir. Herkesin deneyimleyebileceği bu duruma "Zihinsel Geviş Getirme" denir.

Zihinsel geviş getirme yaparken dikkatimizi olumsuz duygularımızın neden ve sonuçlarına, pasif ve tekrarlı bir şekilde odaklarız. Rahatsız edici durumların çeşitli yönlerini sürekli olarak düşünür, ancak bir yere varamayız. Her ne kadar bunu duygularımızla baş etmek için yapsak da zihinsel geviş getirme hissettiğimiz duygusal sıkıntıyı şiddetlendirir. Kaçırdığımız bir fırsat, eski sevgilimiz ya da 8 sene önce sınıfın önünde yanlış telaffuz ettiğimiz bir kelime hakkında tekrar tekrar düşünme döngüsüne kapılıveririz. Bir şeylerin bizi üzmüş olması yeterince yorucu değilmiş gibi bir de üstüne kendimizi hırpalarız. Belli sorunlar karşısında kendi tepkilerini bir düşün, üzücü şeyleri kafanda tekrarla döndürme eğiliminde misin?

Önemsenen şeyleri düşünmek için kendine izin vermek genelde faydalı olsa da faydalı olabilecek bir şeyin çok fazla olması da zarar verebilir. Genelde düşünmek bir şeyleri çözmek için önemli bir adımdır, ancak ne yazık ki zihinsel geviş getiren bireyler çok uzun süre boyunca çok fazla düşünürler ve bu da problemleri çözmelerine engel olur. Bir durumu analiz etmek ve detaylarını anlamak için saatler geçirip işlevsel bir çözüm bulmaya zaman ayırmayabilirler. O kadar tekrarın ve düşüncenin ardından çözüm bulacak halleri kalmamış olabilir ya da durum gözlerinde daha da büyüyüp iyice içinden çıkılmaz bir hal alabilir. İşte zihinsel geviş getirme bu noktada zarar vermeye başlar. Seni üzen durumu hep canlı tutar ve duygularının dinginleşmesine izin vermez. Bununla birlikte hissettiğin olumsuz duyguları da körükleyerek bunları aşmana engel olur ve seni yıpratır.

Düşüncelerini ve düşünme miktarını sağlıklı ya da sağlıksız kılan şeylerden biri, belki de en gözle görüleni, elde ettiğin sonuçtur. Nasıl ki kendini acımasızca eleştirirken bunun seni motive edeceğini umuyorsan zihinsel geviş getirirken de bunun bir fayda sağlayacağını umuyor olabilirsin. Ancak acımasız eleştiriler motive etmenin aksine daha da yetersiz hissetmene neden oluyor ve zihinsel geviş getirme de fayda sağlamaktan ziyade durumu daha da kötüleştirebiliyor. Üstelik bu düşünceler her zaman fark edilir bir biçimde ortaya çıkmıyorlar. Başka bir deyişle aşırı düşünme her zaman duvarlara bakıp, uzun dalmalar şeklinde ortaya çıkmaz. Kimi zaman sabit bir konuda durmadan şaka yaparsın ya da arkadaş grubunla toplandığında konuştukların dönüp dolaşıp aynı konuya varır. Sonrasında çevrendekileri hep aynı konulardan bahsederek sıktığını düşünüp endişelenebilirsin. Diğer yandan kafanın içinde tekrar eden düşüncelerle sıkışıp kalmak yalnız hissettirir ve konuşmak rahatlamak için iyi bir yol gibi görünebilir. Fakat biraz konuşup ferahlasan da zamanla aynı düşüncelerin içinde tekrar belirmesi olasıdır.

Zihinsel geviş getirme probleminden kurtulmak için ilk başta yaşadığın şeyin doğal olmadığını fark etmen gerekir. Çünkü sana anormal gelmeyen şeyi değiştirmek için motivasyon hissetmeyeceksindir. Ama bir şeye takılı kalmak ve durmadan onu düşünmek senin hayatına ve zihnine yeni yaşantılar girmesini engeller ve sen hayatın sorunlu bir zaman diliminde sıkışmış gibi kalabilirsin. Bunun için bu problemin üzerine gitmen gerekecek.

İlk olarak düşünce kalıplarını incelemelisin. Tekrar eden düşüncelerin gerçekliğe mi dayanıyor yoksa zihin virüsü mü? Kontrolün dışında olan şeyler hakkında fazla düşünüyor musun? Eğer öyleyse bunların üzerinde durmanın faydalı olup olmadığını düşünmelisin. Eğer düşüncelerin gerçeğe dayanıyorsa olabilecek en kötü senaryoyu kafanda canlandırmalı ve kendine şunu sormalısın: Bununla baş edebilir miyim? Geçmişte benzer olumsuzluklar yaşadığın zaman onların üstesinden gelmedin mi? Bunu şimdi de yapabilirsin ve baş etmek için kendini yiyip bitirmene gerek yok.

Bir konuda fazlaca düşünmeye başladığın zaman neredeyse her zaman olumsuz ihtimaller aklına gelmeye başlar. Bu olduğunda, her şeyin yolunda gittiği bir senaryo hayal etmelisin, işleri yoluna soktuğun durumları hatırlamaya çalışabilirsin. Zihnin olumsuzluklarla doluyken bunları hatırlamak zor olabilir. Düşüncelerimiz duygularımızla aktive olurlar ve olumsuzluklara odaklandığında duyduğun kaygı, olumsuz düşüncelerini aktive eder. Bu bilinçsiz duruma karşı olarak kaygılansan da işlerin yolunda gittiği senaryoları bilinçli olarak düşünmeye zorlayabilirsin kendini. Bu çaba sana tamamen iyi hissettirmese de kendini tamamen zihinsel geviş getirmeye bırakmandan çok daha iyi olacaktır.

Bazen kendini ne kadar zorlarsan zorla aklına geçmişteki olumlu şeyler gelmeyebilir. Özellikle çok depresif hissedilen zamanlarda insan, bütün hayatının olumsuzluklarla geçtiğini düşünme eğilimindedir. Ama ne kadar kötü bir hayatın olursa olsun her zaman iyi şeyler de olmuştur. Şu an bu kısmı okurken, benim hayatımda hiç olumlu bir şey olmadı diye düşünüyorsan yanılıyorsun, bu istatistiki olarak mümkün değil. İşte böyle zamanlarda, çevrenden yardım alabilirsin. Şu an içinde olduğun olumsuz düşünceleri ailenle, arkadaşlarınla paylaşıp geçmişteki iyi şeyleri sana anlatmalarını isteyebilirsin. Bir diğer yöntem de eski albümlere ya da telefonun fotoğraf galerisindeki mutlu hissettiğin eski fotoğraflara bakmaktır. Böyle fotoğraflara bakıp o anki hislerini hatırlamaya çalışabilirsin.

Zihinsel geviş getirme problemiyle baş etmek için bir diğer yöntem de problemlerin hepsini birden düşünmek yerine onları ayırmaktır. Her şeyi birden halletmek zorunda değilsin. Şu anda bir çözümün yoksa zihinsel geviş getirme, problemi ileride çözmeni veya hayatına devam etmeni engelleyebilir. Çözebileceğin gerçek bir problemin veya ortadan kaldırman gereken bir endişen olup olmadığını görmek için, düşüncelerini birbirine karışmış bir yumak olmaktan çıkararak, problemlerini tek tek ele al ve kendine zaman tanı. Genelde kaygılandığımız şeylerin birçoğu gerçekte kaygılanmamızı gerektirmeyecek şeylerdir. Ama sen kötü hissederken bunu fark etmezsin; "Bu kadar kötü hissediyorsam kesin kötüdür," ön kabulüyle hareket edersin. Böyle zamanlarda, bir an durup, kâğıdı kalemi eline almanı ve düşüncelerini kâğıda geçirmeni öneririm. Şu an senin kaygılandıran şeyler neler? Bunu şimdi düşünmenin faydası ne? Değiştirebileceklerin neler değiştiremeyeceklerin neler? Bu tarz sorular uçuşan karanlık düşünceleri realize etmeni ve yere indirmeni sağlayacaktır.

Kaybetme Korkusu

Yaşadığı anksiyete bozukluğu sebebiyle bana gelen Fatih, evli, iki çocuğu olan ve bakkal dükkânı işleten 40 yaşında bir adamdı. İş yerindeki her problem, maddi her sorun, evliliğindeki minik anlaşmazlıklar bile Fatih'in içindeki yaşamsal alarmı uyandırıyordu. Her zaman gergin ve tedirgindi. Seanslarımızda, onun olayları yorumlayış biçimini çalışırken, bir seansta, her gece birkaç sefer uyandığından ve bu sebeple uykusunu tam alamadığından bahsetti. Neden uyandığını sorduğumda, saatinin alarmını ikişer saat aralıklarla kurduğunu ve uyanıp çocuklarının nefes alıp almadığını kontrol ettiğini, söyledi. Bir kızı bir oğlu vardı Fatih'in ve yaklaşık 3 yıldır onları kaybetme korkusu yaşıyordu. Bundan dolayı her gece defalarca uyanıp onları kontrol ediyordu. Çocuklarının başına bir şey gelme ihtimalini düşünmek bile onu çok fazla kaygılandırıyordu. Bundan dolayı bazen çocuklarına karşı gün içerisinde de aşırı koruyucu olabiliyordu.

Birçok insanda sevdiği insanları kaybetme korkusuyla karşılaşıyorum. Belirli düzeyde kaybetme korkusu maalesef insan olmanın gerekliliği. İnsanlığın yaşadığı acılara baktığımız zaman, birçoğunun ayrılık kaynaklı olduğunu görebiliriz. Sevdiğimiz birisini kaybederiz, ondan ayrılmış oluruz; işten kovuluruz, işimizden statümüzden ayrılmış oluruz; iflas ederiz, paramızdan ayrılmış oluruz. İnsan ölümlü bir varlık olmasına rağmen hiç ölmeyecekmiş gibi bağlanır hayatındakilere ve ayrılmak istemez.

Ama her şeye çok çabuk alışabildiğimiz için ve unutma yeteneğimiz sayesinde hayat bütün olası ayrılıklara rağmen yaşamaya değerdir. Şu an sen kaybetme korkusu yaşamıyor olsan bile zihnine sevdiğin insanları kaybettiğin bir senaryoyu getirdiğin zaman hüzünlenirsin, belki ağlarsın. Bu çok normal bir durumdur, hepimiz sevdiklerimizle bir arada olmak isteriz, her daim.

Ancak kaybetme korkusu bazen kişinin hayat konforunu bozabiliyor, ciddi kaygı problemlerine neden olabiliyor. Kaybetme korkusunu yoğun yaşayan kişiler, kaybetmekten korktukları kişiyi sık sık kontrol edebilirler, gün içinde defalarca arayabilirler, neredeyse her an kaybetme ihtimali kişinin zihninde gezinir ve bu durumdan dolayı devamlı alarm halinde hisseder. Kaybetme korkusu, çoğunlukla geçmişte bir sevdiğini kaybetmiş kişilerde görülür. Bununla birlikte çocukken sevilen birinin söz verdiği halde geri dönmemesi ve terk edilme, kişi büyüdüğünde kaybetme korkusuna dönüşebiliyor. Ayrıca bu durumun en büyük sebeplerinden biri ebeveyn ihmali veya istismardır. Her ne kadar aileler ihmal ettiklerini düşünmeseler de çocuğun algısında bu durum farklıdır. Mesela evinin maddi kazancı için sürekli çalışan bir baba, çok ilgili olduğunu düşünürken, çocuk psikolojik olarak aç bırakılmış bir halde kalır. Ebeveynin yeterli düzeyde çevrede olmuyor oluşu çocukta sevgi ve ilgi eksikliğiyle beraber kaybetme korkusu olarak kendini gösterebilir.

Fatih ilkokul yıllarında babasını kalp krizinden kaybetmişti. Akşam evde ailecek çay içip sohbet etmişler, ancak babası sabah uyanmamıştı. Kendisi bu durumu atlattığını söylese de içinde bir yerlerde bu travma hâlâ onu etkilemeye devam ediyordu. Fatih'in kaybetme korkusu sadece çocukları ile sınırlı değildi, aynı zamanda ablası ile yaşayan annesini de kaybetmekten korkuyordu. Her sabah dükkânı açmadan annesini ziyaret ediyor, gün içinde de defalarca arıyordu. Sanki zamanında yaşadığı acıyı tekrar yaşamamak için bilinçsizce savaşıyordu.

Kaybetme korkusunun bir diğer nedeni de hayatını duygusal anlamda tek bir kişinin üzerine kurmaktır. Bu kaybetme korkusu sadece sevilen kişinin ölmesi demek değildir, aynı zamanda onun hayatından gitmesi ihtimali de olabilir. Özellikle bu tür kaybetme korkusu yaşayan kişi birlikte olduğu insana durmadan, beni seviyor musun, beni bırakmayacaksın değil mi, diye sorular yöneltebilir. Bazen de kişi sınırlı bir sosyalliğe sahip olur, hayatında bir tek annesi, kardeşi ya da babası vardır. Gerçekten samimi olduğu tek kişi bu insandır. Böyle durumlarda da kaybetme korkusu ortaya çıkabilir.

Kaybetme korkusu yaşayan kişi, sevdiği kişilerden ayrı kalmaktan korkmakla beraber, bu ayrılıkla yüzleştiği zaman yaşayacağı şeylerden de korkar. Bu problemi yaşayan danışanlarıma sorarım: "Diyelim ki kaybettin ne olur?" İlk cevap genelde, "Dayanamam, çok üzülürüm," şeklinde olur. Peki derim, "Bu kayıptan sonra hayatın nasıl etkilenir?" İkinci cevap genelde daha derinlere iner, "Yalnız kalırım, beni sevecek kimse kalmaz, hayatla baş edemem, yalnız yaşamak zorunda kalırım" gibi kişiyi gerçekten tedirgin eden durumlar ifade edilir. Aslında bu abartılı korkunun altında kişinin kendisine dair tedirginlikleri vardır. Tek başına idare edemeyeceğini, yalnızlıktan bunalacağını, sorunları çözemeyeceğini düşünür.

Kaybetme korkusu yaşayan kişi ilk olarak korktuğu şeyi en detayına kadar hayal etmelidir. Diyelim ki kaybettin, ilk gün nasıl olur, ilk gece nasıl olur, cenazesi nasıl olur, sonraki günler nasıl geçer, hayatın nasıl değişir? Bu tarz soruları kişinin kendisine sorması ve detaylı hayaller kurması hayli zorlayıcı olacaktır. Zorlayıcı kısmı geçtikten sonra kişi, korktuğunu, yaşamanın acı vereceğini, ancak bir şekilde kendisinin hayatını idame ettirebileceğini fark eder. Bu farkındalık, ileride yaşanılacak kaybın kendi hayatını mahvetmeyeceğini anlamasına yardımcı olacaktır. Hayat karşımıza ne getirirse getirsin zaman bizi görmezden gelerek akmaya devam ediyor ve biz sandığımızdan daha güçlü bir şekilde akıntıya karşı dimdik durabiliyoruz. Sevdiğimiz kişileri kaybettiğimizde de aklımıza getireceğimiz ilk şey, onların kalbimizde ve zihnimizde bizimle birlikte olmaya devam edecekleri olmalıdır. Bu durumu aşmak için bu yöntemi ara ara kullanmalıyız.

Kaybetme korkusu yaşayan kişi, devamlı alarm halinde olduğu ve her zaman geleceği düşündüğü için şimdiyi yaşamayı kaçırır. Halbuki şu hayatta şimdiden başka bir şey yok elimizde. Neden sevdiklerimizden ayrılmak istemiyoruz, çünkü onlarla güzel vakit geçirmek için. Ama sen geleceğe odaklanırsan, o kişiyle şu anda yaşayabileceğin olumlu yaşantıları kaçırabilirsin. Sevdiğin kişilerle geçirebileceğin kaliteli vakitler olduğunu fark etmen, beraber olduğunuz anların içini doldurman o kişiyi kaybetsen bile geçmişin içine sinmiş olmasına yardımcı olacaktır.

Devamlı kontrol etme çabalarına karşı direnç göstermek, bu konuda gelişim kaydedebilmek adına çok önemlidir. Fatih'le çalışmamızda, çocuklarını kontrol etme davranışını yapmaması için kurallar koyduk. İlk birkaç gün neredeyse hiç uyuyamadı, "İçim içimi yedi," dedi. Ama sonraki günlerde kaygısı azalmaya başladı, uykusu düzene girdi. Annesini sabah ziyaret etmesi konusunda bir kural koymadık, çünkü anne hasta ve yaşlıydı. Sadece gün içinde aramaları azaltma kararı aldık. Kaybetme korkusunda ortaya çıkan kontrol arzusuna direnç göstermenin ilk aşamasında kaygı artar, ama kişi istikrar gösterirse kaygı yavaş yavaş azalmaya başlar.

İlgi Açlığı-İlgi Bağımlılığı

Tüm canlılarda ilgi görme isteği vardır. Bu bir kedi, bir çiçek veya bir insan olabilir. İhtiyacımız olan ilgi bazen ilacımız bazen ise sorunumuz haline gelebilir. Peki neden ilgi görmek istiyoruz, sorusuna şöyle cevap verebiliriz; neden yemek yemek istiyor, neden uyumak istiyorsak ilgi de bizim için benzer şekilde bir ihtiyaç. Eksik beslenmek gibi aşırı beslenmenin sorun olması veya az uyumanın da fazla uyumanın da bize zarar vermesi gibi fiziksel veya duygusal ihtiyaçlarımızda denge olmadığı takdirde birtakım sorunlarla karşılaşabiliyoruz.

İlgi açlığının kökeninde çoğunlukla değersizlik hissi, bazen de geçmişte karşılığı olmayan ilginin aşırı bir şekilde verilmesi vardır. Bu durumda sevgi ve saygı depoları ya dolmuyor ya da dolması gerekenden çok daha fazla dolduğu için bu sorunlar ortaya çıkıyor. Değersizlik hissi kaynaklı olan ilgi açlığında kişi kendi değerini, diğer insanların kendisine gösterdiği değerle ölçer. Diğer insanların kendisine göstereceği ilgi onun için hayati önem taşır, çünkü diğerlerinin ilgisi olmadan kendini değersiz, mutsuz hisseder. Geçmişte ailesi tarafından ihtiyacı olandan çok daha fazla ilgi alan çocuk için ilgi, hak ettiği bir konfor gibi gelir. Bu ilgiyi alamadığı ortamlarda çok çabuk sıkılabilir, her sosyal ortamda merkezin kendisi olmasını isteyebilir, beklediği ilgiyi göremediği zaman öfkelenebilir. İlgi açlığı yaşayan kişilerin bazı davranışlarını aşağıda anlatacağım.

İlgi açlığı yaşayan insanların bir kısmında, konu hakkında yeterli bilgiye sahip olup olmadığından bağımsız olarak, her konuda fikri ve söyleyecek bir şeyi vardır. Bir insanın her konuda bir fikrinin olmasının ilgi bağımlılığı ile ne ilgisi var diyebilirsin; bunu bir örnekle daha açık hale getirmeye çalışalım. Arkadaşlarınla bir konu üzerine konuşuyorsun veya iş yerinde önemli bir proje üzerine fikir alışverişi yapıyorsunuz ve derken odaya başka biri sonradan katıldı, ama ortama girer girmez konuştuğunuz konuya vakıf olmadan "Ya biz bunu daha evvel denemiştik olmamıştı, a hakikaten iyi fikir, o öyle olmaz aslında bu şekilde olur," gibi cümleler kurarak sanki o konuda gerçekten bir fikri varmış gibi konuşur, ama aslında konuşmayı başından beri dinlememiştir. İşin iç yüzünü tam bilmiyordur, yine de mutlaka bir şeyler eklemek ister, çünkü burada amaç konuya katkı sağlamak değil, sonradan katıldığı ortamda dikkatleri üzerine çekmektir.

Bu konuda problem yaşayan bazı insanlar, sıradan ve küçük bir olumsuz olay olduğu zaman bunu abartılı kelimeler, ses tonu veya mimiklerle ifade ederken öyle büyük ve ciddi bir şeymiş gibi anlatabilirler. Ya da ufacık bir şeye mutlu olduklarında bunu abartılmış cümleler ve sevinç çığlıklarıyla ifade edebilirler. Bu abartılmış tepkilerin vermek istediği bilinç dışı mesaj, "Beni fark edin"dir çoğu zaman. Bazen de bir grup içerisinde ön planda olmaya veya yönetmeye çalışırlar. Yönetmek için iyi bir lider olmalarına ya da ortamda bir lidere ihtiyaç olmasına gerek yoktur; ikili ilişkilerde bile ilk ve son sözü söylemeye çalışabilirler.

Özellikle geçmişinde sevgi ve saygı deposu fazlasıyla dolmuş hatta taşmış kişiler, ilişkilerinde geçmişlerinde gördüğü ilgiyi bekleyebilirler ve bu beklentinin en doğal hakları olduğuna inanabilirler. Bu şekilde düşünen insanların, ilgi görmek hayatlarının merkezinde olduğundan dolayı, ilgi kesildiğinde veya istedikleri şekilde olmadığında agresif tavırlar sergileyebilirler. Örneğin, mesajına geç cevap almıştır ya da karşı taraf ben seni uygun olduğumda ararım demiştir veya onun da olduğu yerde bir arkadaşı diğer arkadaşlarıyla keyifli bir sohbet gerçekleştirmiştir. Bu ve buna benzer durumlar, bu insanları çileden çıkarabilir, öfkelenmelerine sebep olabilir. Böyle olduğunda tavır gösterebilir ve öfkelerini çeşitli şekillerde dile getirmeye başlayabilirler. Bu kişiler dahil olduğu ilişkilerde özel muamele görmek isterler.

İlgi açlığı yaşayan insanlardan bazıları giyim tarzları ve fiziksel özellikleri ile dikkat çekmeye çalışabilirler. Güzel görünmek, şık olmak birçok insan için önemlidir, ancak burada bahsettiğim giyim tarzı ya da şık olma hali, hayatın doğal akışına, bulunulan ortamın standartlarına aykırı olabilir. Rahat bir ortamda klasik ve aşırı şık olmak, günlük hayat içerisinde teşhircilik seviyesinde giyinmek bu duruma örnek gösterilebilir. Kişi burada giyim tarzıyla, fiziksel görünümüyle diğer insanların ilgisini kendi üzerine çekmeye çalışıyor olabilir. Özellikle sosyal medyanın da hayatımızda bu tarz ilgi beklentisini artırdığını söyleyebilirim. Çünkü, orada alacağımız beğeniler ve kazanacağımız takipçiler bir süre sonra kendi değerimizi ölçtüğümüz bir kıstas haline gelebiliyor. Bundan dolayı özellikle bu problemi yaşayan insanlar, sahip olmak isteyip de olamadıkları şeyleri sanki kendilerininmiş gibi paylaşabiliyor.

İlgi açlığının giderilmesi için gösterilen çabaların büyük bir kısmında kişi, yaptığı davranışları aslında içindeki ilgi boşluğunu doldurmak için yaptığını fark etmeyebilir. Bu durumda, bu problemin çözümü için ilk yapılması gereken şey durumun farkında olmaktır. İlgiye ihtiyaç duymak kötü bir şey değildir, ancak ilginin hayatımızın merkezinde olması bir çeşit bağımlılıktır. İlgi olunca her şey çok güzel, olmayınca her şey çok karanlık gelmeye başlayabilir. Aynı zamanda içimizdeki boşluğu doldurmak için yaptığımız davranışlar, bizimle yakın olan insanları ve dahil olduğumuz ilişkileri olumsuz etkileyebilir. İnsanlar bizden uzaklaşmak isteyebilir. Zaten ilgi eksikliği yaşayan kişi bir de etrafındaki insanların kendisinden uzaklaştığını fark edince daha fazla kırılır ve farkına varmazsa probleme neden olan davranışları daha fazla yapmaya başlar. Bu kısır bir döngüye neden olabilir. Farkına varmak için kişinin özellikle kötü hissettiği zamanları düşünüp bu duygulara neyin sebep olduğunu bulması gerekir. Ayrıca burada bahsettiğim davranış örüntüleri de kişinin hayatında sıkça yer alıyorsa, bu da bu problemin yaşandığını gösteren işaretlerdendir.

İlgi açlığı yaşayan kişiler için hayatın anlamı diğer insanların kendilerine gösterdiği ilgidedir. Bu sebeple tek başına yapılan etkinlikler, yalnız kalmak bu problemi yaşayan kişiler için cazip olmayabilir. Oysa bir insanın ilk başta kendi kendine yetebilmesi bu problemi aşmak için en önemli şartlardan birisidir. Özellikle diğer insanlara yoğun ihtiyaç hissedildiği zamanlarda, bu arzuya karşı koyup, tek başına bir şeyler yapmak ilk başta hiç keyif vermese de evde tek başına kalıp neden ilgi görmüyorum diye üzülmekten daha iyidir.

Kişi yaptığı davranışın amacının karşısındaki insanların ilgisini çekmeye yönelik olduğunu fark ettiği zaman, kendini durdurmaya çalışabilir. İlk başta davranışı yapmak için ortaya çıkan içsel arzuya karşı koymak zor olsa da zamanla bu konuda daha başarılı olmak mümkündür. Ayrıca kişi ilgi göremediği ortamlardan uzaklaşma eğiliminde olabilir. Ne olursa olsun, ilgi görmesen de o ortamdan ayrılmamalı ve kendini ilgi görmediğin koşullara da maruz bırakmalısın. Böyle zamanlarda kendini çok değersiz hissetmen muhtemel, ancak hissettiğin şey gerçek değil. Sadece dolmayan depolarının sana verdiği yanlış alarm. Birisi her daim seni hayatının merkezine almadan da sevebilir seni ya da bir ortamda sana değer verilmesi için her zaman dikkatin sende olmasına gerek yoktur.

Hayat yolunda sen çabalarsın, bir şeyler değişir ya da değişmez. Sonucun ne olduğu, ne yapman gerektiği gerçeğini değiştirmez, her halükârda mücadele etmek zorundasındır. Hayat mücadele üzerine kurgulanmıştır.

Beyhan Budak -

5. BÖLÜM

GEÇMİŞİN HASARLARINI ONARMAK

Suçluluk Duygusunu Yenmek

Çocukluk çağında başımıza gelen olaylarda hiçbir sorumluluğumuz olmasa bile o anki zihinsel yapımız, yaşadığımız olayların sebebinin biz olduğunu düşünmemize neden olabilir. Annesi tarafından şiddet gören birçok çocuk, bu durumu kendi hatası olarak görme eğilimindedir. Babası tarafından terk edilen bir çocuk ise babasının evden ayrılmasının nedenini çok fazla şımarıklık yapmasına bağlayabilir. Yetişkin aklımızla baktığımız zaman, saçma ve yanlış gelse de bu bağlantıların duygusal kodlamalarından ötürü, etkisi uzun yıllar boyu devam eder. Kişinin kendisini kötü hissettiği, karşısına çıkan bütün insanlara sanki bir özür borçluymuş gibi davrandığı, yeterli özgüvene sahip olmadığı durumların birçoğunda kişinin kendini suçlaması yatar. Maalesef günümüz dünyasında, gerçekten kendisini suçlaması gereken insanlar işledikleri hiçbir suça dair sorumluluk hissetmezken, hassas insanlar kendilerine ait olmayan suçların yükünü bile omuzlarına alma eğilimindedir.

Geçmişin travmatik olaylarında kendini suçlayan insanlar, şu anki hayatlarında da kendilerini suçlama eğiliminde olurlar. Suçluluk işlevsel bir duygu değildir, suçluluğun yerini vicdan azabı almalıdır. Vicdan azabı, yaptığın şeyden dolayı kendini kötü hissetmeye neden olur ve bizi kendi değerlerimizin olduğu çizgide durmaya yöneltir. Suçluluk duygusu ise kişinin kendi olduğundan dolayı kötü hissetmesidir. Kötü bir davranışın seni kötü birisi yapacağına inanmaya başlaman yanlış bir düşüncedir. Çevremizde kötü şeyler, hatalar yapmış birçok iyi insan vardır. Kendini kötü bir insan olarak tanımlaman, ileriye doğru atacağın her adımda sana bir yük oluşturacaktır.

Kendini suçlayan insanlar geçmişlerindeki hataları değerlendirirken durmadan eksik yaptıkları şeyleri hatırlarlar. Ama çoğu zaman elindeki koşullarla en iyisini yaptıklarını hatırlamazlar. Daha önce Neva'dan bahsettim. Neva'nın annesi, tek kızına okula gidene kadar bir isim koymamıştı. Okula gideceği zaman da mecburiyetten bir isim koyması gerekmişti. Konulan isim de Neva'nın hiç hoşuna gitmemiş; kendi maddi imkânına sahip olur olmaz da ilk işi mahkeme yoluyla ismini Neva yapmak olmuştu. Bu ismi seçerken, Türk müziği makamlarından olan Neva makamından ilham aldığını söylemişti bana; söylenilenlere göre, bu makamdaki müzikler insan ruhuna şifa veriyormuş. Bu isim vermemenin sebebini Neva'ya sorduğumda, annesinin bu durumu açıklamak için, yuvarlak cümleler kurduğunu, o zamanlar öyleydi, demekle yetindiğini söyledi. Ama Neva bu durumu kendisinin kız olmasına bağlıyordu. Annesi hiçbir zaman kızı olsun istememişti. Evin içinde isimsiz kız çocuğuna, annesi ve babası çeşitli ünlem sesleri ve "kız" diye hitap ediyorlarmış. Neva, içine doğduğu aile içinde kendisini kendi olduğu için, varlığı için suçlu hissediyordu. Bu ruhunun her yerine sinmiş suçluluk duygusu, hayatta karşısına çıkan her sorunlu durumda tekrarlanıyordu. Birinin onun hakkını yediği durumlarda bile kendisini suçlayacak bir şeyler buluyordu.

Bir seansımızda Neva'dan, çocukluğunda kendisini çok suçlu hissettiği anılardan birisini benimle paylaşmasını istedim. O da bana, daha ilkokula bile başlamamışken kendisinden 3 yaş küçük erkek kardeşine baktığını ve bir gün kardeşini kucağından düşürdüğünü anlattı. Annesi genelde mutsuz bir halde kendi kendine zaman geçirdiği için, çocuklarla ve evle ilgili sorumlulukların büyük kısmını Neva halletmek zorundaymış. Kardeşini düşürdüğü zaman annesi hiddetle yanlarına gelmiş, Neva'yı çocuğa bakamamakla, ona zarar vermek istemekle ve bilerek düşürmekle suçlamış. Sonrasında o gün boyunca kendisini çok kötü ve suçlu hissettiğini hatırladı. Hatta annesinin ilgisinden dolayı küçük kardeşini bazen kıskandığını ve bu kıskançlığın da ona o zaman çok kötü hissettirdiğini ifade etti.

Sonrasında ondan bir şey istedim: "Diyelim ki senin bu anını bir televizyon ekranından izliyoruz ve bizim sihirli bir gücümüz var, istersek seni o olayın yaşandığı ana şu anki halinle gönderebiliriz. Ve bu gücümüzü kullanarak seni yatağında ağlayıp kendini suçlayan Neva'nın yanına gönderiyoruz, şu anki yetişkin halinle ona ne söylemek isterdin?" Neva bu sorum karşısında çok şaşırdı ve bir süre söyleyecek bir şey bulamadı. Ben de ona, "O küçük kız çocuğu şu anda neler hissediyordur?" diye sordum.

"Kendisini çok suçlu hissediyor; bir türlü annesini mutlu edemediğini, kendisinde bir yanlışlık olduğunu, küçük bir çocuğa bile bakamadığını düşünüyor," dedi. "Peki sen onun yanında şu anki halinle ona neler söylemek isterdin?" diye sordum. "İlk başta onu sakinleştirmek isterdim, saçlarını okşardım, hatta ben de yanına uzanırdım," dedi. Bunları konuşurken, uzak bir noktaya bakar gibi daldığını fark ettim, bir yandan da konuşmasına yavaşça devam ediyordu. "Ona, bu yaşanılanların kendisinin suçu olmadığını, bu yaştayken bir bebeğe bakma sorumluluğunun ona verilmesinin yanlış olduğunu, kendisine verilen bu ağır sorumluluğun sonucunda çıkan bu hatanın ve onun böyle hissetmesinin sorumlusunun annemiz olduğunu söylerdim."

Ben devreye girdim: "Peki senin bu söylediklerin, küçük Neva'ya nasıl hissettirdi sence?" Cevap vermeden önce yine uzaklara bakarak biraz düşündü ve sonra: "Bence şu an ağlamıyor ama yine de üzgün; annemiz neden böyle, diye düşünüyor."

Neva'yla beraber onun geçmişine minik bir seyahat gerçekleştirdik. Birçok insanın geçmişinde buna benzer olaylar vardır. Aslında kendi sorumluluğu olmayan ve kaldıramayacağı bir şey ona yüklenmiştir, küçük hatalar yapmıştır ve yakınları tarafından suçlanmıştır. Çocuk aklıyla kişi kendini suçlu kabul eder ve bir daha bu durumu sorgulamaz. İçinde bir yerlerde bu derin suçluluk hissi güncel olaylarla birlikte kendini tekrarlamaya devam eder.

Yaşadığımız travmaların bugünümüzü etkilemesinin en önemli sebeplerinden birisi, travma anında oluşan suçluluk duygusudur. Kişi tecavüze uğramış olabilir, ağır bir kaza geçirmiş olabilir. Böyle olaylarda bile her zaman suçluluk duygusu mevcuttur; keşke o saatte oradan geçmeseydim, keşke daha dikkatli olsaydım, keşke, keşke... Aslında bu keşkeler anlamsızdır, çünkü insan yapması gereken şeyi yapıyor. Ama her zaman bizim koşullarımızı zorlayacak insanlarla ve durumlarla karşılaşabiliyoruz. Burada şunu fark etmek önemli; zihnimiz suçluluk döngüsüne girdiği zaman, bu rüzgâra kapılmadan, "yapmam gerekeni yaptım", "nereden bilebilirdim ki", "elimden gelen buydu" gibi karşı argümanları suçluluk döngüsünü kırmak için kullanmalısın.

Neva'yla beraber yaptığımız gibi senden de geçmişine bir yolculuk gerçekleştirmeni istiyorum. İlk olarak geçmişte sana suçlu hissettiren anılarını bir deftere yazmanı isteyeceğim. Sonra bu anılardan birini üzerinde çalışmak için seçmeli ve evin sakin bir köşesinde, yalnız olduğun bir zaman diliminde, geçmiş seyahatine hazırlanmalısın. Sonrasında gözlerini kapatıp, o anının gerçekleştiği ortamı en ince detayına kadar hatırlamaya çalışmalısın. Hatırlamak için aşağıdaki sorulardan faydalanabilirsin:

- Hangi eşyalar vardı?
- Eşyalar ne renkti?

- Ortamın kokusu nasıldı?
- O an o ortamda olan insanların üstünde ne vardı?
- Senin üstünde ne vardı?
- Günün hangi saatiydi, hangi mevsimdi?

Detaylar geldikçe daha fazla o ortama gireceksin. Sonra televizyon ekranından izler gibi sana suçlu hissettiren olayı baştan sona izlemelisin. Olay bittikten sonra geçmişteki versiyonunun yanına gidip, şu anki deneyiminle, hayata bakış açınla ona söylemek istediklerini söylemelisin. Bazen bu geçmişi hayal etme halinde suçlu hissetmene neden olan kişi ya da kişiler de senaryoya dahil olabilir. Yetişkin halinle o kişilere karşı kendi geçmiş versiyonunu savunabilirsin. Böylece geçmişte donup kalmış suçluluğunla şu anki yetişkin tarafını buluşturabilir ve geçmişin suçluluğundan biraz kurtulabilirsin. Üzerinde çalışacak anılar oldukça bu yöntemi kullanabilirsin.

Alternatif Hayat Hikâyeni Yaz

İçinde olduğun hayatı beğenmiyor olabilirsin, çok doğal. Ama bazen bu durumu yaşayan insanlara, nasıl bir hayat istediklerini sorduğumda, cevabı bilmediklerini fark ediyorlar. İşte böyle bir durumda, tam olarak ne istediğini anlamak için senden alternatif hayat hikâyeni yazmanı isteyeceğim.

Kurallar şöyle; en fazla 5 sayfa olacak şekilde, hayatının senin seçtiğin bir noktasından itibaren başlayıp, olduğu haliyle değil de olmasını istediğin haliyle yazmalı ve hikâyeyi bugüne kadar getirmelisin. Başka da kural yok.

Bu sayede hayatında yapacağın değişikliklerin hangi sonuçlara neden olabileceği konusunda farkındalık kazanabilir, gerçekte ne istediğine dair fikir sahibi olabilirsin. Ve bunu yaptıktan sonra kendine şunu sorabilirsin: "Şu an bu sonuca ulaşmamı engelleyen şey ne?"

Affetmek Gerçekten İşe Yarıyor mu?

Affetmek hiç kolay bir iş değildir. Şu dünyada hiç hak etmediğin halde birisi seni çok üzmüş, canını çok yakmış, sana çok kötü davranmış olabilir. Bunun sonucunda da hayatının akışı değişmiş, istediğin yaşamı yaşayamamış olabilirsin. Böyle yaşantılar sonucu birisi, "Geçmişte sana bunu yaşatanları affetmelisin," dediğinde eminim canın sıkılıyordur. Ya da kendi yaptığın hatalar sebebiyle birilerine veya kendine zarar vermiş olabilirsin. Şu an maruz kaldığın her şeyi tekrar tekrar yaşadıkça, zihninde bir ses durmadan seni suçlar ve kendini affedemezsin. Böyle durumlarda bazen insan güzel şeyler yaşadığı zaman bile içindeki ses durmadan ona, bu yaşadıklarını hak etmediğini söyler. Ama öfke hisseden ve affedemeyen kişi bir süre sonra bu durumdan zarar görmeye başlar. Çünkü ister kendimize isterse başkalarına yönelik olsun içimizde biriken öfke, artık geçmişte yaşadıklarımız üzerinde bir etkiye sahip değildir.

Affetme duygusu, çok ağır bir yüktür, çünkü kökeninde acı, kırgınlık ve haksızlık vardır. Affetmek başkası için değil kendin için atacağın bir adımdır. Affetmek, sizi kıran kişi ile uzlaşma anlamına gelmez, önemli olan huzurlu hissetmektir. Öncelikle, diğer insanlardan bir şeyler ummayı bırakman gerekir, muhtemelen istediğin şeyleri ya da basit özrü duymayacaksın. Affetmek, daha az acı çekmeni sağlayan, yaşam tecrübesini kişisel algılamanı engelleyen ve şikâyetlerini azaltan bir eylemdir.

Birçok insanın kendisine kötü şeyler yapanları affetmekten bahsettiğimizde sinirlendiğini kendi danışanlarımdan biliyorum. İnsanların büyük bir kısmı affetmek denilince, sanki kendisine yapılanlar unutulacak ve bunu yapan insanlara bir ödül takdim edilecekmiş gibi bir algısı var. Sanki affedince, yaşanılan onca acı boşa yaşanmış gibi olacak ve bu durum yapanın yanına kâr kalacakmış gibi hissediliyor. Keşke her kötülük yapan, cezasını bu dünyada bulabilseydi. Ben bu konuda bir sevgi kelebeği gibi düşünmüyorum açıkçası, kötü şeyler yapanlar cezalarını çekmeliler. Ancak içinde bulunduğumuz dünya koşullarında maalesef bu her zaman mümkün olmuyor ya da mümkün olsa bile verilen cezalar açılan yaraları kapatmaya yetmeyebiliyor.

Bir başkası tarafından hak etmediğimiz bir muameleye maruz kaldığımız zaman, ortaya çıkan fiziksel acı en çabuk geçen acıdır. Sonrasında kalıcı olan acı, maruz kaldığımız adaletsizliktir. Bu adaletsizlik hissiyatı, en yoğun olarak öfkeye dönüşür. Öfke hissettikçe, belki gerçek olarak belki hayali olarak, bize zarar verene zarar vermeye çalıştıkça, durmadan onun yaptıklarını düşündükçe, o kişiye tavır gösterdikçe, ondan konuştukça uğradığımız adaletsizliği içimizde dengelemeye çalışırız. O kişiyi görmeye devam ediyorsak, her gördüğümüzde içimizde öfke fırtınaları kopuyor olabilir. Bize kötü şeyler yapan insanlara karşı nefret hissetmek kadar doğal bir şey yok. Hatta bu nefret ömür boyu bile sürebilir. Burada önemli olan, hissettiğimiz şeyin yoğunluğu. Hissedilen öfke ve nefret yoğunlaştıkça zihnimizde "şimdi"yi yaşamak için pek fazla alan kalmaz, zihnimiz geçmişte olanlarla o kadar çok dolar ki hayatımıza yeni yaşantılar alamayız, yeni anılar oluşturamayız.

İçi öfke ve nefretle dolan kişi bir kısır döngü içinde gibidir. Aslında ona iyi gelen şey, yeni şeyler yaşamak olabilecekken zihni tamamen eskilerle dolu olduğu için yeni şeyler zihne girecek yer bulamaz. Oysa zihnimizin devamlı olarak uğraşacak bir şeylere ihtiyacı vardır, uğraşacak yeni malzemeler olmadığı için durmadan eski şeyleri çevirip çevirip yeniden işler. İşledikçe de öfke daha da artmaya başlar ve sonrasında yine aynı şey olur. Öfke ve nefret bu kadar çok yer kaplarken, kişi kendisini kandırmaya başlar; ben öfkeleniyorum, çünkü o bana çok kötü şeyler yaptı, nefret ediyorum, çünkü ben bunu yapmazsam o tamamen bu durumdan yırtmış olacak. Tam olarak burada sana şunu sormak istiyorum: Senin bunları düşünmen, hayatını öfkene teslim etmen, sana bunları yapan kişinin hayatını zorlaştırıyor mu? Senin intikamını alıyor mu? Karşı tarafın umurunda mı? İşin en kötüsü, senin bu kadar acı ve öfke hissetmen kimsenin umrunda mı? Bir sonraki paragrafa geçmek için acele etme; sorduğum soruların cevaplarını detaylıca bir düşün bakalım...

Eğer yeterince düşündüysen, sorduğum sorulara "hayır" cevabını vermiş olman gerek. Elbette bu cevapların "evet" olmasını en az ben de senin kadar isterdim, ancak bugüne kadar karşılaştığım vakalarda, bu cevapların "evet" olduğu bir durumu hatırlamıyorum. Peki hissettiğimiz öfke ve nefret karşı tarafa bir zarar vermiyorsa ne işe yarıyor ya da bir faydası var mı? Hissedilen öfkenin bizim içimizde bir anlamı var; ben, bana yapılanları unutmadım ve affetmedim. Bu sebeple öfkem bende maruz kaldığım adaletsizliği kısmen dengeliyormuşum hissiyatı yaratıyor. Fakat bu durum sadece bir yanılsama. Başlangıcında doğal seyrinde giden öfkem ve nefretim arttıkça hayatımı kaplamaya başladı ve ben yeni şeyler yaşayamaz hale geldim. Yani içimde biriken duygular karşı tarafa zarar verme ya da yaşadığım acıların telafisi olma konusunda hiçbir işe yaramadığı gibi hayatıma da zarar veriyor.

İşte affetmek tam olarak burada devreye giriyor. Ve benim affetmekten anladığım, sana önerdiğim şey karşı tarafa sevgi beslemek, onun yaptıklarını önemsizleştirmek, yok saymak, onaylamak değil kesinlikle. İşlevsel affetme, bir kayıtsızlık halidir, sana zarar veren kişiyi zihninden uzaklaştırma, yaşadıklarını kabullenme ve kendine yeni olumlu yaşantıları yaşama şansı vermektir. Çünkü sen affetmedikçe, nefret beslemeye devam ettikçe o kişinin hayaleti senin zihninde sana zarar vermeye devam edecek. Ancak affetmek için takip edebileceğiniz kesin bir yol yoktur, bu süreç herkes için farklıdır ve içerisinde birçok adım barındırır. Affetmen kendi içsel iyileşmeni ve hayata anlamlı bir şekilde devam edebilmeni kolaylaştırır, özgüvenini, içsel gücünü ve güven hissini artırır. Araştırmalar affetmenin depresyonu, anksiyeteyi ve siniri azalttığını göstermiştir. Sen geçmişte yaşadıklarından ibaret değilsin; kendine yeni bir yaşam şansı vermelisin. Sana, kendi karşılaştığım vakalarda, affetmek için işe yaramış birkaç yöntemden bahsedeceğim.

Keyfin yerinde, kalabalık bir caddede ıslık çalarak yürüyorsun. Ve bir anda yoldan geçen birisi sana hakaret etmeye başladı. Sen bu duruma çok şaşırıyorsun. Şimdi bu senaryoyu iki farklı şekilde devam ettirelim: Birinci senaryoda sana hakaret eden kişi seni tanıyan birisi, ikinci senaryoda ise hayatın boyunca hiç karşılaşmadığın birisi olsun. Hangi durumda daha çok üzülürdün? Benim başıma böyle bir olay gelse, beni tanıyan birinin bana hakaret etmesi canımı daha çok sıkardı. Çünkü beni tanıyor, söylediği şeyler tamamen benimle ilgili olabilir. Oysa ikinci durum için, "Sanırım problemleri olan birisi, hiç tanımadığı insanlara hakaret ediyor," der ve yoluma devam ederdim. Birinci senaryonun daha can yakıcı olmasının sebebi, olayı kişiselleştiriyor olmamız. Çünkü bana yapılan tamamen benimle ilgili diye düşünüyorum ve olayın sorumluluğunu üzerime alıyorum. Ancak yaşanılan birçok olayda, durum bizimle ilgili olduğundan daha çok bunu yapan kişiyle ilgilidir.

Geçmişte yaşadığımız olumsuz olaylarda da hissettiğimiz adaletsizlik duygusu, durumu kişiselleştirmemizle doğru orantılıdır. Ne kadar çok kendi üzerime alırsam, ben olduğum için bu olayı yaşadığımı düşünürsem, hissettiğim adaletsizlik duygusu o kadar yoğun olur. Fakat birçok travmatik olayda, olayın kurbanı değişse de o olay yine olacaktır. Birisi birisine tecavüz edecekse, birisi birisini dövecekse, bir anne baba çocuğunun hayatını karartacaksa, bir öğretmen öğrencisinin okuma şevkini kıracaksa, bu sen olsan da olmasan da olacaktır. Suçu işleyen kişi her halükârda, sen ya da bir başkası olsa da bu suçu işleyecektir. Çünkü onun yaptığı şey de kendisi ile ilgilidir. Bir anne ya da baba çocuğunun hayatını ciddi anlamda olumsuz etkileyecek şeyler yaptığında bile çocuğunun gerçekten ne hissettiğini ya da onda nasıl bir hasara neden olduğunu anlayamaz, o sadece kendi duygusal çıkarını düşünüyordur.

Burada bize kötü şeyler yapan insanı, bize yapılan şeylerin kurbanı olarak değil de sanki olayı dışarıdan objektif olarak değerlendiren bir psikologmuş gibi değerlendirmeni isteyeceğim. Kurbanı hiç düşünmeden, sence bu kişi neden böyle bir şey yapmış olabilir? Onun sana yaptığı şeyleri, dışarıdan bir gözle değerlendirmeye çalışmak, o kişinin içsel dünyasını anlamaya çalışmak bize affetme yolunda fayda sağlayabilir. Diğer insanlara zarar veren birçok kişinin geçmişinde telafisi mümkün olmayan travmalar olma ihtimali yüksektir. İlginç bir şekilde, geçmişte duygusal açıdan yaralanan insanlar başka insanları da yaralayabiliyorlar. Bir şekilde kendi geçmişlerinde yaşadığı trajediden kurtulmak için zalimi kopyalıyorlar ve aynen onun gibi davranma eğiliminde oluyorlar. Yani sana kötü şeyler yapan kişi, geçmişinde kötü şeyler yaşamış birisi olabilir. Sana zarar veren kişiyi bir çocuk olarak mağdur edilmiş, sevgi görememiş olarak hayal etmek işini kolaylaştırabilir. Bu durum elbette onun sana yaptıklarını haklı göstermez, ancak durumu anlamana ve seninle ilgili olmadığını kabul etmene yardımcı olabilir.

Affetmeye karar vermek önemli adımlardan biridir. Bugüne kadar öfkene tutundun, onunla yattın onunla kalktın. Ama artık bu durumun sana zarar verdiğini kabullenmen gerekiyor. Bu bir ilk adımdır. İçinden o kişiye dair yoğun duygular geçtiği zaman kendine bunun bir işe yaramadığı gibi, sana zarar verdiğini hatırlatmalısın. İçinden çıkan öfke duygularına, "bana faydanız yok" etiketi yapıştırmak gibi düşünebilirsin. Ben bize ciddi zararlar vermiş kişiler hakkında olumlu şeyler söylememiz gerektiğini düşünmüyorum, çünkü onlar geçmişinde kötü şeyler yaşamış olsalar da bana yaptıklarını haklı göstermez. En azından buna hakkım var. Ancak devamlı bu kişilerle ilgili konuşmak, onların olumsuz yanlarından bahsetmek onlara değil bana zarar verir. Eğer affetmeye karar verdiysen, bu kişiler için iyi ya da kötü konuşmayı bırakmanı öneririm. Çünkü konuştukça onu ve olayları hatırlayacaksın.

Geçmişinde kötü şeyler yaşayan birçok insan, kendisine bunu yaşatan insanlarla yüzleşmek ister. Yüzleşince karşı tarafın pişman olduğunu, utandığını ve hatta özür dileyeceğini zanneder. Maalesef bu girişimlerin birçoğu hayal kırıklığıyla sonuçlanır. Eğer ki bir yüzleşme girişimi planlıyorsan bunu uzun uzun düşünmeni, hemen yapmamanı öneririm. Çünkü bu kişiyle yapacağın bir yüzleşme, umursamaz bir tavırla, ben senin iyiliğini düşünüyordum sadece gibi bir cevapla ya da senin suçlandığın bir konuşmayla sonuçlanabilir. Böyle bir girişime kalkışmanı, gerçekten sonuç alacağına inanıyorsan yapmanı öneririm. Öbür türlüsü sende daha büyük bir hayal kırıklığına neden olabilir. Gerçek yüzleşme yerine, hayali yüzleşmeler daha işlevsel olabilir. O kişiye yazdığın, içinden geldiği gibi bütün duygularını ifade ettiğin bir mektup seni rahatlatabilir. Böyle bir mektup yazdıktan birkaç gün sonra o mektubu bir daha okuyup yırtman senin için bu konunun sembolik olarak kapanması açısından iyi bir ilk adım olabilir.

O kişinin ya da kişilerin sana yaşattığı acıyı kabullenmelisin. Keşke yaşanmasaydı ama maalesef yaşandı. Öfkene tutunarak, acıyı hafızanda canlı tutuyorsun. Acını elinde tuttuğun bir yastığa benzetelim. Sen bu yastığı her daim gözünün önünde tuttuğun zaman, her iki elin de o yastığı sıkıca tutar ve ellerini yeni bir şey almak için kullanamazsın. Bu yastık gözünün önünde durduğu için gözün yastıktan başka bir şey görmez olur. Yastığa benzettiğimiz acıdan tamamen kurtulmak mümkün değil, ancak o yastığı dizlerimizin üstüne bırakmamız mümkün. Affetmek bu işe yarayabilir. Hem gözlerin başka şeyleri görebilir hem de ellerin yeni şeyleri alabilir.

Affetmek sana zor gelebilir, ama eğer affetmeye karar verdiysen bunun bir süreç olduğunu ve herkes için farklı zamanda gerçekleştiğini unutmamalısın. Öncelikle, affetme duygusu ile sorun yaşaman başarısız olduğun anlamına gelmez, bunu unutma. Kendine karşı sert olmamalısın, sabır gerektiren bir sürecin içindesin. Yeni bir fiziksel egzersize başlarken yavaşça gerçekleştirdiğin adımları hatırla ve affetme duygusunu da aynı yavaşlıkta hayatının içine entegre et. Sonrasında, çevreni seni destekleyen ve iyileşirken sana zaman tanıyan iyi ve akıllı insanlardan seçmelisin. Affetmek, insan doğasına yönelik saf bir beklenti ile karıştırılmamalıdır. Affetmek ile amacımız seni duygusal anlamda hâlâ etkileyen kişiden kurtarmak. Ancak sen bu durumu, sana zarar veren insanı durmadan affedip hayatına girmesine izin vermekle karıştırmamalısın. Bir insan defalarca aynı şeyi yapıyorsa ve sen yine affedip hayatına alıyorsan aynı zararı tekrar görmen kaçınılmazdır. Benim burada anlattığım affetme, o kişiden uzak dur, kendini korumayı öğren ve onun duygusal anlamda seni etkilemesine izin vermemeyi kastetmektedir.

Başkalarına Gösterdiğin Anlayışı Kendine de Gösterebiliyor musun?

İçinde bulunduğumuz zaman diliminde, dünya daha çok sonuçlara önem veriyor gibi görünüyor. En güzel, en yakışıklı, en başarılı, en zengin olursak daha iyi hissedebileceğimizi, daha mutlu olabileceğimizi düşünüyoruz. "En"lere ulaşabilmek için inanılmaz rekabetçi koşullarda savaşıyoruz. Ancak içinde bulunduğumuz seviyeden bir üst seviyeye geçtiğimiz anda içimizi sıcacık kaplayan o tatmin olma hissi, her zaman bizden daha iyi olanları fark etmemizle sona eriyor ve aynı döngüyü tekrar yaşamaya başlıyoruz. Üstelik en iyi olsak dahi kimi zamanlar bizi üzen şeyler yaşıyoruz ve kendimizi iyileştirecek yollar bulamıyoruz. İyi hissetmenin en iyi olmaya bağlı olduğu bir dünyada gerçekten huzurlu ve mutlu olmanın bir yolu var mı? Kendimize karşı daha anlayışlı ve şefkatli davranmayı öğrenmekten başka seçeneğimiz yok.

Milyarlarca insanın yaşadığı bir dünyada, farklı olmayı istemek aslında doğal bir ihtiyaç. Bu kadar kalabalık insan yığınlarının arasında kendini göstermeye çabalamak da varoluşsal bir gereksinim. Fakat ideal olan noktaya varmaya çalışırken, kendimizden beklentilerimiz fazlalaştıkça kendimize fazlasıyla zarar vermemiz mümkün. Her alanda en iyisi olmaya çalışırken çok aşikâr bir gerçeği gözden kaçırıyoruz; bir insanın her alanda kendini göstermesi, her istediği şeye ulaşması mümkün değil. Bugüne kadar bize, "istediğin her şeyi başarabilirsin" denmiş olması, gerçeğin böyle olduğunu göstermiyor. Bir insan her istediği şeyi başaramaz, çünkü doğuştan getirdiğimiz belli bir kapasitemiz, eğilim gösterdiğimiz alanlar vardır. Her insanın çok başarılı ve iyi olabileceği bir alan varken, her istediğimiz şeyde başarılı olmamız mümkün değildir. İnsan olmak diğerlerinden daha iyi olmak demek değil ve bu zaten imkânsız bir hedef. Hepimizin kötü ve eksik yanları vardır. Komşunun oğlu bizden daha iyi bir not alır, Ayşe Teyze'nin kızı üniversiteyi birincilikle bitirir, kuzeniniz çok güzel resimler çiziyorken siz Cin Ali'yi insana benzetemezsiniz... Eksiklerimizi başkalarının sahip olduğu şeyler üzerinden tanımladıkça kötü hissederiz. Eğer kendimizi iyi hissetmek için diğerlerinden daha iyi olduğumuza inanmaya ihtiyaç duyarsak kendimizi ve çevremizdekileri nasıl gerçekte olduğu gibi görebiliriz ki?

Kıyaslama dediğimiz şey, çorbadaki sinek gibidir. Çorba ne kadar güzel ve lezzetli olursa olsun, üstünde bir sinek gördüğümüz andan itibaren bizim için çekiciliğini kaybetmiş ve hatta iğrenilecek bir şey haline gelmiştir. Kıyaslama yapan kişiler, kendi değerini diğer insanlar üzerinden ölçerler. Sahip olduğun şeyleri diğer insanlarınkiyle kıyaslamaya başladığın andan itibaren elindeki güzellikler sana içine sinek düşmüş çorba gibi görünmeye başlar. İnsanın kendi durumunu değerlendirirken diğer insanların durumunu, neler yaptığını ya da yapamadığını değerlendirmesi belli bir seviyede normaldir. Böyle bir kıyaslama sağlıklı bir şekilde kendi durumumuzu tespit etmemize yarar. Ancak diğer insanları değerlendirirken, onların sadece dışarıdan göründüğü kadar görebildiğimizi unutmamamız gerekiyor. Bir de işin içine sosyal medya girince, kıyaslama sağlıklı seviyelerden hızla uzaklaşıyor.

Sosyal medyada gördüklerimizi gerçek zannedince kendimize karşı daha acımasız olabiliyoruz. Çünkü orada herkes çok güzel, çiftler çok mutlu, bir sürü insan dünyayı geziyor, birçoğunun her anı eğlence ile geçiyor. Sen evinde telefonunun ekranından diğer insanların hayatına bakınca, kendi hayatın gözünde basit ve değersiz görünmeye başlıyor. Burada dikkat etmen gereken şey, sosyal medyadan sunulan hayatın gerçek hayatla bir ilgisi olmadığı. Kimse sıradan bir gününü, işyerinde çalışmaktan saçı başı dağılmış halini, toplu taşımaya bindiğini, eşiyle mutsuz olduğu zamanları, evde sıkıntıdan patladığı anları sosyal medyada paylaşmıyor. Buna sen de dahilsin. Ancak kendin de bunu yapıyor olmana rağmen, diğer insanların paylaştıklarını bir zaman çizgisinde arka arkaya görünce, sanki onların hayatı sadece paylaştığı ışıltılı anlardan ibaretmiş gibi gelmeye başlıyor. Bu durumu izah etmek için kullanılan "Ördek Sendromu"ndan bahsetmek istiyorum sana. Suyun üzerinde yüzen ördekleri gördün mü bilmiyorum ama gerçekten çok güzel bir manzara olduğunu söyleyebilirim. Sanki ördek hiç çaba harcamadan suyun üzerinde süzülüyor gibidir. Ancak görüş açımız suyun altını da görebiliyor olsaydı, yukarıda hiç çaba harcamıyormuş gibi görünen ördeğin ayaklarının suyun altında durmadan çalıştığını da görebilirdik. Sosyal medya yanılsaması tam olarak böyle bir şey. Dışarıdan mutlu görünen çiftlerin sadece mutlu anlarını gördüğümüz için onları her zaman mutlu zannediyoruz. Halbuki suyun altına bakıyor olabilseydik, ilişkilerinde ne kadar çok sorun yaşadıklarını da görebiliyor olurduk. Bu duruma örnek olması açısından bir zamanlar bana gelen danışanım Suzan'dan bahsetmek istiyorum.

Suzan, ilişkilerinin terk edilme ile bitmesi ve bu durum sonucunda yaşadığı değersizlik duygusu ile baş edemediği için bana gelmişti. Bir üniversitede öğretim üyesi olan Suzan, minyon yapısı, siyah kemik çerçeveli gözlükleri, salaş kıyafetleri ve her daim sırt çantasıyla gezmesi ile üniversiteye yeni başlamış bir öğrenci gibi görünüyordu. Onunla yaptığımız seanslarda, ilişkilerinin hep benzer sonla bitmesinden dolayı bugüne kadar hayatına giren insanlar hakkında daha detaylı bilgiler öğrenmek istedim. İlk öğrendiğim, onu terk eden bütün erkeklerle Instagram üzerinden uzun uzun konuşarak tanıştıkları oldu. "Profilim açık ve yaptığım paylaşımlar dikkat çekici diye birçok tanımadığım erkek beni takip ediyor," dedi. Ben de ne tarz paylaşımlar yaptığını sordum ve kendi telefonundan Instagram hesabını bana gösterdiğinde minik bir şok yaşadım. Telefonda gördüğüm kişiyle karşımda gördüğüm kişi arasında dağlar kadar fark vardı. Hesabında paylaştığı bütün fotoğraflar lüks mekanlarda, çok şık ve pahalı olduğu belli olan kıyafetler içerisinde, aşırı makyajlı halde çekilmişti. Fotoğraflara baktıkça şaşkınlığımı gizleyemez oldum. Hatta ilk şok etkisiyle "Bu fotoğraftaki kişi sen misin?" diye sorduğumu hatırlıyorum.

Fotoğraftaki kişinin Suzan olduğundan emin olduktan sonra, sosyal medyadaki fotoğraflarının gerçekteki halinden neden farklı olduğunu sordum. Bu arada günlük haline ilişkin hiçbir fotoğrafı yoktu hesabında. Ben bu soruyu sorduktan sonra, gözleri dolmuş bir şekilde ama öfkeyle, "Bu halimi kim beğenir, bu halimle kim sever ki beni?" dedi. Instagram'da paylaştığı fotoğraflar için ciddi planlar yaptığını, lüks markalardan kıyafet aldığını, aynı gün lüks bir mekana bir arkadaşıyla beraber gidip bir kahve içtiklerini, ancak asıl amaçlarının orada fotoğraf çektirmek olduğunu söyledi. Kıyafetle işi bittikten sonra da eğer iade alıyorlarsa iade ediyordu.

Kendini olduğu haliyle beğenmeyen, sadece oluşturduğu hayali kimlikle birilerinin onu sevebileceğini düşünen Suzan'ın hikâyesi bana *Külkedisi* hikâyesini çağrıştırdı. Kendisini Külkedisi gibi görüyor, ancak bal kabağından arabası ve camdan ayakkabılarıyla diğer insanların kendisine değer verebileceğini düşünüyordu; sosyal medya da bu yanılsama için biçilmiş kaftandı. İlişkilerinin nasıl devam ettiğini ve sonrasında nasıl bittiğini sorduğumda, aldığım cevap tahmin ettiğim gibiydi. Suzan'ın sosyal medyadaki görselliğinden etkilenen erkekler onu elde etmek adına yazışırken inanılmaz romantik, düşünceli oluyor; iş tanışma faslına geldiğindeyse büyük bir düşüş yaşıyorlardı. Sadece fiziksel güzellikten etkilenen kişiler, tanıştıkları insanların iç güzelliğini keşfedecek kadar sabırlı olmuyorlar maalesef. Sosyal medyada başlayan tanışma hikâyesi, gerçek hayattaki birkaç buluşmadan sonra mesajların cevaplanmaması, telefonların açılmaması ile düşüşe geçiyor ve en sonunda sona eriyordu. Ve her seferinde daha fazla değersiz hisseden Suzan daha fazla fotoğraf paylaşmak istiyordu.

Suzan'la çalışmamızda, kendisinin kendinden hoşlanmadığı bir durumda diğer insanların ona nasıl sevgiyle yaklaşabileceğini konuştuk. Sosyal medyada ortaya koyduğu çabanın, kendisinden uzaklaşmasına, sadece görsellikle ilgilenen insanların hayatına girmesine neden olduğuna ve bundan dolayı ilişkilerinin hepsinin başarısızlıkla sonuçlandığına değindik. Bir süre sonra doğal haliyle birkaç fotoğrafını paylaştı hesabında. İlginçtir ki bu paylaşımlarından sonra ciddi bir takipçi kaybı oldu. Sanırım sosyal medyanın yalan dünyasının bir işaretiydi bu durum. Bu düşüş onu sarssa da geri adım atmaması konusunda cesaretlendirdim. İlk bakışta onu etkileyen erkeklere değil de ona daha sıradan görünen, dikkatini çekmeyen kişilere şans vermesi konusunda yaptığımız çalışmalar neticesinde, ilk başta memnun olmasa da yavaş yavaş birbirlerini keşfettikçe sağlam bir sevgiye doğru ilerlediği bir ilişkisi oldu. Suzan, bazen yine değersiz hissetse de kendini olduğu gibi kabul etmekten ve hayatında onu doğal haliyle seven birinin olmasından mutlu.

İnsan kendi içinde iki kişi gibidir. Birisi olduğu haliyle ben, diğeri de onu değerlendiren ben. Bu iki ben ne kadar uyum içinde olursa içimde huzur o kadar fazla olur. Olduğu haliyle olan ben, benim var olduğum doğal halimdir. Değerlendirici ben ise bizi yetiştiren ebeveynlerimizden devraldığımız, içimizdeki depoların dolup dolmaması ile sağlıklı olan ya da sağlıksız olan bendir. Değerlendirici ben, var olan benin çabalarını, varoluşunu olumsuz değerlendirdikçe, yetersizliğini vurguladıkça, daha iyi olması için negatif bir dil kullandıkça, amaçlananın aksine var olan ben pasifize olur, değersiz hisseder ve daha depresif hissetmeye başlar. Değerlendirici benin ağır eleştirileri bizi hatalarımızı düzeltmeye itmez. Kişisel anlamda daha ileri gitmemizi, duygusal açıdan gelişmemizi sağlayan şey acımasızlık değil kendimize şefkatle ve anlayışla yaklaşmaktır. İlk olarak var olduğumuz beni ve bu benin yaptıklarını kabul etmeyi, ardından onları neden yaptığını anlamayı başardığımızda gelişim için önemli ilerlemeler kaydetmiş oluruz. Bir arkadaşımız bize sorunlarını anlattığında ona acımasızca yaklaşmayıp anlayış gösterebiliyorsak bu anlayışı kendimizden neden esirgeyelim? Bir başka insanın bizimle kendi kendimizle konuştuğumuz gibi konuşmasına izin verir miyiz? Öyleyse kendimizle daha şefkatli konuşabilmeliyiz. Eğer değerlendirici ben, var olan bene daha anlayışlı yaklaşırsa, hatalarını gerçekçi şekilde değerlendirirse iki ben arasında uyum daha fazla olacaktır ve kişi ruhsal açıdan daha dengeli olacaktır.

İki benin arasındaki ilişki dostane ve babacan bir ilişki gibi olmalıdır. Ne olursa olsun orada olacağını bildiğimiz bir arkadaş gibi zor zamanlarda kendimize yaslanabileceğimizi, kendimize sığınabileceğimizi bilmeliyiz. Çünkü tüm hayatımız boyunca bizimle olacak olan tek kişi kendimiziz. Kendimizi iyi bir arkadaş olarak görmek, hayatımızı daha kolay kılar. Çok yakın olmadığımız insanların bile hatalarını bağışlayabildiğimizi, yardım isteklerini geri çevirmediğimizi, onların bize dertlerini anlatmalarına sabırla yaklaştığımızı düşünürsek, bunu neden kendimiz için yapmayalım ki? Üstelik üst üste gelen sorunlarla uğraşırken ve hayatın zorlu bir bölümünde sıkışmış gibi hissederken de bu yöntemi kullanabiliriz. Böyle zamanlarda kendi hayatımıza bakınca bir şeylerin ilerlemediğini görürüz, ancak çevremizdeki herkes hayatlarıyla bir şeyler yapıyor gibidir. Bu durum bir nehri dışarıdan ve içeriden izlemek gibidir. Diğerlerinin hayatlarına dışarıdan ve uzaktan baktığımız için akışlarını görebiliriz, ama kendi hayatımıza çok yakından baktığımız için tüm yollar, ilerlemeler bize tek seferde görünmez, objektif olamayız. Bu durumda kendimizi bir arkadaşımız gibi hayal etmek daha iyi bir değerlendirme yapmamız için faydalı olur.

Hayat zorlu bir mücadeledir. Koskoca evrende ayakta kalmaya çalışan aciz birer insanız hepimiz. Kalabalıklar içerisinde olsak da acılar ve zorluklar söz konusu olduğu zaman, kendi hikâyemizde yalnızız. Böyle bir yolda en çok ihtiyacımız olan şey, kendimize, özümüze göstereceğimiz şefkattir. Uzun yıllar boyunca kendisine acımasız davranmış bir insanın, kısa sürede kendisine daha anlayışlı ve şefkatli yaklaşması mümkün değildir. Bu bir spor alanında kendini geliştirmeye benzer. Zorlu ve yavaş ilerlemekle beraber sonuç her zaman güzeldir.

Kendine daha anlayışlı ve şefkatli olma yolunda ilk hatırlaman gereken şey, sen de diğerleri gibisin. Başına gelen olumsuz olayları sadece sen yaşamıyorsun. İnsan olmanın doğasında acı çekmek ve mücadele etmek vardır. İlk bakışta acının ve mücadelenin olumsuz çağrışımları da olsa, aslında bizim insani gelişimimiz için olmazsa olmazlardandır bu iki şey. Senin acı çekiyor olman, bazı şeylerde istediğin kadar başarılı olamayışın senin hatalı ya da yetersiz olduğunu göstermez. Sadece ulaşmaya çalıştığı şeylere ulaşamayan birçok insandan birisi olduğunu gösterir. İnsan olmak kendi içinde başarısızlıkları da barındırır. Ama sen yaşadığın her problemde, bunu yaşamamalıydım, bir tek benim başıma geliyor gibi hissedersen, hissedeceğin acı olması gerekenden daha fazla olur. Oysa kendini daha büyük bir gruba ait hissedersen ve benzer şeyleri herkesin yaşadığını fark edersen, üzülsen de yıkılmazsın. Diğer insanların yaşadığı dertleri ve onlarla nasıl baş ettiğini fark edersen içine bir ferahlama gelir. Başka insanlar da benzer şeyleri yaşamışlar ve çözmüşler.

Terapiye gelen birçok danışanım daha yolun başında, "Benim size anlattığım sorunları yaşayan başka insanlar da var mı?" diye sorar. Psikolojik sorun yaşayan insanların birçoğu, yaşadığı problemin kendisine yaşattığı yükün yanında bu problemi yaşıyor olmanın suçluluğunu da hisseder. Bugüne kadar bana gelen herhangi bir danışanımın benzeri olmayan bir problem yaşadığına şahit olmadım. Herkesin problemi birbirine benziyor. Bu durumu danışanlarıma ifade ettiğimde, omuzlarındaki yük azalmışçasına oturuşlarının değiştiğine defalarca şahit olmuşumdur.

Hayatın istediğin gibi gitmediği zamanlarda ya da diğer insanlarla kendini kıyasladığında kendine karşı acımasız ve yargılayıcı olabilirsin. Bugüne kadar kendine bu şekilde davrandıysan, refleks olarak işler kötü gittiğinde yine öyle davranırsın. Böyle zamanlarda otomatik pilotu devreden çıkarıp, kendine farklı bir şekilde yaklaşmayı denemeni istiyorum. Biraz önce bahsettiğim gibi, başka birine gösterdiğin anlayışı kendine göstermeyi denemelisin. Kötü hissederken sakin bir köşeye geçip düşünebilirsin. Değer verdiğin birisi aynı problemi yaşıyor olsa ona nasıl yaklaşırdın, ne gibi tavsiyeler verirdin? Şu anda kendine yaklaşımınla o kişiye yaklaşımın arasında ne gibi farklar olurdu? Terapi defterine bu soruları ve cevaplarını yazabilirsin. İlk başta müthiş bir rahatlama hissedemeyebilirsin, ancak bunu sıklıkla yaptıkça otomatik pilotu devreden çıkarman mümkün olacak ve yaşadığın olumsuzluklara daha gerçekçi ve anlayışlı yaklaşabileceksin.

İnsan olmak her deneyime açık olmayı gerektirir. Acı çekmek, zevk almak, olumlu ve olumsuz duyguların hepsini yaşamak insan olma deneyiminin bir parçasıdır. Sen olumsuz şeyler yaşamak istemediğin zaman insan olmanın gerçekliğinden uzaklaşıyorsun ve karşına çıkan her acı sana mahvolmuş gibi hissettiriyor. Birçok insan gibi ben de kendimi kötü hissettiğim zamanlar yaşadım, ümitsiz hissettiğim anlar bile oldu. 20'li yaşlarımın başında böyle kötü zamanlarda içimi karalar bağlar, bu hissettiğim şeyler hiç geçmeyecekmiş gibi gelirdi. Yıllar geçtikçe şunu anladım, iyi ya da kötü her şey bir süre sonra geçiyor. Ama insan devamlı bu kuralı yaşasa da yaşadığı döngünün farkına varmayabiliyor. Aynı problemin onlarca farklı versiyonunu yaşıyor, her seferinde üstesinden geliyor, fakat üzerinden biraz zaman geçince tekrar benzer bir olay yaşasa sanki ilk defa yaşıyormuş ve hiç geçmeyecekmiş gibi hissedebiliyor. Bu hissiyat, yaşanılan acıyı çok daha ağır yaşamamıza neden oluyor. Tam bu satırları okurken senden bir şey isteyeceğim. Bir küp buzu eline al ve normalde ne kadar dayanabilirsen o kadar dayan ve dayanamayacağını hissedince bırak. Ne kadar rahatsızlık hissettiğini ve buzu ne kadar elinde tutabildiğini fark et. Şimdi diğer eline bir küp buz al. Bu kez rahatsızlığı hisset, ama ona direnmeye çalışma. Hissettiklerine karşı daha rahat durmaya çalış ve hissetmeye izin ver. Hissettiklerini kafana not etmeye çalış; soğuğu, yanmayı, kaşıntıyı, aklından geçenleri. Ve bu hislerine karşı şefkat göstermeyi dene: "Elim gerçekten sızlıyor ama neyse ki bıraktığımda geçecek, dayanamayacağım bir şey değil." Rahatsızlığın dayanılmaz olunca buzu bırakabilirsin. Bu minik deneyin sonucu seni şaşırtabilir. Birçok insan, direnmeyi ve tetikte olmayı bırakınca yani ikinci bölümde çok daha uzun süre buza dayanabiliyor ve daha az acı hissediyor.

İnsan olma deneyimini yaşarken hissettiğin duygular görüş açını kapatır ve sen o kötü anın içinde hapsolmuş gibi hissedersin. Aynen suyun içine düştüğün zaman çırpındığın gibi. Çırpınıyor olmak sana daha kötü hissettirir. Halbuki büyük resme baksan, hissettiğin şeyin geçici olduğunu fark edip sadece yaşaman gerekeni yaşayacaksın. Geleceğin yükünü omzuna almayacaksın.

Acıların Olumlu Yanı

Yaşadığın acılara farklı gözle bakmayı denemelisin. Bakış açın hayatın hep mutlu geçmesi ve acılardan uzak olması gerektiğini söylüyorsa yaşadığın küçük problemlerde bile çok etkilenebilirsin. İlk olarak kabullenmen gereken şey, acısız bir dünya mümkün değil. Bunu kabullendiğimiz zaman, yaşadığımız olumsuz şeylere, bunları neden yaşıyorum, diye bakmamayı öğreniyor insan.

Birçok insan konforlu bir alanda yaşamaya alışmıştır. Bu konfor hem fiziksel hem de psikolojik olabilir. Başını sokabileceğin bir evinin olması, sağlıklı olman, kimseye muhtaç olmadan yaşayıp gitmen de senin konforlu alanın olabilir. Korkarsın, ya sağlığım bozulursa ya işimden evimden olursam ne yaparım, yaşamakta çok zorlanırım, diye endişelenirsin. Ama insan bu korktuğu kötü şeyleri yaşayınca, kendisinin bile şaşırabileceği ölçüde güçlü davranabiliyor. Geçmişinde önemli hastalıklar atlatmış, ölümden dönmüş, büyük maddi kayıp yaşamış insanlarla karşılaştığım zaman bu insanların hep güçlü insanlar olduğunu hissetmişimdir. Bu duruma örnek vermesi açısından, kendi başımdan geçen bir olayı seninle paylaşmak istiyorum:

Oğlum Tuna, bir yaşını dolduralı sadece birkaç ay olmuştu. Çok hareketli ve neşeli bir çocuk olan Tuna, her daim evin içinde koştururdu o zamanlar. Yine böyle bir günün sabahında, Tuna koşarken evimizdeki koltukların deriden ve çok yumuşak olan kenarına çarpmış ve çarptığı yer morarmıştı. Aslında böyle bir morartıya sebep olacak bir çarpma olmamasına rağmen böyle olması dikkatimizi çekmişti. Fakat çocuktur, olur böyle şeyler deyip çok üzerinde durmadık ve ben işe gittim. Öğleden sonra eşim beni aradı, telefonda sesi telaşlı geliyordu: "Eve gelmen mümkün mü? Tuna'nın vücudunun başka yerlerinde morarmalar ve yüzünde kırmızı noktacıklar oluştu," dedi. Kalan seanslarımı erteleyerek, aceleyle eve gittim. Eve vardığımda, kapıyı açan eşimin gözlerinin ağlamaktan kıpkırmızı olduğunu gördüm ve merakla neden ağladığını sordum. Eşim sessiz olmamı, Tuna'nın uyuduğunu söyledi ve elindeki telefonu bana uzattı. Telefondaki açık internet sayfasında, löseminin belirtileri yazıyordu ve neredeyse Tuna'nın yaşadığı her şeye birebir uyuyordu sayfadaki belirtiler.

İlk başta okuduğumu anlamakta zorlandım ve eşime tepki gösterdim, "İnternetten okuyup tanı mı koyacağız çocuğumuza, Tuna'yı uyandır hastaneye gidelim, ne varsa çıkar orada!" dedim. Yarım saatlik bir hazırlanma süresinden sonra bu konuda uzman olan bir hastaneye doğru yola çıktık. Normalde yeni uyandığı zaman huysuz olan oğlum, o gün hastane yolunda çok neşeliydi. Durmadan bana laf atıyor ve yakası kürklü deri montunun içinde bana bambaşka güzel geliyordu. Yolda çok konuşmadık, arabada sadece Tuna'nın sesi vardı. İçimde ise sesler hiç susmuyordu: "Oğluma bir şey olursa ben yaşayamam. Ama dün hiçbir şeyi yoktu, kesin bizim abartımız. Ya gerçekten hastaysa ne yaparız, nasıl baş ederiz bu durumla? Nasıl da gülüyor, ya gerçekten hastaysa? Değildir ama kesin, neden böyle bir şey yaşayalım ki?"

Sanki zihnim bin parçaya bölünmüş, her birinden bir ses çıkıyor gibiydi. Bu karmaşık seslerin arasında hastaneye vardık. Acil servise girip, oradaki doktora durumu izah ettiğimizde, ilk muayene yapıldı. Biz merakla, doktorun ne diyeceğini beklerken, doktorun moralinin bozulduğunu hissettim, ama bize de doyurucu bir cevap vermiyordu. Sonra, yukarı katlarda görevli olan bir klinik şefini aradı ve aşağıya gelmesini rica etti. Birkaç dakika içinde birkaç doktor olmuştu küçük muayene odasında. Bu durum hem eşimi hem de beni çok korkuttu. Eşimden hiç ses çıkmıyor, fakat gözlerinden yaşlar süzülüyordu. Sonrasında klinik şefinin de muayenesi bitince, bizi odasına davet etti, hep beraber yukarıdaki odaya çıktık. Klinik şefi, belirtilerin çok iç açıcı olmadığını, ama kesin olarak lösemi olduğunu da göstermediğini söyledi. Bir süre Tuna'yı misafir etmek istediklerini, bu süreçte hem bazı testler yapacaklarını hem de belirtilere yönelik tedavi uygulayacaklarını söyledi. Biz bunları konuşurken Tuna, doktorun odasını karıştırıyordu. İçimden, "Nasıl da yakışıyor kürklü deri mont, nasıl da gülüyor, nasıl hasta olabilir bu çocuk?" diye geçirdiğimi hatırlıyorum.

Tuna, ben ve eşim hep beraber hastanede yatışa hazırlık yapmak için eve doğru yola çıktık. Dönüş yolunda Tuna yorgunluktan uyuyakaldı. Ben o yol boyunca durmadan ağladım. "Bu nasıl olur, neden bizim başımıza geldi, daha küçücük ama!" diye sayıklar gibi konuşuyor bir yandan da ağlıyordum. Eve dönüp, hazırlıklarımızı yaptık ve hastaneye döndük. Eşim ve Tuna hastanede kaldı, ben de gecenin geç bir saatinde eve döndüm. O gece hiç uyuyamadım; durmadan ağladım ve Tuna'nın fotoğraflarına baktım.

Ertesi gün sabahın erken saatlerinde hastaneye gittim, Tuna uyanmış, keyfi yerindeydi. Gün içinde testler yapılıyor, kan değerleri ölçülüyordu. Hâlâ ne olumlu ne olumsuz bir şey söylüyorlardı ama kötüye de hazırlıklı olun diyorlardı. Bu süreç devam ederken hissettiğim acı dayanılmaz seviyelere ulaşıyordu bazen. "İnsanlar nasıl dayanabiliyorlar bu kadar acıya?" diye sorduğumu hatırlıyorum. İnsanların temel bir yanılgısı var; diğer insanların başına gelen büyük ve kötü olaylar kendi başlarına gelmez zannediyorlar. Aslında bu işlevsel bir yanılgı olabilir, yoksa dünyadaki büyük acıların hepsine çok fazla empati yapsaydık, kötü şeyler yaşamadan da psikolojimiz bozulabilirdi. Öte yandan da bu yanılgı zor zamanların başlangıcında şok etkisi yaşamana neden oluyor. "Ben ne yaptım ki, neden bunu yaşıyorum? Ben bunları yaşamayı hak etmedim. Neden bunları yaşamak zorundayım? Dünyada bir çok kötü insan varken, neden masum bir çocuk bunları yaşıyor?" diye şaşkınlık ve isyan arasında git geller yaşıyor insan.

Böyle bir ruh hali içerisindeyken, gün boyu hastanede kalıyor, eşimin kısıtlı sürelerde eve gidip dinlenmesi için Tuna'ya ben eşlik ediyordum. Böyle zamanlar benim için daha zor oluyordu. Hep derler ya "En zor şey kendi yaşadığın acı değil evladının acısıdır," diye, o zamanlar bu durumu ilk elden deneyimlemiştim. İlk 3 gün tedavi devam ederken acım dayanılmaz seviyedeydi. Üçüncü günün akşamında eve döndüğüm zaman, içimde bir ferahlık hissettim, hâlâ acı çekiyordum, ama daha katlanılabilir seviyedeydi. Sonrasında koltuğa oturdum, bilgisayarı kucağıma aldım ve benzer hastalıkları yaşayan aileler, bu problemle nasıl baş etmişler araştırmaya başladım. Sabaha kadar, lösemi hastası olan çocukların annelerinin bloglarını okudum. Okudukça bazen ağladım, bazen ümitlendim.

Şimdi geriye doğru bakınca, o ferahlamanın benim ikinci aşamaya geçtiğimin işareti olduğunu anlıyorum. Başımıza gelen olumsuz olayların ilk aşamasında şok etkisi ortaya çıkar. Böyle zamanlarda, dayanamayacağımızı, mahvolduğumuzu hissederiz. Sadece ağlamak ya da susmak gelir insanın içinden. Ama bu aşama geçtikten sonra, içimizde kurtarma ekibi devreye girer ve acı çekmekle beraber kişi çözüm yolunu da araştırmaya başlar. İşte ben de ikinci aşamada başka insanların bu hastalık konusunda nasıl çözüm yöntemleri denediğini okuyarak bu yola girmiştim. Acı ne kadar dayanılmaz olursa olsun, insan kısa bir süre içerisinde bu duruma dayanacak seviyeye gelmekle kalmıyor, çözüm için enerjisini de toplamaya başlıyor. Başımıza gelen büyük acılar, içimizdeki büyük dayanma kapasitesini aktive ediyor. İnsan bir yanıyla çok aciz olmakla beraber, bir yanıyla çok güçlü. Kendini güçsüz zanneden birçok insan, zorluklarla sınandığı zaman bu gücünün farkına varabiliyor.

Dördüncü gün de diğer günlerden pek farklı değildi, ortalarda bir yerdeydik. Bazen içimdeki acılar katlanılmaz oluyor, bazen içimi umut kaplıyordu. Başka insanlar nasıl baş ettiyse biz de öyle yaparız, diye kendimi telkin ediyordum. Uygulanan tedavi neticesinde değişen bir şey olmadığı için, durumu tespit etmek adına kemik iliği testi yapılmasına karar verildi. Kemik iliği testi yapıldıktan sonra ertesi gün Tuna'nın değerleri normale doğru yükselmeye başladı. Bizim içimizi bir sevinç kapladı, ama yine de çok fazla ümitli olmak istemiyorduk. Sonrasında kemik iliği testi sonuçları da çıkınca, Tuna'nın lösemi olmadığını öğrendik. Yaşadığı viral bir enfeksiyondan dolayı ortaya löseminin belirtilerine benzer bir durum çıkmıştı. O gün yaşadığımız sevinci sana buradan anlatamam, bambaşka bir duyguydu.

Bu yaşadığım olay bana, zorlu olaylarla karşılaşan danışanlarımın durumuna farklı bir gözle bakmamı sağladı. Yakın zamanda gördüğüm bir danışanım, genç yaşta sayılabilecek babasını kısa süre içerisinde kanserden kaybetti. Tanı konduğu ilk gün yaşadığı şokla, aradan iki hafta geçince ortaya çıkan mücadeleci tarafı arasında ciddi bir fark vardı. Yaşadığımız acılar, ilk başta çok ağır gelse de içimizdeki güçlü tarafın çıkmasına vesile olmaktadır.

Yaşadığımız acıların bir diğer olumlu yanı da büyük olaylar yaşayan insanların kendi olma yolunda daha emin adımlarla ilerlemesidir. Hayatta büyük ya da küçük dertler var. Birçok insan küçük dertlerin tutsağı haline gelip, kendi olmanın tadını keşfedemiyor. Küçük dertlerin en büyüğü de neredeyse salgın hastalık boyutunda olan, diğer insanların bizim hakkımızda ne düşündüğü. Benim hakkımda ne düşünüyor, beni sevecek mi, aman kimseyi karşıma almayayım, sakın gerginlik çıkmasın diye birçok insan kendi kişiliğini tam anlamıyla ortaya koyamıyor. Buna rağmen diğer insanları memnun etmek yine de mümkün olmuyor. İnsan büyük olaylar yaşadığı zaman, hayatın akışı içerisindeki küçük insanların oluşturduğu küçük dertlere duyarsızlaşabiliyor ve kendi kişiliğini daha fazla ortaya koyabiliyor.

Dünyada iz bırakmış önemli kişilerin hayatına baktığımız zaman birçoğunun geçmişinde büyük travmalar olduğunu görürüz. En bilinen örneği ile Atatürk bu konuda bize fikir verebilir. Henüz ilkokula başlamışken, babasını kaybeden Mustafa Kemal, çok erken yaşta yatılı olarak kalacağı askeri okula geçer. Hem yetim kalan hem de yalnız olarak yatılı okula giden Mustafa Kemal'in yaşadığı zorluk gerçekten çok büyük. Eski zamanlarda evin erkeği olmadan, dul bir şekilde hayatını devam ettirmek gerçekten çok zorlu işmiş. Belki de bu sebepten, Zübeyde Hanım evleniyor. Babasını kaybeden Mustafa Kemal bir de bu durumla karşı karşıya kalıyor. Bu zorlukların içerisinden bir memleketin kaderini değiştirecek bir adam çıkıyor. Eğer Atatürk diğer insanları umursasaydı muhtemelen onun ismini hiç duymamış olurduk. Tarih buna benzer acı olaylar yaşamış ama kendinin en iyi versiyonuna ulaşmış insanlarla dolu.

Hepimizin içinde kendimizin en iyi versiyonu saklı. Bu en iyi versiyon elimi uzatıp da tutabileceğim yerde değil. Bu halime ulaşmak konforlu hayatımda beklerken de çıkmayacak. Yaşadığım acılar, beni olgunlaştırmaya, kendi en iyi versiyonuma ulaşmama yardım edecek. Bu şu demek değil, her şey yolundayken kendimi acı çekmeye zorlamalıyım. Elbette böyle bir şey mantıksız olurdu. Zaten sen onu kendine çekmesen de acı bir şekilde seni bulacak. Böyle zamanlarda, acı çekmenin seni mahvetmeyeceğini, bir şekilde içindeki mücadeleci tarafın ortaya çıkacağını ve bu yaşadıklarının kesinlikle boşuna olmadığını kendine hatırlatman gerekiyor. Yoksa en ufak problemde, yaşadığın şey buna sebep olmasa bile, "Ben bunu neden yaşıyorum?" düşüncesi senin ruh haline zarar verecektir.

Kötü Hissettiğin Zamanlarda Daha İyi Hissetmen İçin 15 Pratik Öneri

Bazen sana kötü hissettiren olaylar konusunda o an için yapabileceğin pek bir şey olmayabilir. Böyle zamanlarda boş bir duvara bakarak düşünmek, sadece olması gerektiğinden daha kötü hissetmene neden olur. Ama vereceğim birkaç basit öneriyle o anki karanlık ruh halinden bir nebze olsun kurtulabilirsin.

- Özellikle kızgın olduğun zamanlarda, öfkeni kendi güvenli ortamında bir yastığa yöneltebilir, onu yumruklayabilirsin. Ya da çığlık atabilir, ağlayabilirsin.
- Evde temizlik yapmak, kitaplığı düzenlemek veya bulaşık yıkamak iyi gelebilir.

- Sana en iyi hissettiren sıcaklığı ayarlayarak uzun bir duş almak rahatlamanı sağlayabilir.
- Diğer insanlarla görüşmek konusunda motive hissetmesen de sevdiğin arkadaşlarınla dışarıda bir yerde buluşup, olağan mevzulardan sohbet edebilirsin.
- Tek başına bir şey yapmak konusunda çekincelerin olsa da yalnız sinemaya gitmenin tadına varınca bu konuda fikrinin değişeceğini tahmin ediyorum. Eğlenceli ve maceralı bir film iyi gelecektir.
- Uzun bir yürüyüş neredeyse her zaman iyi hissettirir.
- YouTube'da sana iyi hissettirecek videolar izleyebilir, faydalı programların ses kayıtlarını podcast* olarak dinleyebilirsin.
- Minik bitkiler alıp bunları saksılara yerleştirebilir ve onları sulayabilirsin.
- Daha önce hiç denemediğin bir yemek/tatlı tarifi bulup, bunu yapmaya çalışabilirsin. Yaptığın şeyi beraber yemek için eve birilerini çağırabilirsin.
- Gardırobunda uzun zamandır giymediğin kıyafetleri ayırıp, bunları ihtiyacı olan insanlara bağışlayabilirsin.
- Diğer insanlara yardımcı olmak bazen kendi dertlerimize farklı bakmamızı sağlayabilir. Sen de toplum yararına çalışan bir dernekte gönüllü çalışmalara katılabilir, bir huzurevini ya da ağır hastalıklarla mücadele eden insanları ziyaret edebilirsin.
- Kendine bir resim defteri alıp, değişik türdeki renkli kalem ve boyalarla resim çizmeyi deneyebilirsin. İçinden geldiği gibi bir şeyler karalamak, kalemlerle, boyalarla uğraşmak iyi gelecektir.
- Bulunduğun şehirde, daha önce görmediğin bir mekân, müze ya da tarihi yer varsa oraları ziyaret edebilirsin.
- Öfkeli hissettiğin zamanlarda, kısa süreli ama yo-

* Yazarın podcast programlarını Spotify, Apple Podcast, Google Podcast ve YouTube'dan dinleyebilirsiniz.

rucu fiziksel antrenmanlar iyi gelebilir. Bu konuda YouTube'da birçok video bulabilirsin.

- Hangi inanca sahip olursan ol, dua etmek çoğu zaman iyi hissettirir. Senden daha güçlü bir varlığa inanıp, her şeyin yoluna gireceği inancı, insanlık var olduğundan bu yana işe yarıyor.

Bu öneriler elbette asıl sorunlarını çözmeni sağlamayacak. Bunların amacı dikkatini başka yere çekmek, rahatlayabilmek. Ancak bu yöntemlerin rahatlatıcı etkisi, baskı altında azalan sorun çözme becerilerini tekrar artıracak ve yaşadığın sorunlara daha yaratıcı çözüm yolları bulmana katkı sağlayacaktır.

Bedenini Seviyor musun?

Bedenimiz tam anlamıyla biz değil, ama bizden de bağımsız değil. Hayat yolunda zihnimizin ev sahibi ve dış dünyadaki temsilcisi. Bu sebeple bedenimizle olan ilişkimiz hem bedenimizi hem de zihnimizi şekillendiriyor. Yani bedenimizle ilgili algımız benlik saygımızı, özgüvenimizi, diğer insanlarla olan ilişkimizi etkiliyor. Ve birçok insan bedeniyle olan ilişkisinde ciddi sorunlar yaşıyor. İlk akla gelen toplumun genel estetik standartlarına uygun olmayan insanların bu konuda daha fazla problem yaşayacaklarıdır, ancak dışarıdan çok güzel, çok yakışıklı bulunan insanlarda da en az diğer insanlar kadar bedenini sevmeme durumu ortaya çıkıyor. Tam tersi şekilde, modern zamanların estetik algısına göre "çirkin" sayılabilecek birçok insan kendi bedenini seviyor. Bedenimizin iyi ya da kötü görünüyor olması, bedenimizle olan ilişkimizde birincil belirleyici olmayabiliyor her zaman. Geçmişte yaşadıklarımız, depolarımızın dolmaması bedenimizle ilişkimizi bozan ana unsurlardan.

Bedenini sevmeme, çocuklukta yaşanılan küçük düşürme, reddedilme veya hayal kırıklığı duygularına bağlı olabilir. Küçük çocuklar bu duyguların nedenlerini ve açıklamalarını aradıklarında, genellikle bağımlı oldukları bir yetişkinde hata bulmak yerine kendi içlerine bakarlar. Suçu üstlenmeleri için en kolay yerlerden biri fiziksel görünümleridir. Bu çocuklar yetişkin olduklarında da benzer şekilde hissederler. Yaşadıkları hayal kırıklıkları, reddedilme gibi durumları bedenleri ile ilişkilendirirler. Son yıllarda estetik ameliyatların artık neredeyse rutin hale gelmesi, diyet, spor ve sağlıklı yaşam sektörlerinin milyar dolarlar seviyesinde olması toplumdaki birçok insanın bedeniyle ilgili sorunlar yaşadığını gösteriyor.

Bedenini sevmeyen, bir bölgesi hakkında takıntılı düşüncelere sahip olan, burnu daha biçimli, göğüsleri daha dik, çenesi daha köşeli olursa hayatındaki birçok problemin düzeleceğini düşünen insanlar, estetik cerrahi işlemlerinin gelişmesi ve yaygınlaşması ile bu istediklerine kolayca ulaşabiliyorlar. Ancak sonrasında, hayata dair hissedilen hayal kırıklığı aynı seviyede kalıyor. Kişi problemin kendi içinden geldiğini fark etmiyor ve bedeninde düzeltmek için yeni bir hedef seçiyor. Sonuç olarak, kilo alırsa hayatının kararacağını zanneden, geçirdiği estetik ameliyatlar sebebiyle oyuncak bebek görünümlü ve hepsi birbirine benzeyen bir sürü mutsuz insan var günümüzde.

Eğer bedeninle ilgili sorun yaşıyorsan, ilk olarak bunun bedeninden çok senin içindeki kendinle ilgili algınla alakalı olduğunu bilmelisin. Evet güzel görünmek, fit olmak arzusu çok doğal bir arzu, ancak böyle olamadığın için kendini hırpalıyorsan, hayatındaki birçok sorun için bedenini suçluyorsan burada bir sorun var demektir. Çevrene bakarsan, fiziksel anlamda hiç beğenmediğin birçok insanın, senin yaşadığın problemleri hiç yaşamadığını fark edeceksin. Bu sebeple değişim içeriden dışarı olmalı. Önce kendinle ilgili algını değiştirip sonra bedeninle ilgili değişimlere dönmelisin.

Çocukken bize yöneltilen ağır eleştirileri bir süre sonra iç sesimiz olarak duymaya başladığımızdan daha önce bahsetmiştim. Bedenimizle ilgili iç sesimizin kaynağını keşfetmek için onun söylediklerine dikkat etmeliyiz. Bedenini hangi cümlelerle eleştiriyorsun? Bedeninin hangi bölgelerini daha fazla eleştiriyorsun?

Bedeninde gerçekleştiremediğin değişiklikler için kendini nasıl suçluyorsun? Bu soruları düşünüp, bedenine yönelttiğin acımasız eleştirilerin kaynağını keşfedebilirsin. Aslında içinde yankılanan ses sana ait olmayabilir; geçmişte sana olumsuz yaklaşan birisinin sende oluşturduğu yaraların ortaya çıkardığı bir etki olabilir. Suçluluk duygusunu yenmek konusunda Neva ile geçmişe yaptığımız yolculuğu hatırlıyorsun. Senden benzer bir yolculuk yapmanı isteyeceğim. Sakin bir şekilde, geçmişte bedeninle ilgili olumsuz algıların oluştuğu zaman dilimine yetişkin halinle gittiğini hayal edip çocuk haline destek ol, onu savun ve ona yöneltilen eleştirilere şimdiki mantığınla cevap ver. Sen bedeninden ibaret değilsin; bedenin senin oluşturduğun dünyanın küçük bir parçası sadece. Eğer sadece bedenimizden ibaret olsaydık, bugün geçmişte yaşamış yüzünü bile görmediğimiz hiçbir insana sevgi beslemiyor olurduk.

İronik bir şekilde fiziksel görünümü ve kilosu ile ilgili konuları aşırı önemseyen ve hayatlarındaki bütün sorunların çözümünü bunlara bağlayan insanlar, kilo verme konusunda daha fazla başarısız olabiliyorlar. Burada temel bir kural var; bir şeyi aşırı önemsersen o şey senin için büyük bir stres kaynağı oluşturur ve esnekliğini kaybedersin. Bundan dolayı ya diyettesindir ya da aşırı yiyorsundur. Bu iki uç arasında gidiş gelişler ruhsal açıdan yorgunluğa sebep olurlar. Elbette istediğin fiziksel görünüme sahip olmak doğal bir arzu. Ancak herhangi bir insanın hayatındaki bütün problemlerin kaynağının fiziksel görünümü olması imkânsızdır. Sen bütün problemleri fiziksel görünümüne bağlamadan, gerçek sebepleri keşfetmelisin. Çoğu insan için ideal fiziksel ölçülere ulaşmak, cennete ulaşmak gibi; oraya bir varayım gerisi nasıl olsa hallolur şeklinde. Oysa bu durumda olan bazı danışanlarıma, "Her şeyin istediğin gibi olduğunu varsayarsak hayatında nelerin değişeceğini düşünüyorsun?" diye sorduğumda, aldığım cevaplar danışanlarımın sorunlarının büyük bir kısmının hâlâ orada duruyor olacağı oldu.

Bir amaca ulaşmak, birilerinin seni sevmesini sağlamak için yola çıkmamalısın. İlk olarak sen şu anki halinle de kalabilirsin, önemli olan senin iyi hissetmen. İdeal ölçülere varmak olmamalı amacın. Bedenin senin dostun, yol arkadaşın; ona nasıl iyi bakarsın, nasıl sağlıklı olmasını sağlarsın, buna odaklanmalısın. Bu amaç senin hayat şeklini değiştirmene motivasyon sağlar. Ama sen belirli bir amaca ulaşmak için sana iyi gelmeyen, kötü hissettiren bir diyete girersen sonuç umduğun gibi olmaz, bu şekilde gireceğin her diyet başarısızlığa mahkûmdur.

Sosyal medyanın seni kötü etkilediğini, kendini beğenmemene ve eleştirmene neden olduğunu anladığında "takibi bırak" butonuna basmaktan çekinmemelisin. Bazen bize kötü hissetirmesine rağmen, özellikle kendimizi böyle içeriklere maruz bırakmaya devam ederiz. Bu sana zarar verir. Böyle içeriklerden uzaklaşmak, "kaçmak" değil, kendi ruh sağlığın için iyi bir şey yapmaktır.

Kendinde sevdiğin yönleri düşünmelisin, bedeninden ibaret olmadığını senin kocaman bir varlığın olduğunu hatırlatmalısın sık sık kendine. Ayrıca şu anda sana olmayan ya da istediğin bedene geldiğinde giymek için sakladığın kıyafetleri bağışlayabilir ya da satabilirsin. Gardrobunda bu kıyafetleri her gördüğünde kötü hissediyor olman muhtemel, buna gerek yok, zayıflarsan yeni kıyafet alırsın zaten. Belli bir kiloyu amaçlamayı bırakıp hayatını yaşamaya odaklanmalısın.

Diğer insanların sana vereceği sevgi ve saygının ikramlık kısımları sadece bedeninle ilgilidir. Birisi senin fiziksel görünümün için sana sevgi ve saygı veriyorsa bu sadece geçici bir ikram gibidir. Bir süre seni etkiler, karnını doyurur, ancak bir süre sonra bedensel güzelliklerin karşı tarafta sıradan algılanmaya başlanır doğal olarak. Çünkü artık ulaşılmıştır.

Sana verilen sevgi ve saygının daim olması
senin kim olduğunla ilgilidir, yani kişiliğinle.

Ne Kadar Yakın Ne Kadar Uzak?

Arthur Schopenhauer'in *Kısa Felsefi Denemeler* isimli kitabında şöyle bir hikâye geçer: "Soğuk bir kış sabahı çok sayıda oklu kirpi, donmamak için birbirine bir hayli yaklaştı. Az sonra, oklarının farkına vardılar ve ayrıldılar. Üşüyünce, birbirlerine tekrar yaklaştılar. Oklar rahatsız edince yine uzaklaştılar. Soğuktan donmakla, batan okların acısı arasında gidip gelerek yaşadıkları ikilemi, aralarındaki uzaklık, her iki acıya da tahammül edebilecekleri bir noktaya ulaşıncaya kadar sürdü. İnsanları bir araya getiren, iç dünyalarının boşluk ve tekdüzeliğidir. Ters gelen özellikler ve tahammül edemedikleri hatalar onları birbirinden uzaklaştırır. Sonunda, bir arada var olabilecekleri, nezaket ve görgünün belirlediği ortak noktada buluşurlar."

Diğer insanlarla kurduğumuz ilişkileri değerlendirirken bence bu kirpi hikâyesinden çıkaracağımız çok fazla ders var. Daha önce de bahsettiğim üzere geçmişinde dolmayan depolarının eksikliğini telafi etmek için bazı insanlar aşırı yakınlık arayışında olurken, bazıları da temkinli davranarak diğer insanlara karşı çok uzak durabiliyorlar. Ancak her iki durumda da insan ruhu huzura erişemiyor.

Kirpi örneğinde olduğu gibi, bir ilişkide yakınlığın ve uzaklığın iyi ayarlanması gerekiyor. Biz insanların hayatımızı idame ettirmek, iyi hissetmek için diğer insanlara ihtiyacımız var. Bir insan hiçbir insanı görmeden çok uzun süre yalnız kaldığı zaman ortaya psikolojik problemler çıkabilir. Diğer insanların varlığı bir şekilde bizim kendi varlığımızın kanıtı oluyor. Onlarla olan ilişkilerimizden kendi güzelliklerimizi öğreniyoruz. Sahip olduğumuz güzellikleri, ürettiklerimizi diğer insanlara göstermek istiyoruz ve onların bizim varlığımızı beğenmesini bekliyoruz. Bu durum insani bir ihtiyaç. Bundan dolayı diğer insanlardan kendimizi tamamen uzaklaştırmak, ruhumuza iyi gelmez.

Bir diğer senaryoda ise kişi kendi varlığının devamı için başka bir insana çok yakın olma ihtiyacı hisseder. Böyle hisseden insanlar, duygusal olarak yakın hissettiği kişiyi hayatının merkezine alır; ancak çok yakın olursa onun varlığını hissedebilir ve ona güvenebilir. Doğal olarak insanın ilgisinin başka hayat kaygılarına yöneldiği zamanlarda bile yakın olma arzusunda olan kişi çok fazla tedirgin olur; ya beni bırakırsa ya yalnız kalırsam diye.

Aşırı yakın olma arzusunda olan kişi, hayatının merkezine aldığı kişiyi kaybetmemek için kendi varlığını onun varlığına armağan etmiş gibi davranabilir; her zaman benimle olsun, benimle olmadığı zamanlarda bile her an bir şekilde irtibatta olalım arzusu vardır. Bu kadar yakın olma çabası hem bu çabayı gösteren kişinin hem de buna maruz kalan kişinin doğal akışını bozar. İnsan belli zamanlarda diğer insanlarla yakınlık kurmalı belli zamanlarda ise kendi içine dönmelidir. Kişi kendi içine dönerek bir şekilde kendini yenileyebilir. Kendi varlığını başkasını kaybetmemek için sunan kişi ise kendi olmaktan uzaklaşır, sadece kaybetme korkusundan dolayı kendi olmadığı gibi davranmaya başlar. İşin kötü tarafı, senin kaybetmekten korktuğun için ortaya koyduğun fedakârlıkları karşı taraf böyle algılamaz. Sen bol bol bu değerli çabalarını onun önüne koydukça, o bunların değersiz olduğunu düşünür, senin çabana değer vermez, bazen de bu kadar yakın olma arzundan dolayı kendini bunalmış hissedebilir. Hatta bazen kaybetme korkusundan dolayı yakın olmak için yapılanlar gerçekten karşı tarafı kaybetmemize neden olabilir.

Bir insanın ruhsal zenginliği, kendi iç dünyasında birikim yapmasıyla mümkün olur. Kendi iç dünyana birikim yapmak için de sadece kendin için yapman gereken şeyler vardır. Kendin için zaman geçirmek, gezmek, kendi isteklerini ifade etmek. Buna sağlıklı bencillik diyebiliriz. Ama sen en derinlerinde yaşadığın korkuların için bunları ihmal edersen, ruhun çölleşmeye başlar. Kendin için ayırman gereken zamanı ve çabayı da karşı taraf için kullanırsan kendine bir şey kalmaz.

İster duygusal ilişkilerde ister arkadaşlık ilişkilerinde olsun, her ilişkide tarafların ortaya koyduğu çabanın birbirine yakın olması gerekir. İnsanın doğası gereği hiçbir ilişkide, taraflar ortaya eşit miktarda emek koymaz. Her zaman bir taraf daha fazla sever ve çaba gösterir. Bu belli seviyelerde olduğu müddetçe sorun değildir. Buna şöyle bir örnek verebiliriz; iki insanın ilişkisi için harcadığı toplam çaba 10 birim diyelim. Bu çabanın 6'sını senin 4'ünü karşı tarafın harcaması kabul edilebilir seviyedir. Ama sen 7 birim çaba gösterirken karşı taraf 3 gösteriyorsa ve bu durum senin aleyhine daha artış gösteriyorsa ortada sorunlu bir ilişki var demektir. Sorunlu ilişki tiplerinden daha önce bahsettim, eğer dikkat ettiysen her birinde iki tarafın ilişki için harcadığı çaba ve gösterdiği fedakârlık arasında uçurum vardır. Bu sebeple içinde bulunduğun tüm ilişkileri ortaya konulan çabalar ekseninde değerlendirmeni öneririm. Bir ilişkisi böyle olan insanların diğer ilişkilerinde de benzer sorunlar olması muhtemeldir.

Bir yandan da kendini korumaya çalışırken ördüğün duvarlar, diğer insanların sana yaklaşmasını engeller. Birçok insan diğer insanları kendinden uzaklaştıran duvarlara sahip olduğunu bilmez, sadece yalnız olduğundan şikâyet eder. Ancak yalnızlıktan çok fazla şikâyet ediyorsan diğer insanlarla kurduğun ya da kuramadığın ilişkileri incelemeni öneririm. Özellikle geçmişinde güven duyması gereken kişiler tarafından çok fazla hayal kırıklığına uğramış insanlar diğer insanlara yakın olma ve kendini açma konusunda çok temkinlidir. Kendini açmadığın, sadece yüzeysel konulardan bahsettiğin bir ilişki yüzeysel kalmaya mahkûmdur. İnsanlar güzel şeylerden bahsederek beraber güzel zaman geçirebilirler; ama sadece yaralarından bahsettiklerinde dost olabilirler. Her sevme ve dost olma çabası aslında hayal kırıklığına uğrama riski barındırır. Güzel ilişkiler kuran insanlar bu riski göze alanlardır.

Geçmişinde yaşadığın hayal kırıklıkları neticesinde belki de kendi içinde, "Ne kadar az insan o kadar çok huzur" gibi bir ilkeyi benimsemiş olabilirsin. Elbette iyi hissetmek için kalabalıklara ihtiyacımız yok, ama yakın olduğumuz birkaç kişinin olması ruh sağlığımız için önemlidir. Bu durum için şöyle bir örnek vermek istiyorum sana; diyelim ki sahip olduğun eve defalarca hırsız girdi. Sen de bu durumdan dolayı evinin bütün kapılarını, pencelerini tahtalarla kapattın, her tarafa çivi çaktın. İçeri hırsız değil, neredeyse güneş ışığı bile giremez hale geldi. İşte kişisel anlamda duvarlar ören kişinin yaptığı buna benzer. İçeri hırsız giremez, ama dost da giremez. Burada yapılması gereken evin her tarafını ilk haliyle, açık bir şekilde bırakmak değildir, kontrollü risk almak gerekir. Diyelim evinin bir bahçesi var ve bu bahçenin de bir kapısı var. İlk olarak hayatına girmek isteyen kişiyi, bahçeye almalısın, eğer sorun çıkmıyorsa, evin kapısına yaklaştırmalı, yine sorun çıkmıyorsa evin içine almalısın. Böyle olunca yine zarar görme ihtimalin oluyor, ama en azından telafi edebileceğin kadar zarar görmüş olursun.

Yeni tanıdığımız birisine gösterdiğimiz aşırı sevgi ve yakın olma çabası nadiren o kişiyle ilgilidir. Geçmişte dolmamış depolarımızın ortaya çıkardığı bir yanılsamadır bu durum. İçinde eksikliğini hissettiğin yoğun duyguları çağrıştıran bir şeylerle karşılaşmış olabilirsin o kişide. Yeni tanıştığın birisine yakın olma arzunu dizginlemen çok önemlidir. Böyle anlarda karşındaki insanı objektif olarak değerlendiremezsin. Geçmişte eksikliğini hissettiğin her güzel şeyi sanki bu kişide bulmuşsun gibi hissedersin, fakat bu gerçek değil sadece zihninin sana oyunudur. Eski çizgi filmlerde çok acıkan kahramanın herkesi yiyecek gibi görmesine benzer bu durum. Ben bu durumla çok sık karşılaştığım için danışanlarıma her zaman bir ay sabretmelerini öneririm. Bir ay dolmadan, büyük adımlar atmamalarını, ayrıldığı zaman üzüleceği şeylere kalkışmamalarını tavsiye ederim. Küçük adımlarla ilerlemek çok daha sağlıklıdır. İçindeki kaybetme korkusu, ama ya giderse diye sana tedirgin hissettirebilir. Hiç aldanma ona, giden gider kalan kalır; sen ne yaparsan yap sonucu değiştiremezsin.

Hiçbir insan mükemmel değildir, her insanın karanlık bir tarafı vardır. Bugüne kadar dışarıdan hayranlıkla seyredilen birçok insanın psikoloğu oldum. Şunu net bir şekilde söyleyebilirim; dışarıdan çok etkileyici, hatasız gibi görünen, inanılmaz şefkatli, yardımsever insanların ne kadar acımasız ve bencil olabildiklerine şahit oldum. Burada kastettiğim şey, olduğundan farklı görünen yalancı insanlar değil. Gerçekten iyi olan insanların da derinlerinde kötü tarafları var. Hangi insanın çok yakınına yaklaşırsan, üstüne aşırı gidersen, her şeyini kurcalarsan emin ol hem davranış anlamında hem de bilgi anlamında hoşuna gitmeyecek şeylerle karşılacaksın.

İkili ilişkilerinde sınırlarını belirlerken bu karanlık kısımlara dikkat etmen gerekir. Eğer karşı tarafın çok üzerine gidersen, her zaman seninle olmasını istersen, onun ihtiyacı olan şeyleri görmezden gelip kendi ihtiyaçlarını merkeze alırsan, karşındaki insanın, bir zamanlar seni çok fazla seven insandan nasıl da soğuk ve umursamaz bir insana dönüştüğünü şaşkınlıkla izlersin. İnsanlar bitkiler gibidir, yakınlığın sınırlarını belirlerken, karşı tarafın da güneş alacak kadar mesafeye ihtiyacı olduğunu unutmamak gerek. Ben bu durumdan bahsettiğim bazı kişilerden, ama benim ondan beklentilerimin yüksek olması sorun, çünkü ne desem yapıyor gibi yorumlar aldım. Karşı tarafın senin her istediğini yapıyor olması, sen istediğin için sadece seninle olması, kendisine hiç zaman ayırmaması, sanki sadece senin için yaşıyormuş gibi olması hiç sağlıklı değildir. Belki kendisini ifade edemediğinden, belki de kaybetme korkusundan sadece kendisinden istenilenlere ayak uydurmak zorunda hissediyordur.

Bu ilişki şablonu ile çok karşılaşıyorum. Kadın ya da erkek inanılmaz talepkârdır ve karşı tarafın ihtiyaçlarını gözetmez. Karşı taraf sadece alttan aldığı veya küçük itirazlar haricinde pek ses çıkarmadığı için, talepkâr olan taraf sorun yok zanneder. Ancak birkaç yıl içinde ses çıkarmadan uyum sağlayan taraf tükenmeye başlar. Kendini ifade etme konusunda zaten sıkıntıları olduğu için, tükendiğini de ifade etmez karşı tarafa. Ve günün birinde bu kişinin hissettiği sevgi ve beraber olma arzusu tamamen biter. Bu bitiş zamanında kişi artık beraber olmak istemediğini söyler. Her şeyin yolunda gittiğini zanneden talepkâr tam bir şokla karşı karşıya kalır. Düzeltmeye çabalasa da karşı taraf artık geç olduğunu söyleyerek kendini kapatabilir. Bu noktaya gelen ilişkilerin onarılması çok zordur. Karşı taraf ifade etmese bile, onun da senin gibi talepleri olabileceğini, incinebileceğini asla unutmamalısın. Bir kişinin susuyor olması umursamadığı anlamına gelmez her zaman.

Bazı durumlarda ise diğer insanlar bizim sınırlarımıza dikkat etmeyebilir. Bizim izin vermediğimiz özel alanlara girmeye çalışabilirler. Özellikle hassas yapıda bir insan bu tarz sınır tecavüzlerine ses çıkarmakta ve "hayır" demekte zorlanabilir. Kendisine yapılan şeyin kötü olduğunun, istemediğinin farkındadır ama bunu ifade edecek gücü kendisinde bulamaz. Bazen de ifade edersem sonra gerilim çıkar endişesi ile yine ifade etmekten çekinebilir. Hassas yapıdaki insanlar çoğu zaman, diğer insanların sınırlarını ihlal eden insanlar gibi entrikacı, manipülatif ve duyarsız olamazlar. Onların kullandığı yöntemlerle onlara karşı koymak istedikleri zaman yöntemleri uygulamakta bile zorlanırlar; çünkü bu yöntemleri uygulayabilmek için duyarsız olmak gerekir. Burada şunu kabullenmek gerekiyor, hassas bir insansan hassas bir insansın. Bu yapı çok fazla değişmiyor. Birçok sınır ihlali yapan kişi, karşı taraf ses çıkarmıyorsa bu durumu onaylıyor gibi bir anlam çıkarıyor. Sen tavırlarınla, dolaylı ifadelerinle ya da mimiklerinle belki bu durumdan hoşnut olmadığını ifade ediyorsun, ama bu dolaylı çabalar karşı tarafın anlayabileceği şeyler değildir. Sen diğer insanların mimiklerinden bile ne hissettiği konusunda yorumlamalar yapabilirken, umursamaz insanlar böyle sinyallerin farkına dahi varmaz. Böyle durumlarda, kavga etmene, öfke göstermene gerek yok, sadece bu durumun hoşuna gitmediğini söylemen bile karşı taraf için bir uyarı olacaktır. Ayrıca bu ilk adımı attıktan sonra, kendini daha direkt olarak ifade etmek konusunda cesaretin artacak.

Her ilişkide bir sınır olmalı, sınırsız yakınlık insanın ruh sağlığı için iyi bir şey değildir. Hangi tür ilişki olursa olsun, karşı tarafa soluklanabileceği, kendisine zaman ayırabileceği bir arka bahçe oluşturması için müsaade etmek gerekir. Karşındaki insanın kendisine ait bir alanı olması, seni daha az sevdiği ya da önemsemediği anlamına gelmez; sadece insan olmanın gereğini yerine getiriyordur.

Kendini Sabote Etmeyi Nasıl Durdurursun?

Şu hayatta ulaşmaya çalıştığın hedefleri düşünmeni istiyorum. Bu hedeflerin bazılarına ulaşmış olabilirsin bazısında da çok çaba harcamana rağmen sonuç başarısızlık olmuş olabilir. Başarısız olduğun konulara odaklandığında, bu başarısızlıkların sebebi neydi sence? Çevrenin etkisi mi, seni sevmeyen ve başarılı olmanı istemeyen insanlar mı, ailenin yeterince destek olmaması mı, yeterli imkânlara sahip olmaman mı? Sence başarısızlıklarının kaynağı bu saydığım sebeplerden birkaçı mı? Muhtemelen başarısızlıkların için bir sürü sorumlu bulmuşsundur. Ama bazen sorumlu, gözümüzden kaçan önemli bir kişi olabiliyor: Kendimiz.

Hayatta tekrar tekrar yaşadığımız sorunların arkasında bazen insanın kendi kendisini sabote etmesi yatabiliyor. İnsanın bilinçli yanı hedeflerine ulaşma arzusu ile taşarken, bilinç dışında biriken korkular, kendini koruma güdüsü insanın kendini sabote etmesine neden olabiliyor. Temelde bilinç dışı kendini korumaya çalışıyor ancak, kendi kendini sabote etmek, yeni zorluklara kapılmak zorunda kalmamıza neden oluyor. Peki bir insan kendisini nasıl sabote eder?

İlk olarak üzerine düşen görevleri yerine getirmiyorsun, önemli birçok işi durmadan erteliyorsun. Geçmişte, üstüne düştüğün ve zamanında yaptığın şeylerde çok başarılı olduğuna dair birçok örnek var. Ancak belli zamanlarda, yapman gerekenleri yapmadığın ve hep ertelemelerin arkasına sığındığın için işler ters gitmeye başlıyor ve hayat kaliten düşüyor. Burada dikkat etmen gereken nokta şu, kişi dışarıdan o işi yapmaya çalışıyor gibi görünse de bütün imkânlara sahip olmasına rağmen durmadan yapması gerekeni erteler ve en sonunda başarısız olur. Burada bir çelişki görünüyor, görevi yapmak isteyen kişinin kendisi, erteleyen de kendisi. O zaman ertelemenin arkasındaki motivasyon ne oluyor? Burada geçmişimizdeki depolar devreye giriyor. Kişi belki de çok eleştirildi, hataları konusunda büyük tepkiler aldı ve onu yetiştiren ebeveynlerinin beklentilerini karşılayamadı. Bu duruma maruz kalan çocuk çok yetenekli de olsa görevleri yapmaktan çekinebilir, çünkü o işi yapmaya kalkışmak hata yapma ihtimalini de beraberinde getirecektir. Kişi bilinç dışı olarak hata yaptığında hissedeceği duygudan kaçınmak için o işi hep erteleme yolunu seçmektedir. Duygusal açıdan bir nevi yanlış bir yöntem seçerek kendini korumaya almış olur. Gördüğün üzere dışarıdan erteleme gibi görünen şeyin arka planında daha başka bir şey vardır.

Bu erteleme davranışı ile birçok alanda karşılaşıyorum. Kişi evlenince kendi anne babası gibi bir çift olmaktan korktuğu için ilişkisinde ciddi adımlar atmayı erteler, yüksek lisans ya da doktora tezi mükemmel olsun diye uğraşırken hiç yapmaz ya da iş hayatında başarısız olmaktan korktuğu için işe girmekten kaçınır. Bu kaçınma davranışlarının arkasında kişinin duygusal anlamda kendisini koruma çabası yatar.

Bir diğer kendini sabote etme türünde ise içinde olduğun ilişki ciddileşmeye başladığında ilişkiden uzaklaşırsın. Kendi ilişkini mahvetmek için deneyebileceğin birçok yol vardır; karşı tarafın duygusal yoğunluğu artınca ona soğuk davranmak, söz verip tutmamak, ilgi kaybının olması, karşı tarafa kötü davranmak bunlardan bir kaçıdır. Bütün bunlar dışarında bakınca geçimsiz biri olduğunu gösterir, ama içeride bunun altında yatan sebep incinmekten korkmak olabilir. Yakın olmak geçmişte yaşadığın hayal kırıklıklarından ötürü sana çok riskli gelir, ama sen sadece yakın ilişki istemiyorum zannedersin.

Hissettiğimiz her duygunun bir işlevi vardır. İçimizde kurulu olan farklı tehlikeler konusunda bizi uyaran alarmlar gibidir duygular. Duyguları duygu olarak yorumladığımız zaman duyguların bize hayati katkıları olur. Ama geçmişimizde yaşadığımız travmalar, çocuk zihnimize aşırı yük bindirmiş olabilir ve bundan dolayı duyguları yok saymak gibi bir baş etme mekanizması geliştirmiş olabiliriz. Bunun neticesinde kişi günlük hayat içerisinde hissettiği duyguları ve bu duyguların işaret ettiği durumları anlamak yerine bunları bastırmak için alkol, uyuşturucu ve bazen de aşırı yemek yemek gibi davranışlara sığınabilir. Kendisine yapılan haksızlıklar sonucunda öfke hisseder, ama haksızlığı çözmek yerine öfkesini bastırmak için yoğun alkol tüketir. Kişi kendisini çok yalnız hisseder, anlaşılmadığını düşünür, bu durumu anlamak ve çözmek yerine aşırı yemek yeme davranışına sığınır. Bu yöntemler çok kısa süreli rahatlama sağlasa da uzun vadede kişinin kendi ayağına ateş etmesi gibidir; çok daha büyük problemlere neden olur.

Hep başarısızlık korkusundan bahsedilir, ama çok az insan başarı korkusunu bilir. Çok çaba harcayıp tam başarmanın eşiğine gelmişken hedefinden vazgeçen, daha iyi bir noktaya gelme şansı varken bu durumu elinin tersi ile itip içinde bulunduğu olumsuz koşullarda yaşamaya devam edenler buna örnek gösterilebilir. Peki bir insan neden başarıdan korkar ki? İşte burada daha önce bahsettiğim Imposter Sendromu'nu hatırlatacağım sana; bu insanlar bulundukları konuma şans eseri geldiğine inanıyorlardı. Yaptıkları işte çok uzman da olsalar, durmadan ya yapamazsam kaygısı hayatlarını çekilmez hale getiriyordu. İşte bu problemi yaşayan insanlar, daha iyi yerlere gelmekten korkuyorlar, çünkü ya benden beklenilenleri yapamazsam ya yine aynı başarıyı gösteremezsem endişesi onların başarıdan korkmasına neden oluyor. Bazı insanlar da başarılı olmanın onları sivrilteceğinden, diğer insanlarla arasının bozulmasına neden olacağından endişe ediyor. Bu gerilime maruz kalmamak için kendi ayağına ateş ediyor ve başarılı olabilecekken geri çekiliyor. Bazı durumlarda ise kişi eğer başarılı olursa içinden çıktığı ortama ihanet etmiş gibi kendisini suçlu ve bencil hissettiğinden dolayı başarıdan kaçabiliyor. Özellikle aile ortamında evin gözdesi olmayan, kendisini dışlanmış hisseden bireyler, yetişkinlikte başarılı olduklarında ailesi ve çevresi tarafından suçlu hissettirilebilir. Bu duygudan kaçınmak için kişi başarılı olmaktan kaçınabilir. Erteleme davranışının arkasında başarı korkusu da olabilir.

Kendini sabote etmekten kurtulmak için önce bu durumun adını koyman gerekir. Birçok insan alışkanlık haline gelen kendine zarar verici davranışların kendini sabote etme olduğunun farkında değildir; bu davranışların başarını ve mutluluğunu sürekli olarak baltalamasına izin verirsin, ancak ne yaptığını bile bilmezsin. Bir şey istersin, ama bir şekilde asla başaramazsın.

Niye? Çünkü bilinç dışının derinliklerinde bir yerde bu hedefe karşı savaşıyorsundur. Bilinç dışın muhtemelen kendini sabote etmeyi kendini koruma olarak görüyordur.

İkinci aşamada kendini sabote etme döngüsünü fark etmen lazım. Kimse birkaç ay içinde kendini sabote etmeye başlamıyor. Eğer kendinde bu durumu fark ettiysen muhtemelen yıllardır bu davranışları yapıyorsundur. Bu sebeple döngüyü kırmak için bu davranışların farkında olmalısın. Davranışlarına dışarıdan birisi gibi bakmayı deneyebilirsin. Hangi kendine zarar verici alışkanlıklar, modeller ve zihniyetler seni engelliyor? Mesela, erteleme. Zamanında önemli bir işle uğraşmak yerine son dakikaya bırakırsın. Olumsuz kendi kendine konuşma / olumsuz düşünme, sürekli kendini eleştirme. Mükemmeliyetçilik, doğru zamana kadar başlayamayacağını ya da başlamadan önce her şeyin mükemmel olması gerektiğine inanıyorsundur halbuki mükemmellik, ilerlemeni engelleyen imkânsız bir standarttır.

Kendini sabote etme davranışının arkasındaki asıl nedenleri belirlemelisin. Genelde, kendine zarar verme alışkanlıkları, kendine verdiğin değerle ilişkilidir. Başarılı olmayı hak etmediğini düşünüyor olabilirsin. Kendini sabote etmene neyin neden olduğunu tespit etmeye çalışıp bu davranışları durdurmak için değişiklikler yapmaya başlayabilirsin. Bu değişiklikler kendini komple dönüştürmeye yönelik olmamalı. Küçük, anlamlı değişiklikler yapmalısın. Yapmak istediğin değişiklikleri belirledikten sonra üzerinde çalışmak istediğin tek bir şeyi seçebilirsin. Bir kerede, büyük değişiklikler yapmaya çalışmamalısın. Bu karar gerçekçi olmaz ve sürdürülmesi zor, bırakılması kolay olur. Mesela, düzensizsen veya yapman gereken şeyden sürekli olarak kaçıyorsan, masanı düzeltip bir yapılacaklar listesi yazmak için her sabah beş dakika ayırabilirsin. Ardından bu hedeflere ulaşmak için adımlar atabilirsin, böylece hedeflerine ulaşır ve kendine güvenirsin.

İçimizdeki Gizli Dünyayı Keşfetmek: Duygularımız

Birçok insan kendisini tanıdığını zanneder, ama gerçekte bu farkındalığa sahip olan çok az kişi vardır. Dış dünyada olanları yorumladığımız zaman hissettiğimiz duygular genel anlamda nasıl hissettiğimizi, mutlu, huzurlu olup olmadığımızı belirler. Dış dünyada olan olaylar temelde bize iki şekilde hissettirir, iyi ya da kötü. Hoşumuza giden bir şey olduğunda iyi, bizi rahatsız eden bir şey olduğunda ise kötü hissederiz. Duygular dışarıda olanlar hakkında bize bilgi ve uyarı vermek için, içimizde kurulmuş alarm sistemleri gibidir. Temel amacı bizi korumaktır. Bunu bir çeşit refleks gibi düşünebilirsin. Başımıza aniden gelen bir olay için düşünüp yorum yapmamız zaman alabilir, bundan dolayı düşünceler hayati önem taşıyan durumlarda bizi kurtarmak için yavaş kalabilir, ama duygular neredeyse ışık hızındadır ve tam ihtiyacımız olduğunda yardımımıza koşmak için hazır bir şekilde beklemektedir.

Duyguların en temel işlevi, hayatta kalmamıza yardım etmektir. Ancak günümüzde karmaşıklaşan insan yaşamında karşılaştığımız şeyler sadece ölüm-kalım meselesi değildir. Duygularımız, acıdan kaçmamıza, diğer insanlarla ilişki kurmamıza, karşımıza çıkan sorunları çözmemize yardımcı olabilir. Çok karmaşık olaylarda çok karmaşık duygular ortaya çıkabilir, ama temel mantık aynıdır. Kendini koru ya da orada kal. Sıklıkla yaşadığımız birkaç duygudan örnek vermek istiyorum sana:

- Güven
- Temkinli olma
- Mutluluk
- Cilve
- Memnuniyet
- Öfke
- Endişe
- Kıskançlık
- Heyecan
- Hüzün
- Gurur
- Saygı
- Değersizlik
- Yetersizlik
- Umut
- Umutsuzluk
- Hassasiyet
- Umursamazlık
- Şaşkınlık
- Tiksinme
- Korku
- Pişmanlık
- Bıkkınlık
- Kırılganlık
- Keyif
- Güç
- Utanç
- Şüphe
- İlgi
- İmrenme
- Küçümseme

Hayatta karşımıza çıkan olaylar neticesinde bazen bir bazen de birden fazla duyguyu bir arada yaşarız. Bir insanın en sık yaşadığı duygular; öfke, hüzün, güven, iğrenme, korku, utanç ve ilgidir. Duygular bazen ortaya çıktığı ilk haliyle bizi etkilerken bazen ortaya çıkan ilk duygu başka bir duyguyu daha tetikler ve işler daha da karmaşıklaşabilir. İlk ortaya çıkan duygu birincil duyguyken ilk duygunun tetiklediği diğer duygu ikincil duygudur. Çoğu insan hissettiği son şeyin farkındadır ve dolayısıyla kendisini tam olarak neyin rahatsız ettiğini fark etmeyebilir. Bu duruma örnek vermek istiyorum:

Birincil Duygu	**İkincil duygu**
Akif bir hafta sonra gireceği iş görüşmesi için endişelidir.	Endişeli hissettiği için kendisini değersiz hisseder.
Gülay iş yerinde beklediği terfiyi alamadığı için yetersiz, değersiz hissetmiştir.	Eve geldiğinde küçük bir mesele için eşine öfkeli davranır.
Uzun zamandır çocuk sahibi olmak isteyen Tuba, tedavilerin olumlu sonuçlandığını öğrenir ve çok mutlu olur.	Mutlu olduğu için yaşadığı dünyaya daha umutla bakar.

Çok nadiren bir duygu birincil duygu olarak kalır; ortaya çıkan ilk duygu ya da duygular başka duyguları da tetikler. Geçmişin yüklerini anlamak ve bugününü özgürleştirmek için duygularını tanıman ve onların sana anlatmaya çalıştıklarını kavraman hayati önem taşıyor.

Bu bölümde senden bir egzersiz yapmanı isteyeceğim: Terapi defterine son yıllarda sana çok iyi ve çok kötü hissettiren 3'er olayı yazmanı istiyorum. Olayları uzun uzun yazmana gerek yok, durumu net ifade eden birkaç cümle yeterli olacaktır.

Örneğin:
"Eşim evlilik yıldönümümüzü unuttu ve bunun üzerine şiddetli bir kavga yaşadık."

Şimdi yaşadığın bu olayı daha da detaylandırmak için Marsha Linehan'ın *Borderline Kişilik Bozukluğunun Bilişsel Davranışçı Tedavisi* kitabında duyguları tanımlamak ve farkına varmak için kullandığı soruları sana soracağım:

- **O günü düşünmeni istiyorum; gerçekte ne oldu?** Yorumunu katmadan net ifadeler kullanarak cevaplamalısın bu soruyu. Örnek: Gün boyu eşimden telefon ya da bir sürpriz yapmasını bekledim. Akşam eve geldiğimizde bile hâlâ hiçbir şey yokmuş gibi televizyonun karşısına oturdu ve maç izlemeye başladı.
- **Sence neden böyle bir olay oldu?** Yaşadığın olaya sebep olabilecek şeyleri yazmalısın. Örnek: Eşim beni ve ilişkimizi önemsemiyor, onun için varsa yoksa kendi ailesi ve işi...
- **Bu durum sana nasıl hissettirdi?** Birincil ve ikincil duyguları ayrıştırarak cevaplamalısın. Örnek: Eşimin evlilik yıl dönümünü hatırlamaması bana kendimi değersiz hissettirdi. Değersizlik duygusunun dışarı çıkışı öfke şeklinde oldu.
- **Duyguların sonucunda neler yapmak istedin?** Yaşadığın olay sonucunda ortaya çıkan duygular sende ne gibi davranışlara neden oluyor? Bu sorunun cevabı, davranışsal sorunlarımızın kökenini anlamak açısından çok önemlidir. Örnek: O an ondan boşanmak istedim, evi terk etmeyi düşündüm, kendimi öldürmek istedim... Bunlar plan aşamasında olan dürtülerdir, bazı insanlar için bunlar plan aşamasında kalabilir bazı insanlarda ise uygulamaya geçebilir.
- **Nasıl bir tepki ortaya koydun?** Ortaya çıkan duygular neticesinde hangi davranışları sergiledin? Örnek: Eli-

me geçen her şeyi eşime fırlattım, ona hakaretler ettim, kendimi yatak odasına kilitledim ve sabaha kadar ağladım, evi terk ettim...

- **Duyguların ve davranışların, olayların üzerinden zaman geçtikten sonra seni nasıl etkiledi?** Örnek: Bu kadar kendimi yormam anlamsız, yine zarar gören ben oluyorum, keşke sinirlenmeden önce bu durumun beni ne kadar üzdüğünden bahsetseydim, karşı taraf kendini hiç üzmüyor, ben niye bu kadar üzülüyorum...

Tekrarlayan Sorunlu Davranışların Temel Motivasyonu

Binlerce küçük ve büyük alışkanlıkların bir araya gelmesiyle kişilik dediğimiz şey ortaya çıkıyor. Bu alışkanlıkların bir kısmı genetik yapımızla ilgiliyken bir kısmı da erken yaşlarda yaşadığımız olaylarla şekillenir. Çocukluk yaşamından sonra da kişiliğimiz olgunlaşmaya ve başka alışkanlıklar kazanmaya devam eder, ama ana yapının önemli bir kısmı çocukluk döneminde inşa edilir. Çocukluk çağında dolmayan depolarımızla bağlantılı olarak o zamanki durumumuzdan dolayı hissettiğimiz gerilimden birazcık bile olsa kurtulabilmek için geçici çözüm yolları geliştiririz. Aslında bu çözüm yolları o zamanlar için işlevseldir, ama yetişkinliğe doğru ilerledikçe, sıklıkla kullanılan bu yöntemler de bizimle gelir. Böylece çocukluk çağı için işlevsel olan davranışlar yetişkinlik çağımızda başımıza bela olabilir. İlişkilerimize zarar verebilir, daha iyi hissetmemizin önünde engel olabilir.

Örneğin, bir çocuk kendisini görmezden gelen ailesinin dikkatini çekmek için öfke nöbetleri geçirip, hırçın davranabilir. Bu davranışlar çocukluk çağında da sağlıklı değildir, ama çocuğu bir şekilde amacına ulaştırır, aile ilgi gösterir. Yetişkinlik döneminde de kişi ilgisiz kaldığını hissettiğinde öfke krizleri yaşayabilir. Ya da aynı senaryoda başka bir çocuk, ilgi göstermeyen aileye karşı içe kapanmayı seçebilir. Bu çocuk da yetişkinlik döneminde yeni ilişkiler kurmaktan kaçınan, dışarı karşı soğuk davranan birisi olabilir. Gördüğün üzere bu sorunlu davranışların kökeninde geçmişte işe yarayan, ancak şu an işlevsiz ve zarar verici yöntemler yatar. Şu anki durumunu değerlendirmek için ilk olarak şu anki işlevsiz davranış listeni oluşturmalısın. Sakin bir zaman diliminde, son yıllarda karşılaştığın problemlerde hangi davranışları sergilediğini, bunların hangisinin seni daha da zor duruma soktuğunu ve kötü hissettirdiğini belirleyerek terapi defterine yazabilirsin. Ben sık karşılaştığım bazı işlevsiz davranışlara örnek vermek istiyorum, böylece sen de tam olarak nereye bakacağını daha iyi anlayabilirsin.

- Küsme huyu
- Öfke nöbetleri
- Çok sık özür dileme
- Sana iyi davranmayan insanlarla ilişkini sürdürme
- Hayır diyememe
- Sınırların ihlal edildiğinde kendini koruyamama
- İlgi açlığı
- Sosyal geri çekilme; insanlardan uzak durma
- Aşırı kıskançlık
- Ya hep ya hiç şeklinde düşünmek
- Kendi isteğin pahasına çevredeki insanları memnun etme gayreti
- Aşırı yemek yeme
- Aşırı alkol ve uyuşturucu madde kullanma
- Kendine ve çevreye zarar verme davranışları

Sen de bu ve buna benzer işlevsiz/zarar verici davranışlarının bir listesini çıkarmalısın. Bu davranışların kökeni geçmişinde yaşadığın deneyimlerde saklı. Daha önce geçmişimizin bizi nasıl etkilediğini sana anlattım, bu konuda artık daha fazla farkındalığa sahipsin. Listendeki davranışlarla geçmişindeki olaylar arasındaki bağlantı üzerine düşünmelisin. Bunu nasıl yapacağın konusunda şöyle bir örnek verebilirim:

İşlevsiz/Zararlı Davranış	Geçmişteki Kökeni
İşler istediğin gibi gitmediği zaman küsmek	İçinde büyüdüğün ailede annen istedikleri olmayınca babana küserdi.
Aşırı kıskançlık	Sana bakan kişiden düzenli olarak görmen gereken ilgi ve bakımı düzenli şekilde göremedin, bakım veren kişiden uzun süren ayrılıklar yaşadın
Sana iyi davranmayan insanlarla ilişkini sürdürme	Geçmişinde görmen gereken sevgi ve saygıyı görmediğinde hissettiğin yalnızlığı tekrar hissetmemek için kendine rağmen diğer insanların istediğini yapma

Bugün sana zarar veren her işlevsiz/zararlı davranışın tek bir sebebi yoktur, burada durumu daha iyi anlatabilmek için, her davranış için bir sebep berliledim. Sen kendi hikâyene odaklandığında daha karmaşık bir tabloyla karşılaşabilirsin. Sen de davranış listeni oluşturduktan sonra karşılarına kökenlerini yazabileceğin bir tablo hazırlayabilirsin.

Burada önemli olan nokta şu, yetişkinlik dünyasının sorunları ve çözümleri ile çocukluk dünyasınınki arasında çok ciddi farklar vardır. Ancak senin geçmişinde ne kadar fazla sorunlu olay varsa senin yetişkinlik dünyanda da o kadar çok işlevsiz/zararlı davranış vardır. Çünkü geçmişimizde yaşadığımız travmatik deneyimler, içimizde duygusal açıdan tam olay yaşandığı halde kalmış bir çocuk bırakıyor. Ve sen bu çocuğun farkına varmadıkça, özellikle kriz anlarında kontrolü içindeki çocuk devralıyor.

Tam bu noktada devreye duygular giriyor. Normalde yaşadığımız olayları değerlendirirken mantık filtresinden geçirmemiz gerekir. Küsme huyunun ya da öfke nöbetlerinin sana pek fayda sağlamadığını daha önce yüzlerce kez deneyimlemiş olabilirsin. Çok fazla içtiğin her akşamın ertesi gününde bir daha içmeyeceğim, bana iyi gelmiyor alkol demiş de olabilirsin. Ama ne zaman işler umduğun gibi gitmiyorsa içinde duygu alarmları şiddetle çalmaya başlıyor ve böyle zamanlarda senin durumları değerlendirmen için zihninde bekleyen mantık özelliğin devre dışı kalıyor ve ortaya içindeki çocuk çıkıyor. İçindeki çocuk geçmişindeki travmatik olayları yaşadığın yaşta, o dönemin duygusal olgunluğuna sahip ve kullandığı yöntemler sana zarar veren yöntemler. Sen ne kadar zeki olursan ol, böyle kriz anlarında içindeki çocuk gibi bakıyorsun olaylara. Durum sakinleştiği zaman hissettiğin, ben nasıl böyle bir şey yaptım pişmanlığı da geri gelen mantığının sesi.

Burada işleyen süreçleri iyi anlamak gerekiyor. Geçmişinde yaşadığın travmatik deneyimler içinde büyümemiş bir çocuk bırakıyor. Bu çocuk olaylara, o zaman kullandığı yöntemlerle cevap veriyor. Ve bu çocuğun kontrolü ele geçirmesi ise hayat istediğin gibi gitmediği zamanlar duygularının yoğunlaşması ile oluyor. Çünkü hissettiğin aşırı duygular, sanki geçmişinde yaşadığın olayı tekrar yaşıyormuşsun gibi hissettiriyor sana. Belki bazı filmlerde karşılaşmışsındır; savaşta arkadaşlarını kaybeden eski bir asker, o savaş ortamına ait bir ses, görsel gördüğü zaman sanki aynı olayları tekrar yaşayıp, o ortamdaymış gibi tepki veriyor. İşte birçok insan, bu durumun benzerini günlük hayatında yaşıyor.

Diyelim ki iş yerinde, birlikte bir proje üzerinde çalıştığın arkadaşın o proje ile ilgili yapılan toplantıya seni davet etmeden gidiyor. Burada hemen reddedilmişlik ve dışlanmışlık duyguların devreye giriyor. Geçmişinde buna benzer deneyimler varsa, içindeki çocuk kontrolü ele alıyor, kullandığı yöntem öfke ise arkadaşının yanına gidip aşırı tepki gösteriyorsun. Ya da çocuğun yöntemi geri çekilme, küsme, pasif agresif tepkiler göstermekse arkadaşına ve projeye çok uzak davranmaya başlıyorsun. Burada böyle davranmak senin değil, içindeki çocuğun yöntemi oluyor. Seninle sakin bir zamanda otursak ve ben sana birisinin başına böyle bir olay gelse sence nasıl davranmalı diye sorsam, olayın içinde olmadığın için içindeki çocuk tarafınla değil mantığınla, gidip neden beni çağırmadığını sorardım ve bu durumdan rahatsız olduğumu söylerdim, diye cevap verirsin. İşte o an aktive olan duygular senin kontrolü kaybetmene, istemediğin şekilde yetişkin gibi değil çocuk gibi davranmana sebep olur.

Sana iyi gelmeyen biriyle ilişki yaşamanda da buna benzer bir süreç yaşanır. Geçmişinde seni olumsuz etkileyen sorunlu bir ebeveyn figürün vardır. Bu ebeveyn şiddet gösteren, ilgisiz veya seninle rekabet eden yapıda olabilir. Bu durumu yaşarken onun bu tavırlarından çok fazla etkilenmişsindir. Ancak daha önce de bahsettiğim gibi, anne baba ne kadar kötü olursa olsun çocuk hayatta kalması için ebeveynlerine ihtiyaç duyar, bu nedenle de onlara kendini sevdirmeye çalışır. Çocukluk zamanı için bu işlevsel bir amaçtır. Oysa bu çaba yetişkinliğe geldiğimiz zaman bizim için anlamlı değildir, çünkü özel olarak kimsenin sevgisi bizim için olmazsa olmaz değildir. Her insanın sevgisi başka bir insanın sevgisi ile ikame edilebilir. Geçmişinde bu ebeveyn figürüne kendini sevdirme çaban yetişkin döneminde ilişkilerinde karşına çıkabilir. Sana ihtiyacın olan sevgiyi, saygıyı ve güveni vermeyen ebeveynine benzer bir kişiyle karşılaştığında, bu kişi fiziksel anlamda da sana çekici geliyorsa, içindeki tam anlamıyla sevilmemiş çocuk uyanır ve tekrar aynı kendini sevdirme çabasına girişebilir. Kişi karşısındaki kişiye yetişkin bakış açısıyla yaklaşsa çok açık bir şekilde, bu insanın ona iyi gelmeyeceğini fark edebilir, biraz tanıdıktan sonra. Fakat içerideki çocuk tetiklenmiştir bir kere, mantıklı yetişkin taraf ortadan kalkar, kontrolü içerideki çocuk devralır. İlk başta böyle bir şekilde zirvede başlayan ilişkiye aşırı yatırım yapılır ve yapılan yatırımlar arttıkça kişinin zehirli ilişkiden uzaklaşması zorlaşır. Bu sebeple ani çekim uyandıran ilişkileri yavaşlatmayı öneriyorum.

Boşanmak üzere olan bir çift son çare olarak bana gelmişti. Maalesef ülkemizde insanlar çift terapisine bütün olumlu kaynaklar tükendikten sonra, boşanmadan hemen önce geliyorlar. Bu sebeple sorunları düzeltmek hiç kolay olmuyor. Bu çiftten kadın olana şunu sormuştum: "Eşinizin hangi özelliklerinden etkilenmiştiniz?"

"İlk tanıştığımızda çok havalıydı, dünya umrunda değildi. Motosikletine binip gittiği zaman ben de arkasından bakakalırdım," dedi kadın. Ben de "Şimdi neden boşanmak istiyorsunuz?" diye sordum. Kadının cevabı şaşırtıcıydı: "Eve dair hiçbir sorumluluk almıyor, dünya umrunda değil. Bir de kocaman adam motosiklete mi biner?"

Aslında adam hep aynıydı. Ama kadının zihninde kontrolü ele geçiren duygusal çocuk, o kişinin kendisi için en iyisi olduğuna inandı. Çünkü kadının geçmişinde de sorumsuz bir baba figürü vardı. İçindeki çocuğun ihtiyaçları senin ihtiyaçların değildir, onun kullandığı yöntemler sana zarar veren yöntemlerdir.

Duygu ve Düşüncelerin Farkını Anlamak

Duyguları tanımlarken, dünyada olan biten hakkında bize bazı uyarılar veren bir alarm sistemi demiştim. Evet duygularının verdiği sinyalleri okuyamayan bir insan, kendisi hakkında çok az fikre sahiptir, neyi neden yaptığını bilmez. Bu durumun öbür ucunda ise tamamen duygulara güvenerek hareket etmek vardır ve bu durum da duyguları anlamamak kadar zararlıdır. Geçmişimizde yaşadığımız travmatik deneyimlerden dolayı, içimizdeki duygu alarmlarının ayarları bozulabiliyor ve bazen yanlış ölçüm yapabiliyor. Bu durumu, travmatik olaya maruz kalan çocuk halimizle açıkladım sana. Burada anlatırken net bir şekilde tanımlayabildiğim içindeki çocuk olgusu, bu durumu yaşayan insanlar için kolayca farkına varılabilen bir şey olmayabiliyor her zaman.

Çocuk kontrolü ele aldığı zaman, onun söylediği şeyleri, onun kullandığı yöntemleri kişi hayatın gerçeği zannedebilir. Örneğin, ortak çalıştıkları projede arkadaşı tarafından davet edilmeyen kişi ya da kendisine zarar verecek bir ilişkide hayatının insanını bulduğunu zanneden kişi ile o anda konuşsak, hissettikleri şeyin hayatın gerçeği olduğu konusunda ısrarcı olacaklar ve hatta bizi ikna etmeye çalışacaklardır. İşte böyle zamanlar için duygularımızla düşüncelerimizin farkını anlamamız gerekiyor.

Eğer ki çocukluğun zor geçmişse, içindeki depolar tam anlamıyla dolmamışsa, duygu alarmlarının ayarlarının bozulduğundan emin olabilirsin. Duruma, bende sorun yok, ben ne hissediyorsam gerçektir, diye yaklaşman aynı hataları tekrar yaşamana neden olacaktır. Geçmişin zorluysa, duygusal anlamda standart bir hataya sahipsin. Duyguların ayarlarını her zaman normale döndürmek mümkün değildir, ancak yoğun duygular hissettiğimizde, bu duyguların bizi çekmeye çalıştığı yere karşı şüpheyle yaklaşmak çok önemlidir. Çünkü çocuk kontrolü genelde yoğun duygulanımda ele alır. Bu duygular yoğunlukla; öfke, terkedilmişlik, yalnızlık, değersizlik, sevgi gibi duygulardır. Bunların aşırı olduğu zamanlarda, kendi hayatını sanki bir televizyon ekranında izliyormuş gibi düşünüp görüntüyü yavaşlatmalısın ve şu soruyu sormalısın: Şu anda ne oluyor da ben böyle hissediyorum? Duygu alarmlarının ayarında problem olduğunu kendine hatırlatıp, gerçekte ne olduğunu anlamaya çalışmak çok önemli.

Tam olarak burada, şunu sorabilirsin, duygular içinde bulunduğumuz durumun gerçek işaretlerini vermez mi? Bazı zamanlar evet, bazı zamanlar hayır. Çok net olan durumlarda, hissettiğin duygular gerçekçi olabilir. Örneğin, birisi kafana silah doğrulttuysa ve sen o anda korkuyorsan, hissettiğin korku gerçektir. Bu durum neredeyse her insanda benzer duyguları uyandıracaktır. Ama bu kadar net olmayan durumlarda duygular gerçeği yansıtmayabilir. Burada düşünceleri, gerçek dünyada yaşadığımız olayların objektif yorumu olarak kullanacağım, duyguları ise gerçeklikten bağımsız şekilde hissettiğimiz şeyler olarak. Çok güzel bir kadın, çok yakışıklı bir erkek olabilirsin. Ancak geçmişinde sıklıkla değersiz ve yetersiz hissettirildiğin için kendini çirkin görebilirsin. Birçok insan seni çok alımlı da bulsa sen aynaya baktığın zaman çirkin birisini görürsün. İşte burada hissettiğin şey senin gerçekliğini bozmaya başlıyor. Imposter Sendromu'nu hatırlıyorsun, orada da kişi çok başarılı olmasına rağmen kendisini başarısız olarak görüyordu. Yani içinde bulunduğumuz gerçeklerden bağımsız şekilde hissedebiliriz.

Korkulu bir rüya görüyorsun ve bu rüyada birisi senin elini ateşe tutuyor. Canın yanıyor, ama bir yandan da rüyada olduğunu biliyorsun. Gerçek hayatta içimizdeki çocuk kontrolü devraldığında tam olarak böyle bir şey yaşanır. Mantıklı tarafın çok hoşlandığın kişinin aslında güvenilir olmadığını söyler ama aynen rüyadayken rüyada olduğunu bilmek gibi bir şeydir bu. İçinden şu geçer, ya rüya değilse? İşte böyle zamanlarda da ya gerçekten iyi biriyse diye düşünebilirsin. Ya da toplantıya çağrılmadığın zaman dışlanmış hissedersin ve içindeki çocuk öfkeli bir şekilde kontrolü devralır, "Onlara gününü göstermelisin" der. Mantıklı ses yine cılız bir şekilde, "Ama abartılı tepki veriyorsun, bundan zarar görebilirsin" der. İşte böyle durumları birkaç kez yaşamışsan o cılız mantık sesine kulak vermelisin. Böyle durumlarda hissettiklerin aksini söylese de yapman gerekeni yapmalısın. İçinden bir ses, "Bu kişi senin hayatını değiştirecek," der, ama sen bilirsin ki o işler hiç öyle olmuyor. Daha mesafeli durup yakınlığın yavaş yavaş ilerlemesine müsaade edersin. Trafikte birisi önüne kırdığı zaman çok öfkelenip sen de onun önüne kırıp belki de kavga etmek istersin ama sakin bir şekilde geride kalırsın. Hissettiğin şekilde davranmak zorunda değilsin, buna gücün yeter.

Şunu hiç unutmamak gerek, sen hissettiklerinden ibaret değilsin. Çünkü hissettiklerinin büyük bir kısmı geçmişinden geliyor. Maalesef bunu tamamen düzeltmek mümkün değil. İnsan ne kadar ilerleme kaydederse kaydetsin, çocukluğunda oluşan ana yapıları tamamen değiştiremiyor. Her şey yolundayken bile, eski anıları hatırlatacak bir şey olduğunda ameliyat olan yerin sızlaması gibi bir sızlama hissedebiliyor insan duygusal olarak. Burada hedeflenen değişim, kişinin hissettiği şeyin gerçek olmadığını, yanlış alarm verdiğini durmadan kendine hatırlatması. Ve birçok insanın içindeki çocuk, yaşadığı olumsuz olayın ilk başında çok güçlüdür ve ona direnmek çok zordur. Böyle durumlarda hemen yapmak istediğimiz şeyi ertelemek en makul çözümdür. Süreç genişledikçe, içimizdeki çocuğun istediklerine karşı koymamız mümkün olur.

Bazı insanlarda ise çocuk hep kontroldedir. Özellikle yetersizlik ve değersizlik duygularında bu durumla karşılaşıyorum. Kişi hayatında birçok insanın yapamayacağı şeyleri yapmasına, inanılmaz başarılar göstermesine rağmen, kısa süreli tatmin hissinden hemen sonra tekrar değersiz ve yetersiz hissetmeye başlıyor. Bu insanların hissettikleri duyguların adını koyması, bunun şu anla değil geçmişle ilgili olduğunu durmadan kendine hatırlatması gerekir. Kendine anlayış ve öz şefkat konusunda daha önce bahsettiğim önerilerin uygulanması fayda sağlayacaktır.

Yoğun değersizlik ve yetersizlik duyguları hissederken, aşağıdaki cümleleri hatırlatıcı kart olarak hazırlayabilir, daha uzun versiyonunu ses kaydı olarak kaydedip sık sık dinleyebilirsin:

- Geçmişte de benzer olaylar yaşadım. Onlar nasıl geçtiyse bu da geçecek.
- İyi ya da kötü her şey bir süre sonra geçiyor, bu da geçer.
- Sen kötü bir insan değilsin, hatalar yapmış iyi bir insansın.
- Melek olsan kanat sesinden rahatsız olurlar. İnsanların beni acımasızca eleştiriyor oluşu her zaman benim hatalı olduğumu göstermez.
- Şu an kendimi güçsüz hissediyorum, ancak geçmişte yaşadıklarımı ve baş ettiklerimi düşününce güçlü olduğumu fark ediyorum.
- Hissettiğim şeyler sadece geçmişten gelen olumsuz duygular. İçinde bulunduğum gerçeklik bu kadar kötü değil.

- Şu an yaşadığım acılar bir süre sonra geçecek, ama ben bu acıların içinden daha da büyümüş ve olgunlaşmış olarak çıkacağım.
- Her zaman mutlu ve özgüvenli hissedemem. Bazen tedirgin, gergin ve korkulu hissedebilirim, bu gayet insani.
- İçimdeki çocuğun güçlü sesi bir süre sonra azalacak ve mantığım tekrar kontrolü ele alacak.
- Duygularım hayatımı kontrol edemez.

Yaşadığın Sorunlara Psikolog Gözüyle Bak

İnsan hep kendi kendisiyle olduğu için yaşadığı problemlerin tam olarak ne olduğunu ve neden kaynaklandığını görmeyebiliyor. Ve daha önce bahsettiğim gibi yoğun duygusal zamanlarda, içimizdeki çocuğun sorunlu bakış açısı ve yöntemleri kontrolü ele geçirdiği için, kişi sorunlarını çözemediği gibi işleri daha kötü hale getirebiliyor. Hayatımızdaki sorunları çözemememizin sebebi, kendimize dışarıdan birisi gibi bakamamamızdır çoğu zaman. İçimizdeki çocuk içimizde olunca ve yıllardır hep aynı şekilde davranınca yanlış yaptığımız şeyler bile doğruymuş gibi gelmeye başlar. Bir de uzun süre kullanılan yöntemler doğru olsun yanlış olsun bir süre sonra refleks haline gelir. Sorun ortaya çıkar ve sen hiç değerlendirme yapmadan aynı yanlış yöntemi kullanırsın. İşte bir psikoloğa gitmenin en temel faydası burada ortaya çıkar; insan psikolojisi konusunda eğitim almış bir profesyonel sana dışarıdan bakar ve senin yaşadıklarını, yaşadıklarına verdiğin tepkileri, senin değerlerini göz önüne alarak nispeten objektif yöntemlerle değerlendirir ve sana geri bildirim verir. Ve sen sana doğal gelen, ama zararlı olan düşünce ve davranışlarını fark edersin.

Bu farkındalığı, kendi kendineyken kazanmak için yardımcı olabilecek bir teknikten bahsetmek istiyorum sana, 6 Şapkalı Düşünme Tekniği. Edward de Bono'nun sistematik hale getirdiği bu düşünce yöntemi içinde bulunduğumuz durumu, farklı özelliklere sahip insanların gözünden değerlendirmemize katkı sağlıyor.

Yöntemin mantığı şu şekilde işliyor; diyelim ki hayatını etkileyen önemli bir problem var ve sen bu problemden dolayı sıkışmış ve çaresiz hissediyorsun. Hayali olarak farklı renklere sahip şapkaları olan 6 kişiyle bir arada oturuyorsun ve bu 6 kişinin senin problemine yaklaşımını dinliyorsun. Her şapka rengi farklı bir bakış açısıyla problemine yaklaşıyor, böylece sen yaşadığın olaya bambaşka perspektiflerden bakma şansına erişebiliyorsun. Şapkaların rengi, beyaz, kırmızı, sarı, siyah, yeşil ve mavi. Örnek iki olay üzerinden tekniği nasıl uygulayacağımızı görelim:

Örnek olay 1: İlker uzun süredir çalıştığı işinden, ekonomik kriz mazeret gösterilerek çıkartılmıştır. Bir aydır işsiz olan İlker kendisini çok kötü hissediyor, ailesinin geçimini nasıl sürdürebileceği konusunda ciddi kaygılar yaşadığı için geceleri uyuyamıyor, içinde büyüyen çaresizlik hissi sebebiyle sık sık eşiyle tartışıyor.

Örnek olay 2: Kübra, 5 yıldır devam eden evliliğinde eşi tarafından birçok kez aldatılmasına rağmen eşini affetmiş, ancak buna rağmen eşi tarafından terk edilmiştir. Ayrılık sonrası acısı ile baş etmekte zorlanan Kübra, yataktan çıkmak istemiyor, işine gitmekte zorlanıyor, ani kilo artışı yaşamış ve hissettiği değersizlik dayanılmaz geliyor.

Beyaz Şapka: Beyaz şapkanın özelliği, yaşanılan olayı objektif, duygulardan arınmış ve dramatize etmeyen bir şekilde ifade etmektir. Bu şapkanın yaklaşımını öğrenmek için yaşadığımız olay hakkında kendimize, "Gerçekte ne oldu?" diye sormamız gerekir. Cevap verirken, duygularımızı karıştırmadan, objektif olmak zorunda olan bir bilirkişinin rapor hazırlarken gösterdiği özeni göstermeliyiz. Beyaz şapka, İlker ve Kübra'nın olayını şu şekilde değerlendirirdi:

İlker, ekonomik kriz mazeret gösterilerek işinden çıkarılmıştır. İlker'le beraber, şirkette çok fazla emeği olan başka insanlar da işten çıkarılmıştır. Bir aydır işsiz olan İlker, 3 iş başvurusu yapmış olmasına rağmen henüz hiçbirinden görüşmeye çağrılmamıştır. Bütün güne evde oturan İlker, diğer insanların işten çıkarıldığını öğrenmemesi için sosyal çevresiyle de nadiren görüşmektedir. Bu arada İlker'in eşi de çalışmaktadır ve bir süre idare edecek kadar birikimleri mevcuttur.

Kübra, daha önce de kendisini birçok kez aldatan eşi tarafından terkedilmiştir. Ortak olarak aldıkları evde Kübra oturmaya devam ederken, eşi evden ayrılmıştır. Henüz bir boşanma davası açılmamıştır. Kübra'nın ailesi ve arkadaşları yaşadığı bu durumda, tamamen destekçidir. Eşi net bir şekilde tekrar bir araya gelmek istemediğini ifade etmektedir.

Kırmızı Şapka: Kırmızı şapkanın özelliği ise yaşanılan olayın kişide uyandırdığı duyguları ve ani tepkileri ifade etmektir. Bu şapkanın yaklaşımını öğrenmek için şu soruları sorabiliriz: Tam şu anda ne hissediyorum? Eğer içimdeki duyguların dediğini yapacak olsam ne yapmak isterdim? Yaşadığım bu olay bende hangi duyguları tetikledi? Kırmızı şapka, İlker ve Kübra'nın olayını şu şekilde değerlendirirdi:

İlker, uzun yıllar emek verdiği işinden olduğu için kendisini ihanete uğramış hissediyor. Kendisinden sonra işe giren bazı insanların işten atılmaması ise onu daha fazla üzüyor ve acaba yetersiz olduğum şeyler mi vardı, diyor. Bununla beraber sık sık ruhunu öfke sarıyor ve eski işyerine gidip, kendisini işten çıkartan insanlara haddini bildirmek istiyor. Bir yandan işten çıkarıldığı için yaşadığı durumdan utanıyor ve bunu saklamak zorunda hissediyor.

Kübra çok karmaşık duygular içerisinde. İçindeki çocuk, istediği sevgiyi vermeyen eşinin peşinden koşup bir şekilde onu ikna ederek onun sevgisini alabileceği konusunda onu çok zorluyor. Bu sebeple sıklıkla, onu terk eden eşine yazmak, onu aramak istiyor. Bu konuda kendini tutmayı çoğunlukla başarsa da birkaç kez onu çok sevdiğini, eğer gelmek isterse yaptıklarını affedeceğini söyleyen mesaj attı. Kendini tam olarak bir kadın gibi hissedemiyor, sanki yaşadıkları onun suçuymuş gibi hissediyor. Yeterince ilgili davransaydı ya da daha güzel görünseydi işler farklı olurmuş gibi hissediyor. Sesi daha az duyulsa da mantıklı tarafı ise gitmesinin iyi olduğunu söylüyor, "Zaten sorunlu bir ilişkiydi," diyor.

Siyah Şapka: Siyah şapka, renginin de temsil ettiği üzere yaşadığın olaya gerçekçi ve olumsuz bakar. Burada dikkat edilmesi gereken şey, siyah şapkanın söylediği ve tespit ettiği olumsuz noktaların kanıtı olması gerektiğidir. Yani, mahvoldum, bittim, bir daha hiçbir şey düzelmeyecek, artık hiç iş bulamayacağım gibi düşüncelere kanıt bulunamayacağı için bunlar siyah şapkanın değil kırmızı şapkanın alanındadır. Siyah şapka, İlker ve Kübra'nın olayını şu şekilde değerlendirirdi:

İlker uzun zamandır işinde emek verdiği alanda uzmanlaşmış, yönetici pozisyonuna yükselmişti. Bu alanın birçok iş yerinde alternatifi yoktu ve benzer konumda yönetici olarak iş bulması zordu. Dolayısıyla yeni işinde sıfırdan başlangıç yapmak zorunda kalma ve daha düşük maaşla işe başlama ihtimali yüksekti. Başına gelen bu durumu yaşayacağı hiç aklına gelmediği için 6 ay önce yeni bir araba almıştı ve bu araba için kredi çekmişti. Şu an kredileri ödeyebilecek durumdaydı, ama bu ödemeler bir süre sonra onu ciddi sıkıntıya sokabilirdi.

Kübra'nın şu an kaldığı ev eşiyle ortak alınmıştı ve boşanma davası açıldığında bu evin paylaşımı eşinin bazı tavırları yüzünden kolay olmayacak gibi duruyordu. Kübra, yalnız kalmaktan nefret ediyordu, ama ailesi ile de yaşamak zorunda kalmayı istemiyordu, çünkü babası o bir çocukmuş gibi yaptığı her şeye karışıyor, onu kısıtlıyordu. Bu konuda bir karar vermesi gerekiyordu. Bulunduğu koşulda boşanmış bir kadın olmanın sıkıntı olabileceği konusunda da bazı endişeleri vardı, çünkü daha boşanmamış olmasına rağmen bazı erkeklerin yaklaşımında farklılıklar seziyordu.

Sarı Şapka: Sarı şapkanın özelliği içinde bulunulan durumun olumlu ve fırsata dönüşebilecek yanlarını tespit etmesidir. Burada da siyah şapkada olduğu gibi, tespit edilen olumlu yanların gerçekçi bir tarafı olması gerekir. Sarı şapkanın bakış açısını anlamak için, bu yaşadıklarımın uzun vadede olumlu yanları olabilir mi, beni üzen şeyin şu an dikkat etmediğim faydaları nelerdir gibi sorular sorabilirsin. Sarı şapka, İlker ve Kübra'nın olayını şu şekilde değerlendirirdi:

İlker işine çok emek vermiş olsa da değişen yönetimle birlikte işyerinde adaletsizliğin arttığını düşünüyordu. Kendi fark etmese de eşi iş hayatındaki son bir yılında öfkeli bir adama dönüştüğünü sık sık söylüyordu. Bundan dolayı bu işten ayrılmış olmak daha iyi bir alternatif aramak için zorunlu motivasyon yaratmıştı. Diğer taraftan işten çıkartılmış olmasına rağmen, neredeyse bir yıl boyunca standartlarını hiç bozmadan yaşamlarını devam ettirebilecek koşullara sahiplerdi. Araba ödemeleri sıkıntı olsa bile arabayı satarak daha düşük bir modele geçiş yapabilir, borçtan kurtulabilirdi.

Kübra, şu an eşini çok yoğun bir şekilde özlüyor olsa da eşiyle birlikte olduğu zamanda genel anlamda kötü hissediyordu. Eşi beraber yaşamanın hiçbir kuralına uymuyor, eve neredeyse bir otelde yaşar gibi gelip gidiyordu. Kübra, "Yine o kadınla görüşüyor mu?" diye, devamlı tedirgindi. Eşinden ufacık sevgi kırıntıları almak için çabalamak zorunda hissediyordu, evlilikte olumlu olan her şey Kübra'nın yoğun çabaları sonucunda ortaya çıkmıştı. Bu durumlardan kurtulmuş olmak, hayatına kimse girmese bile Kübra için olumlu olacaktı. Aynı zamanda bir ilişkinin insana iyi hisler vermesi ve güvende hissettirmesi gerekir, Kübra bu ilişkiden çıkarak sağlıklı bir ilişki bulma şansını yakalamış oluyordu.

Yeşil Şapka: Yeşil şapkayı reklamlarda karşılaştığımız, ortalık karışmışken her şeyi düzeltmeye gelen süper kahraman gibi düşünebilirsin. Yeşil şapka, içinde bulunduğun durumdan kurtulmanı sağlayacak çözüm yöntemlerini keşfetmene yardımcı olur. Yaşanılan olumsuz duygularda stres seviyesi artınca, sorun çözme becerimiz zayıflar. Yeşil şapka ile başka bir gözden yaşadığımız sorunları değerlendirebiliriz. Yeşil Şapka, İlker ve Kübra'nın olayını şu şekilde değerlendirirdi:

İlker, üniversiteden mezun olduktan bir hafta sonra işe girmiş ve neredeyse 15 yıldır aktif olarak çalışıyordu. Şimdi kendisine ayıracak zamanı vardı. Evet, ilk önce iş bulması gerektiğini düşünüyordu, ama bu konuda tanıdıklarına haber vermek ve internetten başvurular yapmak haricinde bir şey yapamazdı. Bundan dolayı gün içinde evden çıkmalı, görüşmediği arkadaşları ile görüşmeliydi. Çünkü hem yalnızlık ona iyi gelmiyordu hem de durumundan haberdar olan arkadaşları yeni iş fırsatları için aracı olabilirdi. Hissettiği kaygı için doğal çözüm yöntemleri deneyebilir, spor yapabilir, kendine yardımcı olacak kitaplar okuyabilirdi. Bu sürecin eşiyle olan ilişkisinde yara açmaması için, öfke gibi ikincil duygularını ona yansıtmak yerine, birincil duygusu olan yetersizlik hissini eşi ile paylaşmalıydı.

Kübra'nın ilk olarak dikkat etmesi gereken şey, ayrılığın ilk aşamasında yalnız kalmaması, ona destek olan insanlarla bolca zaman geçirmesidir. Çünkü yalnız kaldıkça, içindeki çocuk kontrolü ele geçirme konusunda daha avantajlı hale gelmektedir. Eşine yazma konusunda kendisine kurallar koymalı, çünkü yazıp cevap alamadıktan sonra kendisini çok değersiz hissetmektedir. Eşi hayatına girmeden önce nasıl mutlu olduğunu hatırlamaya çalışıp, eskiden onu mutlu eden şeyleri şu an çok keyif alamasa da kendini bunları yapmaya zorlaması gerekir.

Mavi Şapka: Mavi renkli şapkanın özelliği ise diğer tüm renkleri dinledikten sonra şu anını değerlendiren, elindeki seçenekleri gerçekçi bir şekilde analiz eden taraf olmasıdır. İlk olarak objektif bir şekilde durumunu analiz edip, sonrasında bu durumun sende ortaya çıkardığı duygusal reaksiyonları fark ettin. Bu durumun gerçekçi olumsuz yanları ile gerçekçi olumlu yanlarını bulmaya çalıştın. Ah vah etmeden, yaşadığın durum için şu an somut olarak ne yapabilirsin bunu belirledin. Mavi şapka aslında sen oluyorsun; bütün verileri değerlendirip, ne durumda olduğunu gerçekçi olarak algılayan kişi.

Başımıza kötü şeyler geldiği zamanlarda, hissettiğimiz şeyin sadece kötü olduğunu düşünürüz ve çok sorgulamayız. Bu teknikle neyin gerçek, neyin duygusal reaksiyon olduğunu fark edip, soğukkanlı bir şekilde hareket edebilmen mümkün. Özellikle duygular senin kontrolden çıkmana neden oluyorsa, işler sarpa sardığı anda bu düşünme yöntemi ile kendine dışarıdan bakabilirsin.

Terapi defterinin bir bölümünü, zor zamanlar için bu 6 şapkaya ayırabilirsin.

Sen Aslında Kimsin?

Gerçekte kim olduğunu hiç düşündün mü? Kendine aslında kim olduğunu sormanı isteyeceğim senden. Seni oluşturan şey nedir? Kendine dışarıdan bakabilseydin, kendini nasıl görürdün acaba?

Birçok insan kendisini sahip olduğu maddi güç, statü ve fiziksel özelliklerle tanımlar. Ben zengin bir insanım ve param beni güçlü yapar. Güzel ya da yakışıklı bir insanım, birçok insandan daha iyi fiziksel özelliklere sahibim. Ya da bulunduğun konum ve statünle kendini tanımlarsın. Bu bahsettiğim özelliklerin seni oluşturan şeylerin asli unsuru olup olmadığını, kendini iyi hissetmek için sık sık bunlara referans verip vermediğinle anlayabilirsin. Eğer kötü hissettiğin zamanlarda, ben daha zenginim, ben daha güzelim, ben daha yüksek konumdayım diyorsan senin için bu sahip olduğun şeyler gerçekten önemlidir. Ancak burada dikkat etmemiz gereken bir şey var, kendini sahip olduğun bu şeylerle tanımlarsan, bundan daha iyisini gördüğün zaman sahip olduğun şey senin için değerini kaybedebilir ve eskisi gibi sana iyi hissettirmemeye başlar. Günlük hayatta her zaman senin sahip olduğun bu şeylerin daha iyisine sahip olanlarla karşılaşırsın. Ne kadar güzel olursan daha güzeline, senden daha üst konumdakilere ve senden daha zenginlerine her zaman rast gelirsin, bu doğal bir şeydir. Fakat kendini sadece bunlarla tanımlıyorsan, daha iyisini gördüğün zaman kendini çok yetersiz ve değersiz hissedersin. Bu konuyu daha iyi anlamak için sana Susan David'in *Duygusal Çeviklik* kitabında bahsettiği bir deneyi anlatmak istiyorum.

Araştırmacılar, polis memurlarından kendilerini güvenlik görevlileriyle karşılaştırmalarını istiyor. Ve gerçek polislerin daha üstün olduğuna en içten şekilde inananlar, benlik hissi ve yaşam doyumu gibi zihinsel sağlık ölçümlerinde en düşük puanları alıyor.

Kıyaslanabilir ve fiziksel ölçütlerle kendimizi değerlendirmemiz, bir çember içinde durmadan koşmaya çalışan hamsterların durumuna benzer. Evet, sahip olduğun bu özellikler sana iyi hissettirir ama tek tutunduğun şey buysa kendini iyi hissetmek için dış onaya bağımlı olursun. Senden daha iyilerini gördüğün anda da kendini daha değersiz hissedersin. Şunu unutmamalısın, kendi değerini kendinle ölçmelisin. Elbette toplumsal ve ekonomik değerlerden bağımsız bir şekilde kendimizi algılamamız mümkün değildir. Ama bütün kaynak bu sistem olursa, çok kısa sürede çökebilir. İçsel değerini, kendi hikâyeni ayrıca değerlendirmelisin.

Zamandan bağımsız, seni sen yapan değerlerin nelerdir? Senin sahip olduğun bütün zenginlik, statü ve güzellik kaybolduğunda bir insan seni neden sevebilir? Bu soruların cevabını verdiğin zaman içinde seni değerli kılan şeyin ne olduğuna dair bir fikir edinebilirsin. Kendini maddi özelliklerle tanımlaman kıyaslamayı beraberinde getirir. Kıyaslamanın çorbadaki sinek gibi dokunduğunu her şeyi bozduğunu daha önce de söylemiştim.

Bu kastettiğim şey boş vermek değil, maddi dünyayı önemsememek de değil. Sadece kendini safi bir şekilde değerlendirmeni ve ruhsal olarak da kendinin farkına varmanı öneriyorum. Burada hatırlaman gereken bir diğer şey de herkesin hikâyesi farklıdır. Senin bugüne gelirken zorla elde ettiğin imkânlar başkası doğduğu zaman hazır olarak onun önüne sunulmuş olabilir. Böyle bir insanla kendini kıyaslaman ne kadar doğru olur? Senin yapacağın en doğru kıyaslama, başladığın nokta ile şu anın arasındaki farktır.

Bu noktada belki de "Dünya neden böyle?" diye sorgulamak geliyor içinden; "Neden benim çok zorlayarak elde ettiklerim başkası doğduğu zaman onun önüne altın tepsi içinde sunuldu?" Bu sorgulamanda sonuna kadar haklısın; keşke her çocuk çok güzel aile ortamına ve eşit maddi koşullar içerisine doğsaydı. Ancak dünya şu ana kadar böyle adil bir düzeni göremedi. Umarım bizden sonra gelen insanlar bunu başarır. Dünyayı ve sistemi sorgulamak, özellikle kötü hissederken, işlevsel olabilecek enerjini, işe yaramayacak bir öfkeye dönüştürebilir. Evet sistemi sorgulamak haksız değildir, ama çoğu zaman işe yaramaz, özellikle kötü hissederken. Böyle zamanlarda enerjimizi değiştirebileceğimiz şeyler üzerine odaklayabilirsek çok daha güzel sonuçlar alabiliriz.

Kendini nasıl tanımladığın ile ilgili olan bir diğer şey de yaptığın şeyleri neden yaptığındır. Hayatta ortaya koyduğun çabaların neye varmak için? Amacın daha güzel bir yaşam mı, daha iyi hissetmek mi, günü kurtarmak mı? Yaptığın şeyleri yapmak zorunda olduğun için mi yapıyorsun yoksa istediğin için mi? Birçok insan kendisine sunulan şeyleri sadece yapmak zorunda olduğu için yapar. Yapmak zorunda olduğun şeyleri yaparken çok az tatmin hissedersin; hayata sanki bitmeyen bir ödevi yapmak için gelmiş gibi hissetmen muhtemeldir.

Çevrene baktığın zaman, göreceğin birçok insanın bir ana amacı oluyor; para kazanmak, hayatını idame ettirmek. Özellikle ülkemizde bu konuda istediğimizi yapmak her zaman mümkün olmuyor. Birçok insan zorunda kalarak yaptığı şeyi yapıp para kazanıyor. Çalışan insanlara işleri ile ilgili, "istediğin yerde misin?" diye sorsak çok azından "evet" cevabını alabiliriz diye düşünüyorum. Ana amaçların yanında, ara amaçlarımız oluyor; daha zayıf olmak, daha güzel görünmek, daha iyi yerlere gelmek için ders çalışmak, işimize kendimizi vermek gibi. Ara amaçlar uzun vadede ana amaçlarımıza katkı sağlar.

Peki bütün bunları ne için yapıyorsun? Ulaşmak istediğin her şeye ulaştığın zaman seni neyin beklemesini isterdin? İşte bu soruya verdiğin cevap, senin hayatının anlamı olabilir. Eğer yaptığın şeyler kendi içinde bir anlama hizmet ediyorsa, amaçların için bir şeyler yaparken zorunda hissetmezsin, tercih edersin, isteyerek yaparsın.

Hedeflerine ulaşma yolunda, yapman gerekenleri zorunda olduğun için yapıyorsan, aslında yapmak istediğin şeyin senin içindeki bam teline değer kısmını yani anlamını keşfetmemişsin demektir. Diyelim ki kilo vermek istiyorsun; az yemek zorundayım, tatlı yememem lazım gibi kurallar koyarsın kendine. Böyle olunca var olduğun haline hiç dokunmadan ona zorunluluklar koyarsın. Ama bir süre sonra bu zorundalıklar senin bam teline dokunmadığı için eski haline belki de daha da ümitsiz şekilde dönersin. Ama yaptığın şeyi istediğin için yapmış olsan durum şöyle olurdu; ben daha sağlıklı olmak, daha rahat hareket etmek istiyorum. Bundan dolayı ekmek yemek istemiyorum, tatlı yemek istemiyorum gibi tercihler şeklinde ilerlersen hedefine ilerleme yolunda başarılı olma ihtimalin artar. Bazı insanlar farkında olmadan amaçlarını "istiyorum" şeklinde ifade ederken, bazıları her zaman bir şeyleri yapmak "zorundaymış" gibi hisseder. Senin içindeki ses nasıl telkin veriyor sana, farkına varmanı öneririm. Bu durum basit bir ayrım gibi görünse de önemli katkılar sağlayacağından emin olabilirsin.

İçine Doğduğun Dünyayı Sen Seçmedin

Sen de içine doğduğun ailenin, seni yetiştiren ebeveynlerin sağlıklı kişilik özelliklerine sahip olmasını, bilinçli, mutlu bir aile olmasını ve yeterli maddi koşullar içinde yetişmiş olmayı isterdin eminim. Ama maalesef ki içine doğdumuz aileyi, bizi yetiştiren ebeveyni, maddi koşulları, kültürü, ülkeyi seçemiyoruz. Çocukken başımıza gelen kötü olaylar konusunda da maalesef çok fazla etki alanımız yok. Böyle olunca, kontrolünün olmadığı, sesinin çıkamadığı bir dünyada sessiz kurbanlara dönüşebiliyor insanlar.

Yetişkinlik zamanına geldiğimizde, dışarıdan bakınca birçok insan şık kıyafetler içinde fiyakalı tebessümleri ile hayata karışıyorlar. Birçok insanın gözlerinin kenarına saklanmış hüzün, dikkatli bakmayınca fark edilmiyor. Bu güzel görünümlere rağmen, birçok insan geçmişinde yaşadığı acı deneyimler yüzünden içinde hep bir savaş halinde; neden bunları yaşadım? Bu savaş devam ettikçe, kişi geçmişiyle savaşırken aslında kendiyle savaştığını fark etmiyor. Bu savaş devam ettikçe, zihninin ve bedeninin ürettiği bütün değerleri, aynen savaşta olan ülkeler gibi mücadeleye ayırıyor. Böylece dışarıda mutluluk maskeleriyle dolaşan insanlar, yalnız kaldıklarında derin bir acı ile yaşamaya çalışıyorlar.

Bugüne kadar karşılaştığım vakalarda şunu fark ettim, elinin değmediği ve aktif müdahale edemediğin herhangi bir şeyle yapılan savaşların hepsi kaybediliyor. Bu aklına gelen istemediğin bir düşünce de olabilir, hatırlaması bile seni üzen geçmişte yaşadığın bir olay da olabilir. Geçmişte yaşadıklarını sorgulamak, neden bunları yaşadım demek, yaşadıklarında rolü olan insanlara her daim tepki göstermek, onların senin haklılığını anlamalarını beklemek geçmişle savaşmanın bazı yolları. Bu saydığım mücadele yöntemlerinin işe yaradığına dair hiçbir örnek görmedim.

Örneğin, "neden" sorusu. Yaşadıklarının nedenini, neden senin başına geldiğini, neden o insanın böyle yaptığını durmadan sorguladığını varsayalım. Bu soruya bir cevap bulman mümkün mü? Bazı insanlar vardır ki içlerinde organik olarak bile vicdan ve empati duygusu yoktur; yumurtasını pişirmek için senin evini yakacak durumda olan insanlar vardır. Böyle bir insan için, sana yaptığı şeyin bir nedeni olmasına gerek yoktur. Ya da annen baban, neden senin ihtiyacın olan depoları doldurmadılar? Belki de kendi dertlerinden seni fark edemediler, belki anne baba olmak için uygun bir kişilik yapısına sahip değildiler. Belki, belki... Bir şekilde olan oldu, keşke yaşamasaydın ama yaşadın. Enerjini yaşadığın olumsuzlukların içeriğine değil de sende bıraktığı hasara odaklamalısın.

Diyelim ki narsist bir anneye sahiptin ve bu anne seni vücudunun herhangi bir parçası gibi görüyordu. O ne isterse onu yapmak zorundaydın, eğer onun söylediklerini yapmadığın bir an bile olursa, hemen duygusal manipülasyona maruz kalıyordun. Geçmişte yaşadıkların yetişkinlik döneminde, kendine güveninin olmaması, bağımlı ilişkiler yaşaman, narsist partnerler seçmen gibi problemler ortaya çıkarmış. Sen, annenin neden böyle davrandığını, neden seni yeterince önemsemediğini düşünerek ya da annenin senin haklılığını anlaması için durmadan onunla kavga ederek yaşadığın güncel problemlere hiçbir çözüm getiremezsin. Hatta güncel problemlerini çözmek aklına bile gelmez. Geçmişle savaşmak yerine, geçmişin şu anda hangi problemlere neden olduğunu anlayıp enerjini onları çözmeye vermelisin. Bu örnekte, kişinin annesiyle mücadele etmek yerine, annesinden bağımsızlaşarak, yaşadığı özgüven problemine ve ilişki sorunlarına odaklanması gerekir. Bu kişi annesini ikna etse ve istediği bütün cevapları tam olarak istediği şekilde alsa bile bu durum problemlerinin çözümü noktasında kayda değer bir katkı sağlamayacaktır.

Kötü şeyleri kabullenmek ilk bakışta biraz kaderci, belki biraz da tüyler ürpetici gelebilir. Ancak kocaman bir dünyada, değiştiremeyeceğimiz şeyler için savaşırken ömür bitmiş olabiliyor. Bu durum bana 2. Dünya Savaşı bittikten 30 yıl sonra bulunan askeri anımsatıyor.

Japonya Amerika savaşında, Japonya ordusunda istihbarat subayı olarak görev alan Hiroo Onoda, Amerikan askerlerine karşı Filipinler'deki Lubang Adası'nda görevlendirilmişti ve kendilerini gizleyerek çalışması konusunda talimatlar almıştı. Tarih o zaman Aralık 1944'tü ve savaş tüm hızıyla devam ediyordu. Hiroo Onoda'nın görevi ekibiyle birlikte, adaya gelen düşman kuvvetlerine sabotaj yapmaktı. Kendilerine verilen bir başka emir ise çok daha zordu; düşmana asla teslim olmayın gerekiyorsa kendi hayatınıza son verin. 1945 Şubat ayında müttefik kuvvetlerine ait askerler adaya geldi. Çoğu Japon askeri ya teslim oldu ya da kendini öldürmeyi tercih etti. Adada Onoda ve üç Japon askeri daha vardı. Teslim olmayan Onoda ve diğer üç asker kendilerini de öldürmeyerek, mücadelelerini gerilla savaşı şeklinde sürdürmeye başladılar. Hayatta kalmak için adada yetişen muz ve hindistan cevizleriyle beslendiler.

1945'lerin sonları yaklaştığında savaşın bittiğini uçaklardan atılan broşürlerden öğrendiler. O broşürlerde teslim olmaları isteniyordu. Ancak askerler, bu broşürlerin kendilerini kandırmak isteyen düşmanların bir oyunu olduğunu düşünüp, mücadelelerine devam ettiler. Bir üniversite öğrencisi Nario Suzuki, Onoda'yı uzun arayışlardan sonra bulmuş olsa da onu savaşın bittiğine ikna edemedi. Aradan 30 yıl geçmiş olmasına rağmen, Onoda'nın bulunduğunda hâlâ paramparça haldeki üniformasını giydiği ve samuray kılıcını taşıdığı fark edildi. Eski askeri savaşın bittiğine ikna eden şeyse artık bir kitapçı dükkanı işleten eski komutanı oldu. Onoda, 1944'te adadan ayrılmama emri veren eski komutanının, 1974'te Lubang'a gidip kendisiyle konuşmasının ardından savaşın bittiğine inanıp Japonya'ya geri döndü.

Bu hikâyeyi okuyan birçok insan, Onoda'nın nasıl olup da o kadar yıl boyunca savaşın bittiğini anlamadığını merak eder. Ancak hikâyedeki kahramanın durumu garip görünse de birçok insan kişisel savaşında benzer şekilde davranıyor; geçmişinde olup bitmiş şeylerin davasını hâlâ güdüyor. Bu böyle devam ederken, kişi gerçek problemlerini ve hayatı gözden kaçırmış oluyor. Ne olduysa oldu geçmişte, artık onları değiştirmeye çalışmamalısın.

İçine doğduğun koşulları sen seçmedin,
ama şimdiki yaşamını sen kontrol edebilirsin.
Geçmişine değil, geçmişinin bugününe etkilerine
odaklanmalısın.

Umudunu Kaybetme

İkinci Dünya Savaşı Sırasında Auschwitz Toplama Kampı'nda kalan Viktor Frankl anılarını anlattığı *İnsanın Anlam Arayışı* kitabında, insanın çok kötü ortamlarda, dayanılmaz acılara bile dayanma kapasitesi olduğunu söyler. Böyle bir ortamda insanı ayakta tutan şeyin, kendi hayatının anlamını keşfetmesi olduğunu anlatır. Bu anlam kişisel bir amaç, idealler, dini veya siyasi bir amaç da olabilir; önemli olan hayat yolunda ilerlerken bu amacı hatırlamak ve neyi neden yaşadığını unutmamaktır.

Peki, senin yaşam amacın nedir, bu dünyada olmanın anlamı nedir? Bu soruyu daha iyi hissettiğin bir zamanda kendine sormanı öneririm. Milyarlarca insandan her birinin bu dünyada bulunmasının bir anlamı olduğunu düşünüyorum, bu insanların birçoğu hayatları boyunca bu anlamı keşfedemese de... Sabahları yataktan kalkmanı sağlayan şey nedir, ne yaparken zamanın geçtiğini unutuyorsun, çocukken büyüyünce neler yapmak isterdin? Bu soruların hepsi, sana anlamını ve amacını keşfetmek için ipucu verebilir.

Zor zamanları sisli bir hava durumuna benzetebilirim. Böyle zamanlarda görüş açın çok daralır ve neredeyse önünü göremeyecek noktaya bile gelebilirsin. İşte hayatının böyle sisli zamanlarında yolunu kaybetmemek için günlük rutinler hayat kurtarıcıdır. En kötü günde bile, kendine bakmayı, dışarı çıkmayı ve seni seven insanlarla (bir kişi bile olsa) görüşmeyi ihmal etmemelisin. İçinden gelmeyebilir, bunları yaparken çok zorlanıyor da olabilirsin. Önemli değil, bu rutinler senin hayatının sisli döneminde tutunduğun kılavuz ip gibi olacaktır.

Biliyorum, bazen dayanamayacak gibi oluyorsun, sığmıyorsun bu dünyaya. Başta söylediğim gibi hiçbir şey olmamış gibi bir hale gelmek mümkün değil. Ama daha iyi hissetmek mümkün. Şunu da unutma, iyi ya da kötü her şey sıradanlığa doğru akıyor bu dünyada. Her şeyin bir süre sonra etkisi geçiyor, eskisi kadar acıtmıyor. Çünkü alışıyor insan. Burada bahsettiğim teknikleri uygularsan, hayatına, kendine ve geçmişine farklı bakman konusunda yardımcı olacaktır. Ama mucize beklememeni öneririm; insanın kendini değiştirmesi, iki adım ileri, bir adım geri şeklinde ilerliyor. Sabırlı olmalı ve yoluna devam etmelisin.

Viktor Frankl kitabında şahit olduğu bir olayı anlatır. Bu olayı seninle paylaşmak istiyorum:

"Bir keresinde, geleceğe inancın yitirilişiyle bu tehlikeli pes ediş arasında yakın ilişkiye dair dramatik bir olaya tanık oldum. Oldukça ünlü bir besteci olan kıdemli blok muhafızımız F, bir gün bana şunları söyledi: 'Sana bir şey anlatmak istiyorum, Doktor. Garip bir rüya gördüm. Rüyamda bir ses, bir şey isteyebileceğimi, bilmek istediğim şeyi söylememin yeterli olduğunu, ne sorarsam sorayım yanıt verebileceğini söyledi. Ne sordum dersin? Savaşın benim için ne zaman biteceğini sordum. Ne dediğimi anlıyor musun? Benim için! Kampımızın ne zaman özgürlüğe kavuşacağını, acılarımızın ne zaman biteceğini bilmek istemedim.' 'Peki bu rüyayı ne zaman gördün?' diye sordum. '1945 Şubatı'nda' diye yanıtladı. Rüyayı anlattığında Mart başlarıydı. 'Rüyandaki ses ne dedi?', '30 Mart' diye fısıldadı saklamak istercesine. F., bu rüyayı bana anlattığında hâlâ umut doluydu ve rüyadaki sesin doğru çıkacağına inanıyordu. Ama vaat edilen gün yaklaştıkça, kampa ulaşan savaş haberleri, o gün özgür olmamızın pek de olası olmadığını gösteriyordu. 29 Mart günü F., ansızın hastalandı ve ateşi çok yükseldi. Kehanetinin, savaşın ve acıların kendisi için biteceğini söylediği 30 Mart günü hezeyana girdi ve bilincini yitirdi. 31 Mart günü ölmüştü. Dışarıdan bakıldığında ölüm nedeni tifüstü."

Bana birisi, "İnsan ne ile yaşar?" diye sorsaydı cevabım şu olurdu: "Ne ile yaşayacağını bilemem ama ne olmadan yaşayamayacağını söyleyebilirim: Umut!"

Nietzsche der ki, "Bir nedeni olan, her nasıla katlanır."

Son

Yan yana yürüdüğümüz bir yolun daha sonuna geldik. Beraber geçmişini konuştuğumuz, bugün yaşadığın sorunların geçmişteki kökenlerini tespit ettiğimiz bir yolculuk oldu bu. Fark etmek her zaman rahatlatır, ancak daimi olarak çözüme ulaştırmaz seni. Seni içine çeken şeye karşı direnç göstermelisin. Artık yetişkin bir insansın; içindeki çocuk neyin zararlı neyin yararlı olduğunu bilmeyebilir, ama yetişkin tarafın bunun farkında. Farkında değilmiş gibi hissediyorsan, onun sesini duymuyorsundur sadece.

Büyük değişimler her zaman küçük adımlarla başlar. Umarım burada bahsedilen şeyler senin küçük adımlarına vesile olur.

Kendine iyi davran güzel insan, görüşmek üzere…